NONGCUN YIERSANCHANYE RONGHE FAZHAN
ZHENGCE CHUANGXIN YU SUZHOU SHIJIAN

农村一二三产业融合发展：政策创新与苏州实践

金伟栋 著

图书在版编目(CIP)数据

农村一二三产业融合发展：政策创新与苏州实践/金伟栋著. —苏州：苏州大学出版社,2019.11
ISBN 978-7-5672-2982-2

Ⅰ.①农… Ⅱ.①金… Ⅲ.①农村经济-产业融合-研究-苏州 Ⅳ.①F327.533

中国版本图书馆CIP数据核字(2019)第252106号

农村一二三产业融合发展：政策创新与苏州实践

金伟栋 著

责任编辑 史创新

苏州大学出版社出版发行
(地址：苏州市十梓街1号 邮编：215006)
虎彩印艺股份有限公司印装
(地址：东莞市虎门镇陈黄村工业区石鼓岗 邮编：523925)

开本 700mm×1000mm 1/16 印张15.75 字数250千
2019年11月第1版 2019年11月第1次印刷
ISBN 978-7-5672-2982-2 定价：55.00元

苏州大学版图书若有印装错误，本社负责调换
苏州大学出版社营销部 电话：0512-67481020
苏州大学出版社网址 http://www.sudapress.com
苏州大学出版社邮箱 sdcbs@suda.edu.cn

前　言

乡村振兴，产业兴旺是基础。党中央、国务院高度重视乡村产业发展。习近平总书记指出，"产业兴旺是解决农村一切问题的前提。要紧紧围绕发展现代农业，围绕农村一二三产业融合发展，构建乡村产业体系"。李克强总理强调，"要支持返乡入乡创业创新，推动一二三产业融合发展"。2019年6月17日，国务院印发了《关于促进乡村产业振兴的指导意见》（以下简称《指导意见》），对促进乡村产业振兴做出全面部署。乡村产业是根植于县域，以农业农村资源为依托，以农民为主体，以一二三产业融合发展为路径，地域特色鲜明、创新创业活跃、业态类型丰富、利益联结紧密的产业体系。乡村产业源于传统种养业和手工业，主要包括现代种养业、乡土特色产业、农产品加工流通业、休闲旅游业、乡村服务业等，具有产业链延长、价值链提升、供应链健全，以及农业功能充分发掘、乡村价值深度开发、乡村就业结构优化、农民增收渠道拓宽等一系列特征，是提升农业、繁荣农村、富裕农民的产业。《指导意见》明确提出农村一二三产业融合发展是推动乡村产业振兴的路径。

农村一二三产业融合发展首次进入政策体系和公众视野是2015年的中央1号文件《关于加大改革创新力度加快农业现代化建设的若干意见》。文件运用一整段文字阐述了推进农村一二三产业融合发展的具体内涵和政策措施，并把推进农村一二三产业融合发展作为促进农民增收的重要举措。随后农村一二三产业融合发展年年出现在中央1号文件之中，篇幅不断增加，内涵不断丰富，扶持措施和配套政策不断出台。国务院办公厅专门印发了《关于推进农村一二三产业融合发展的指导意见》，由国家发展改革委等七部委联合实施的产业融合"百县千乡万村"试点示范工程在全国全面展开。党的十九大报告再次提出"促进农村一二三产业融合发展，支持和鼓励农民就业创业，拓宽增收渠道"。一方面再次体现促进农村一二三产业融合发展的重要性，另一方面也表明党中央持续推动农村一二三产业融合发展、构建乡村产业体系久久为功的信心和决心。事实上，经过多年的努力，农村一二三产业融合发展已经取得了很大的成绩。2019年5月13日中国农业科学院发布了《中国农业产业发展报告2019》，报告采用中国农科院农业经济与发展研究所和国际食物政策研究所（IFPRI）联合开发的模型评估了乡村产业对国民经济的影响，结果显示农村一二三产业融合发展已经明显显现出对国民经济增长的拉动作用，成为国民经济发展的"战略后院"。报告指出，如果根据国家统计局数据显示，2018年我国第一产业增加值占GDP的比重为7.2%，如果按农业食物系统来考虑农业对整个经济增长的贡献，实际上对GDP的增长贡献了23.3%，对就业的贡献超过1/3，达到36.7%。

与农村一二三产业融合发展如此之重要、贡献如此之大相比，当前加快推进农村一二三产业融合发展、推动乡村产业振兴引领乡村全面振兴，依然存在一些发展的瓶颈。我们认为至少有四个方面的突出问题亟待解决。一是在思想认识上，知其然但不知其所以然者甚多。许多同志通过对政策文件的学习，了解推进农村一二三产业融合发展对发展乡村产业、解决"三农"问题具有重要意义，但重要到什么程度不清楚，存在对推进农村一二三产业融合发展极端重要性认识不到位的问题，思想还不能完全统一到中央决策部署上来。二是在理论研究上，我们对农业产业化、农村六次产业研究比较多，农村一二三产业融合发展政策创新出现后，理论研究没有能够及时跟上，导致大家对农村一二三产业融合发展的内涵、机制、动力及其识别等理论问题认识不足，工作过程依然存在路径依赖，不能有效推动工作，因此农村一二三产业融合发展存在理论研究滞后实践探索的问题。三是在发展形式上，大多数同志认为推进农村一二三产业融合发展就是推进"互联网+农业"，发展农村电商，开展文旅休闲，因此，发展方式单一，出现了项目打造雷同、市场认可度不高、难以集聚人气等问题，实际上推进农村一二三产业融合发展的路径和模式是十分丰富的，关键还是要拓宽视野。四是在产业发展上，一些地方对农村旅游休闲比较热衷，往往忽视对农业一二三产业融合发展基础、乡村产业体系构建基础的打造，导致农业弱化，生产能力下降，失去农业农村现代化的根本。以上种种，归根到底是在实践层面上缺乏理论指导，对什么是农村一二三产业融合发展缺乏理性认识，对如何推进农村一二三产业融合发展还处于摸索阶段。这不利于加快农村一二三产业融合发展步伐，不利于乡村产业体系的构建，不利于乡村产业振兴。

苏州是我国改革开放的先行军、排头兵，经济社会在全国处于率先发展的位置，以占全国0.09%的土地面积和0.77%的人口，创造了全国2.1%的地区生产总值，2018年地区生产总值为1.86万亿元，位居全国大中城市第七位。苏州市2008年成为江苏省城乡一体化综合配套改革试点，2014年被国家发展改革委批准为国家城乡一体化综合配套改革试点城市，城乡一体化、农业现代化水平和农民收入水平在全省、全国处于领先水平。2018年，农民人均可支配收入达到3.24万元，城乡收入比1.9∶1，是城乡收入差距较小的城市。由于理念引领和技术发展，苏州在农村一二三产业融合发展方面的探索起步较早。本书以农村一二三产业融合发展的问题为导向，认真梳理了农村一二三产业融合发展的政策体系和理论成果，在对苏州农村一二三产业融合发展现状调查研究的基础上，总结苏州农村一二三产业融合发展的阶段特征，分析梳理苏州农村一二三产业融合发展成就背后的经验和做法，期望可以为全国加快推进农村一二三产业融合发展提供借鉴。

本书分为四个部分。第一部分为政策篇，主要是梳理农村一二三产业融合发展的政策体系，让读者和基层实践者概貌性地了解党中央、国务院对农村一二三产业融合发展的顶层设计、配套政策和重要意义；第二部分为理论篇，主要回答什么是农村一二三产业融合发展，与农业产业化和农村六次产业化的区别和联系，以及农村一二三产业融合发展的动力机制、发展模式，并以农业多功能理论为视阈，探索性地提出了农村一二三产业融合发展体系的理论架构；第三部分为实践篇，以苏州为研究对象，总结苏州农村一二三产业融合发展的阶段特征和经验做法，介绍了苏州农村一二三产业融合发展中各个模式的典型案例,讲好苏州故事;第四部分为对策篇,以理论和实践为基础,从树立理念、夯实基础、抓住关键和落实政策等四个方面对加快推进农村一二三产业融合发展提出一些个人建议和见解,供广大实践者参考。

"万物得其本者生,百事得其道者成。"我们取得事业成功的一条基本经验就是,既要勇于实践探索,又要学习、思考和研究,理论源于实践,实践需要理论的指导。本书完稿之时,恰逢中国共产党98周年华诞,作为一名普通的中国共产党员,我谨以拙作向我们伟大的中国共产党98周岁生日献礼。

本书也是2018年苏州市科技局、苏州市科协软课题项目研究成果之一,在这里对苏州市科技局、苏州市科协的资金资助和苏州市农村干部学院的资金配套表示感谢。由于笔者理论和实践水平有限,一孔之见,疏漏和片面之处在所难免,请广大读者不吝批评指正。

金伟栋
2019年7月1日于苏州

目 录

政 策 篇

第一章　农村一二三产业融合发展的政策理论创新 ……… 3
　　第一节　农村一二三产业融合发展的提出 ……………… 4
　　第二节　农村一二三产业融合发展的深化 ……………… 6
　　第三节　新时代农村一二三产业融合发展的新要求 …… 9
第二章　农村一二三产业融合发展的政策实践框架 ……… 12
　　第一节　农村一二三产业融合发展的总体设计 ………… 13
　　第二节　农村一二三产业融合发展的政策支持 ………… 15
　　第三节　农村一二三产业融合发展在不断总结中持续推进 ……… 25
第三章　农村一二三产业融合发展的重要意义 …………… 30
　　第一节　农村一二三产业融合发展是党的"三农"理论的创新
　　　　　　和发展 ………………………………………… 30
　　第二节　农村一二三产业融合发展是拓宽农民收入渠道的重要
　　　　　　举措 ……………………………………………… 37
　　第三节　农村一二三产业融合发展是转变农业发展方式的迫切
　　　　　　需要 ……………………………………………… 41
　　第四节　农村一二三产业融合发展是实现乡村产业兴旺、构建
　　　　　　乡村产业体系的重要抓手 ……………………… 46

理 论 篇

第四章 农村一二三产业融合发展的含义与特征 …… 55
    第一节 农业的多功能性理论 …… 56
    第二节 产业融合发展理论 …… 65
    第三节 农村一二三产业融合发展 …… 70

第五章 农村一二三产业融合发展的机制与模式 …… 77
    第一节 农村一二三产业融合发展的相关理论基础 …… 77
    第二节 农村一二三产业融合发展的动力机制 …… 79
    第三节 农村一二三产业融合发展的路径模式 …… 84

第六章 农村一二三产业融合发展体系的构建 …… 90
    第一节 融合产业链、融合价值链与融合利益链及其关系 …… 91
    第二节 开发农业多功能,推进融合产业链延伸 …… 93
    第三节 农村一二三产业融合发展体系及其特征 …… 96
    第四节 构建农村一二三产业融合发展体系的启示 …… 98

实 践 篇

第七章 苏州农村一二三产业融合发展背景 …… 103
    第一节 苏州经济社会发展与产业结构 …… 103
    第二节 苏州农业的资源要素演变 …… 106
    第三节 苏州现代农业建设成就 …… 107
    第四节 苏州农村一二三产业融合发展要求 …… 111

第八章 苏州农村一二三产业融合发展特征 …… 116
    第一节 特色小镇创建加速产城融合 …… 117
    第二节 绿色循环利用催生重组融合 …… 123

  第三节 产业分工深化促进延伸融合 …………………………… 128
  第四节 "现代农业+"兴起跨界融合 …………………………… 132
  第五节 信息技术加速渗入现代农业 …………………………… 138
  第六节 现代农业园区平台释放强大动力 ……………………… 143

第九章 苏州农村一二三产业融合发展经验 …………………………… 148
  第一节 新理念引领现代农业新发展 …………………………… 149
  第二节 城乡一体化综合配套改革创造新环境 ………………… 154
  第三节 信息化拓展农业农村新空间 …………………………… 161
  第四节 积极培育农业经营新主体 ……………………………… 167
  第五节 党建引领基层干部新作为 ……………………………… 173

对策篇

第十章 加快农村一二三产业融合发展的若干建议 ………………… 191
  第一节 坚持树牢新发展理念 …………………………………… 192
  第二节 夯实农村产业融合发展基础 …………………………… 199
  第三节 抓住农村产业融合发展关键 …………………………… 209
  第四节 落实政策,加快推进农村产业融合 …………………… 220

参考文献 ……………………………………………………………………… 231

政策篇

第一章
农村一二三产业融合发展的政策理论创新

农村一二三产业融合发展是我国"三农"政策的理论创新。2014年中央农村工作会议公报《农村一二三产业融合发展》中就有"促进一二三产业融合互动"的要求。"农村一二三产业融合发展"首次进入政策文献和公众视野是在2015年的中央1号文件中。2015年中央1号文件《关于加大改革创新力度加快农业现代化建设的若干意见》中出现了"农村一二三产业融合发展"的完整表述。到2017年中央农村工作会议公报和2018年中央1号文件,农村一二三产业融合发展的要求提升为"构建农村一二三产业融合发展体系"。2019年的中央1号文件提出了"壮大乡村产业",实际上是为构建"乡村产业体系"做准备,这已经是更高的要求了。正如习近平总书记所指出的,"产业兴旺是解决农村一切问题的前提,要推动乡村产业振兴,紧紧围绕发展现代农业,围绕农村一二三产业融合发展,构建乡村产业体系"。而在这个政策理论创新的过程中,农村一二三产业融合发展在中央文献中的重要地位不断凸显,内涵不断丰富,发展质量要求越来越高,创新体系不断完善。为了让读者进一步明确党中央、国务院对农村一二三产业融合发展政策的理论创新成果和部署要求,领悟"发展现代农业、推进农村一二三产业融合发展、构建农村一二三产业融合体系、壮大乡村产业、构建乡村产业体系"的农业农村现代化发展的清晰路径，笔者在公开发布的党的会议公报、大会报告和中央1号文件等政策文献中认真梳理了有关"农村一二三产业融合发展"政策创新的演变脉络，供大家学习研究。

第一节　农村一二三产业融合发展的提出

产业融合的概念提出于20世纪60、70年代，但农村一二三产业融合的概念提出并见诸我国的政策文件还是近几年的事情。2014年12月22日至23日，中央农村工作会议在北京举行。中共中央政治局常委、国务院总理李克强出席会议并作重要讲话。会议深入贯彻习近平总书记系列重要讲话精神，全面落实党的十八大和十八届三中、四中全会及中央经济工作会议精神，总结2014年农业农村工作，研究依靠改革创新推进农业现代化的重大举措，全面部署2015年和今后一段时期农业和农村工作。会议讨论了《中共中央国务院关于进一步深化农村改革加快推进农业现代化的若干意见（讨论稿）》。会议指出："农业现代化是国家现代化的基础和支撑。做大做强农业产业，可以形成很多新产业、新业态、新模式，培育新的经济增长点。"会议强调："推进农业现代化，要坚持把保障国家粮食安全作为首要任务，确保谷物基本自给、口粮绝对安全。要创新机制、完善政策，努力做好各项工作。一是大力发展农业产业化。在稳定粮食生产基础上，积极推进农业结构调整，依靠科技支撑，由'生产导向'向'消费导向'转变，由单纯在耕地上想办法到面向整个国土资源做文章，构建优势区域布局和专业生产格局，加快推进农牧结合。要把产业链、价值链等现代产业组织方式引入农业，促进一二三产业融合互动。"在这次会议上，党中央提出了"促进一二三产业融合"的概念，把"一二三产业融合互动"作为"大力发展农业产业化"的一项重要内容和农业产业组织方式的创新举措。

2015年2月1日，新华社授权发布中共中央、国务院印发的《关于加大改革创新力度加快农业现代化建设的若干意见》，即2015年中央1号文件。文件从五个方面对加大改革创新力度、加快农业现代化建设进行了部署，具体为32项工作任务。其中第12项工作任务就是"推进农村一二三产业融合发展"，列为文件第二方面"围绕促进农民增收，加大惠农政策力度"的第5项工作任务。文件指出："中国要富，农民必须富。富裕农民，必须充分挖掘农业内部增收潜力，开发农村二三产业增收空间，拓宽农村外部增收渠道，加大政策助农增收力度，努力在经济发展新常态下保持城乡居民收入差距持续缩小的势头。"在"推进农村一二三产业融合发展"这一款中，对如何推进农村一二三产业融合发展进行了比较详细的阐述和指导，文件指出："增加农民收入，必须延长农业产业链、提高农业附加值。立足资源优势，以市场需求为导向，大力发展特色种养业、农产品加工业、农村服务业，扶持发展一村一品、一乡（县）一业，壮大县域经济，带动农民就业致富。积极开发农业多种功能，挖掘乡村生态休闲、旅游观光、文化教育价值。扶持建设一批具有历史、地域、民族特点的特色景观旅游村镇，打造形式多样、特色鲜明的乡村旅游休闲产品。加大对乡村旅游休闲基础设施建设的投入，增强线上线下营销能力，提高管理水平和服务质量。研究制定促进乡村旅游休闲发展的用地、财政、金融等扶持政策，落实税收优惠政策。激活农村要素资源，增加农民财产性收入。"

　　由此，农村一二三产业融合发展概念进入中央文件，进入了公众视野，推进农村一二三产业融合发展成为党中央、国务院促进农民增收的重要创新举措。从文件看，农村一二三产业融合的主要内容包括三个方面：一是延伸农业产业链、增加农业附加值，即农业内部的一二三产业的融合发展；二是挖掘农业多功能、开发增收空间，即农业与文化、教育、旅游、休闲产业融合发展；三是互联网技术的应用，即利用互联网技术增强乡村旅游休闲的营销能力。2015年中央1号文件中的农村一二三产业融合发展虽然内涵并不丰满，但基本的框架已经形成，农村一二三产业融合发展的路径已经清晰可见。

第二节 农村一二三产业融合发展的深化

2015年10月29日,党的十八届五中全会审议通过了《中共中央关于制定国民经济和社会发展第十三个五年规划的建议》。规划建议指出:"农业是全面建成小康社会、实现现代化的基础。加快转变农业发展方式,发展多种形式适度规模经营,发挥其在现代农业建设中的引领作用。着力构建现代农业产业体系、生产体系、经营体系,提高农业质量效益和竞争力,推动粮经饲统筹、农林牧渔结合、种养加一体、一二三产业融合发展,走产出高效、产品安全、资源节约、环境友好的农业现代化道路。"《中华人民共和国国民经济和社会发展第十三个五年规划纲要》(以下简称《"十三五"规划纲要》)把"推进农村一二三产业融合发展"单列于第四篇"推进农业现代化"的第十八章"增强农产品安全保障能力"的第三节。《"十三五"规划纲要》指出:"推进农业产业链和价值链建设,建立多形式利益联结机制,培育融合主体、创新融合方式,拓宽农民增收渠道,更多分享增值收益。积极发展农产品加工业和农业生产性服务业。拓展农业多种功能,推进农业与旅游休闲、教育文化、健康养生等深度融合,发展观光农业、体验农业、创意农业等新业态。加快发展都市现代农业。激活农村要素资源,增加农民财产性收入。"《"十三五"规划纲要》增加建立"利益联结机制"、培育"融合主体"、创新"融合方式"等新内容,丰富了农村一二三产业融合发展的内涵。

2015年中央农村工作会议强调:"要着力加强农业供给侧结构性改革,提高农业供给体系质量和效率,使农产品供给数量充足、品种和质量契合消费者需要,真正形成结构合理、保障有力的农产品有效供给。当前,要高度重视去库存、降成本、补短板。加快消化过大的农产品库存量,加快粮食加工转化;通过发展适度规模经营、减少化肥农药不合理使用、开展社会化服务等,降低生产成本,提高农业效益和竞争力;加强农业基础设施等农业供给的薄弱环节,增加市场紧缺农产品的生产。要树立大农业、大食物观念,推动粮经饲统筹、农林牧渔结合、种养加一体、一二三产业融合发展。"随后印发的2016年中央1号文件《关于落实发展新理念加快农业现代化实现全面小康目标的若干意见》第三部分为"推进农村产业融合，促进农民收入持续较快增长"，并指出："大力推进农民奔小康，必须充分发挥农村的独特优势，深度挖掘农业的多种功能，培育壮大农村新产业新业态，推动产业融合发展成为农民增收的重要支撑，让农村成为可以大有作为的广阔天地。""推动农产品加工业转型升级""加强农产品流通设施和市场建设""大力发展休闲农业和乡村旅游""完善农业产业链与农民的利益联结机制"各列一节，作为推进农业产业融合的重要工作内容。同时在文件第一部分"持续夯实现代农业基础，提高农业质量效益和竞争力"中也提出："大力推进农业现代化，必须着力强化物质装备和技术支撑，着力构建现代农业产业体系、生产体系、经营体系，实施藏粮于地、藏粮于技战略，推动粮经饲统筹、农林牧渔结合、种养加一体、一二三产业融合发展，让农业成为充满希望的朝阳产业。"

从 2015 年中央 1 号文件中的一节到列入《"十三五"规划纲要》再到 2016 年中央 1 号文件的一部分，文字内容上"量"在增加，内涵上"质"也在提升。这个变化表现在以下几个方面：一是要求树立大农业、大粮食观念，推动粮经饲统筹、农林牧渔结合、种养加一体、一二三产业融合发展；二是推动农产品加工业转型升级，提升农业附加值；三是加强农产品流通设施和市场建设，促进农村电商的大力发展；四是大力发展休闲农业和乡村旅游，使之成为繁荣农村、富裕农民的新兴支柱产业；五是完善农业产业链与农民的利益联结机制，促进农业产加销紧密衔接、农村一二三产业深度融合，推进农业产业链整合和价值链提升，让农民共享产业融合发展的增值收益，培育农民增收新模式。

2016 年中央农村工作会议指出，推进农业供给侧结构性改革，首先要把农业结构调好调顺调优。要适应市场需求，优化产品结构，把提高农产品质量放在更加突出位置；发展适度规模经营，优化经营结构，把促进规模经营与脱贫攻坚和带动一般农户增收结合起来；立足比较优势，优化区域结构，重点建设好粮食生产功能区、重要农产品生产保护区、特色农产品优势区；加快科技创新，增强农业发展动能，调整农业科技创新方向和重点，调动科技人员的积极性；促进融合发展，优化产业结构，着眼提高农业全产业链收益，努力做强一产、做优二产、做活三产；推行绿色生产方式，促进农业可持续发展，把该退的坚决退下来，把超载的果断减下来，把该治理的切实治理到位，把农业节水作为方向性、战略性大事来抓。这个精神在 2017 年中央 1 号文件《关于深入推进农业供给侧结构性改革加快培育农业农村发展新动能的若干意见》中得到体现。2017 年中央 1 号文件依然把产业融合作为一部分内容，但是主题更加深入，它把"壮大新产业新业态，拓展农业产业链价值链"作为文件第三部分，明确部署四大工作任务。一是大力发展乡村休闲旅游产业。充分发挥乡村各类物质与非物质资源富集的独特优势，利用"旅游+""生态+"等模式，推进农业、林业与旅游、教育、文化、康养等产业深度融合。二是推进农村电商发展。促进新型农业经营主体、加工流通企业与电商企业全面对接融合，推动线上线下互动发展。推进"互联网+"现代农业行动。三是加快发展现代食品产业。引导加工企业向主产区、优势产区、产业园区集中，在优势农产品产地打造食品加工产业集群。大力推广"生产基地+中央厨房+餐饮门店""生产基地+加工企业+商超销售"等产销模式。四是培育宜居宜业特色村镇。围绕有基础、有特色、有潜力的产业，建设一批农业文化旅游"三位一体"、生产生活生态同步改善、一产二产三产深度融合的特色村镇。支持发展各具特色的专业村。支持乡村建设田园综合体，支持建设一批农村产业融合发展示范园。"做强一产、做优二产、做活三产"体现了农村一二三产业融合发展更高的要求，而且"培育宜居宜业特色村镇"是新的要求和新的方向，标志着农村一二三产业融合发展与新型城镇化结合，促进农村"产城人文"有机结合，这也是农村一二三产业融合高质量发展的必然要求。

从十八届五中全会到 2016 年中央农村工作会议，从《中共中央关于制定国民经济和社会发展第十三个五年规划的建议》到 2017 年中央 1 号文件《关于深入推进农业供给侧结构性改革加快培育农业农村发展新动能的若干意见》，农村一二三产业融合发展的部署呈现出三个比较明显的特点。一是农村一二三产业融合发展内容在文件上的位置和重要性不断提高，由最初的一节内容变为一个部分内容；二是农村一二三产业融合发展部署呈现数量型向内涵式高质量发展不断推进的趋向；三是农村一二三产业融合发展的内容不断丰富、边界不断拓展、意义更加深远，成为农村产业发展的重要抓手和举措。农村一二三产业融合发展架构起工业化、信息化、城镇化与农业现代化同步发展的桥梁和纽带。

第三节 新时代农村一二三产业融合发展的新要求

2017年10月18日,党的十九大在北京隆重召开,习近平新时代中国特色社会主义思想被确立为党的指导思想,中国特色社会主义进入新时代。习近平总书记在十九大报告中首次提出了实施乡村振兴战略。乡村振兴战略被列入国家七大战略之一。在十九大报告中,再次提到农村一二三产业融合发展,指出:"农业农村农民问题是关系国计民生的根本性问题,必须始终把解决好'三农'问题作为全党工作重中之重。要坚持农业农村优先发展,按照产业兴旺、生态宜居、乡风文明、治理有效、生活富裕的总要求,建立健全城乡融合发展体制机制和政策体系,加快推进农业农村现代化。促进农村一二三产业融合发展,支持和鼓励农民就业创业,拓宽增收渠道。"

2017年的中央农村工作会议,习近平总书记参加并发表了重要讲话。会议总结党的十八大以来我国"三农"事业的历史性成就和变革,深刻阐述实施乡村振兴战略的重大问题,对贯彻落实提出明确要求。会议认为,党的十八大以来,以习近平同志为核心的党中央坚持把解决好"三农"问题作为全党工作的重中之重,贯彻新发展理念,勇于推动"三农"工作理论创新、实践创新、制度创新,农业农村发展取得了历史性成就,发生了历史性变革,为党和国家事业全面开创新局面提供了有力支撑。会议指出,党的十八大以来,习近平总书记就做好"三农"工作做出了一系列重要论述,提出了一系列新理念新思想新战略,这些新理念新思想新战略是我们党"三农"理论创新的最新成果,是习近平新时代中国特色社会主义思想的重要组成部分,是指导过去五年我国农业农村发展取得历史性成就、发生历史性变革的科学理论,也是实施乡村振兴战略、做好新时代"三农"工作的行动指南,我们要深入学习领会,并深入贯彻到乡村振兴的具体实践中。这个最新成果被总结为"八个坚持"。一是坚持加强和改善党对农村工作的领导,为"三农"发展提供坚强政治保障;二是坚持重中之重战略地位,切实把农业农村优先发展落到实处;三是坚持把推进农业供给侧结构性改革作为主线,加快推进农业农村现代化;四是坚持立足国内保障自给的方针,牢牢把握国家粮食安全主动权;五是坚持不断深化农村改革,激发农村发展新活力;六是坚持绿色生态导向,推动农业农村可持续发展;七是坚持保障和改善民生,让广大农民有更多的获得感;八是坚持遵循乡村发展规律,扎实推进美丽宜居乡村建设。会议提出了实施乡村振兴战略的目标任务和基本原则,强调走中国特色社会主义乡村振兴道路,即:必须重塑城乡关系,走城乡融合发展之路;必须巩固和完善农村基本经营制度,走共同富裕之路;必须深化农业供给侧结构性改革,走质量兴农之路;必须坚持人与自然和谐共生,走乡村绿色发展之路;必须传承发展提升农耕文明,走乡村文化兴盛之路;必须创新乡村治理体系,走乡村善治之路;必须打好精准脱贫攻坚战,走中国特色减贫之路。

在"必须深化农业供给侧结构性改革,走质量兴农之路"上,会议提出:"坚持质量兴农、绿色兴农,实施质量兴农战略,加快推进农业由增产导向转向提质导向,夯实农业生产能力基础,确保国家粮食安全,构建农村一二三产业融合发展体系,积极培育新型农业经营主体,促进小农户和现代农业发展有机衔接,推进'互联网+现代农业',加快构建现代农业产业体系、生产体系、经营体系,不断提高农业创新力、竞争力和全要素生产率,加快实现由农业大国向农业强国转变。""构建农村一二三产业融合发展体系"是新的提法,也是农村一二三产业融合发展新的目标和要求。

2018年中央1号文件《关于实施乡村振兴战略的意见》对"构建农村一二三产业融合发展体系"在"提升农业发展质量,培育乡村发展新动能"部分单列一节进行了详细阐述。文件要求:"大力开发农业多种功能,延长产业链、提升价值链、完善利益链,通过保底分红、股份合作、利润返还等多种形式,让农民合理分享全产业链增值收益。实施农产品加工业提升行动,鼓励企业兼并重组,淘汰落后产能,支持主产区农产品就地加工转化增值。重点解决农产品销售中的突出问题,加强农产品产后分级、包装、营销,建设现代化农产品冷链仓储物流体系,打造农产品销售公共服务平台,支持供销、邮政及各类企业把服务网点延伸到乡村,健全农产品产销稳定衔接机制,大力建设具有广泛性的促进农村电子商务发展的基础设施,鼓励支持各类市场主体创新发展基于互联网的新型农业产业模式,深入实施电子商务进农村综合示范,加快推进农村流通现代化。实施休闲农业和乡村旅游精品工程,建设一批设施完备、功能多样的休闲观光园区、森林人家、康养基地、乡村民宿、特色小镇。对利用闲置农房发展民宿、养老等项目，研究出台消防、特种行业经营等领域便利市场准入、加强事中事后监管的管理办法。发展乡村共享经济、创意农业、特色文化产业。"并在实施乡村振兴战略的总体要求的目标任务中提出到"2020年农村一二三产业融合发展水平进一步提升"。中央1号文件对"构建农村一二三产业融合发展体系"的论述和目标要求成为新时代推进农村一二三产业融合发展工作探索实践的新的起点和行动指南。

2019年中央1号文件《关于坚持农业农村优先发展做好"三农"工作的若干意见》提出"发展壮大乡村产业，拓宽农民增收渠道"，其中对农村一二三产业融合发展提出更高要求。一产是"加快发展乡村特色产业"，创响一批"土字号""乡字号"特色产品品牌；二产是"大力发展现代农产品加工业"，以"粮头食尾""农头工尾"为抓手，支持主产区依托县域形成农产品加工产业集群；三产是"发展乡村新型服务业"，支持开展农业生产性服务。同时"实施数字乡村战略"，"促进农村劳动力转移就业"，"支持乡村创新创业"，健全农村一二三产业融合发展利益联结机制，让农民更多分享产业增值收益。

2019年5月5日新华社授权发布《关于建立健全城乡融合发展体制机制和政策体系的意见》，明确提出："构建农村一二三产业融合发展体系，依托'互联网＋'和'双创'推动农业生产经营模式转变，健全乡村旅游、休闲农业、民宿经济、农耕文化体验、健康养老等新业态培育机制，探索农产品个性化定制服务、会展农业和农业众筹等新模式，完善农村电子商务支持政策，实现城乡生产与消费多层次对接。适应居民消费升级趋势，制定便利市场准入、加强事中事后监管政策，制定相关标准，引导乡村新产业改善服务环境、提升品质。在年度新增建设用地计划指标中安排一定比例支持乡村新产业新业态发展，探索实行混合用地等方式。严格农业设施用地管理，满足合理需求。"

从中央农村工作会议和中央1号文件及其他相关文件，可以发现农村一二三产业融合发展政策理论创新的一条逻辑脉络。这条脉络是：延长农业产业链—挖掘农业多功能—农村一二三产业融合发展—农村一二三产业融合发展体系—乡村产业体系—乡村产业兴旺—农业农村现代化。从这条脉络，我们可以看到农村一二三产业融合发展的起点和目标，这为我们加快推进农村一二三产业融合发展理清了思路。

第二章

农村一二三产业融合发展的政策实践框架

推进农村一二三产业融合发展是党中央、国务院致力于构建乡村产业体系、解决"三农"问题、实施乡村振兴战略的重要决策部署。习近平总书记指出,产业兴旺是解决农村一切问题的前提,要推动乡村产业振兴,紧紧围绕发展现代农业,围绕农村一二三产业融合发展,构建乡村产业体系。在党中央一系列的决策部署下,国务院和政府各部门积极行动、多部门协作,出台了一系列推进农村一二三产业融合发展的政策、配套措施和行动计划,认真贯彻落实党中央的决策部署。这些政策意见、行动计划的出台对推进农村一二三产业融合发展起到了积极有效的指导、引导、支持和推动作用,形成了我国推进农村一二三产业融合发展的政策体系和实践框架。虽然农村一二三产业融合发展提出时间不长,但从政策体系的形成来看,农村一二三产业融合发展主要经历了三个阶段,正在不断有序向前推进。第一阶段为总体设计阶段,时间从2014年中央农村工作会议到2015年底,主要标志是国务院办公厅印发《关于推进农村一二三产业融合发展的指导意见》,这个文件对推进农村一二三产业融合发展提出了总体的指导意见。第二阶段为政策配套和落实阶段,时间段集中在从2016年到2017年党的十九大召开期间,各部委根据《关于推进农村一二三产业融合发展的指导意见》要求，纷纷按照各自的职能出台配套政策和行动计划，贯彻落实党中央、国务院部署，主要以"百县千乡万村示范工程"为代表。第三阶段是进一步总结提升推进阶段，时间段为党的十九大召开以后，国家发改委对推进农村一二三产业融合发展情况进行第三方评估并发布评估报告，农业农村部实施农村一二三产业融合发展推进行动等。

第一节　农村一二三产业融合发展的总体设计

2015年12月30日，国务院办公厅以国办发〔2015〕93号文印发《关于推进农村一二三产业融合发展的指导意见》（以下简称《指导意见》）。《指导意见》强调，推进农村一二三产业融合发展，是拓宽农民增收渠道、构建现代农业产业体系的重要举措，是加快转变农业发展方式、探索中国特色农业现代化道路的必然要求。《指导意见》分总体要求、发展多类型农村产业融合方式、培育多元化农村产业融合主体、建立多形式利益联结机制、完善多渠道农村产业融合服务、健全农村产业融合推进机制等六部分共27条。《指导意见》确定农村一二三产业融合发展的主要目标是：到2020年，农村产业融合发展总体水平明显提升，产业链条完整、功能多样、业态丰富、利益联结紧密、产城融合更加协调的新格局基本形成，农业竞争力明显提高，农民收入持续增加，农村活力显著增强。

我们之所以把《指导意见》称为农村一二三产业融合发展总体设计的标志，可以从三个方面去理解。一是从时间节点上来理解。《指导意见》印发的时间是2015年12月30日，这个时间节点涵盖了2014年、2015年中央农村工作会议，十八届五中全会，2015年中央经济工作会议等重要会议，包含了2015年、2016年中央1号文件的精神。同时在这段时间里，习近平总书记发表了一系列重要讲话，提出了一系列治国理政的新思想新理念新观点，包括"我国经济进入新常态"的判断，并提出"新发展理念"和"供给侧结构性改革"以应对经济发展的新常态。《指导意见》充分吸收和贯彻了新发展理念和农业供给侧结构性改革的精神。二是从发展内涵来看。《指导意见》充分贯彻了2015年和2016年中央1号文件有关推进农村一二三产业融合发展的部署和要求，对于农村一二三产业融合发展内容、发展方式已经有了比较系统的考虑。三是从目标导向来看。《指导意见》并不仅仅是一个短期的指导意见，而是一个涉及至少五年的指导意见，因为主要目标设置到了 2020 年。这个目标要求，与 2018 年中央 1 号文件有关农村一二三产业融合发展的设置目标是一致的。或者说 2018 年中央 1 号文件的目标设置就是参考了《指导意见》的主要目标。所以，从《指导意见》所包含的新思想新战略新部署、发展内涵以及目标导向看，其对农村一二三产业融合发展具有里程碑式的指导意义，是对农村一二三产业融合发展的总体设计。要加快推进农村一二三产业融合发展，必须对《指导意见》进行深入细致的学习和研究。

推进农村一二三产业融合发展的指导思想是全面贯彻落实党的十八大和十八届二中、三中、四中、五中全会精神，按照党中央、国务院决策部署，坚持"四个全面"战略布局，牢固树立创新、协调、绿色、开放、共享的发展理念，主动适应经济发展新常态，用工业理念发展农业，以市场需求为导向，以完善利益联结机制为核心，以制度、技术和商业模式创新为动力，以新型城镇化为依托，推进农业供给侧结构性改革，着力构建农业与二三产业交叉融合的现代产业体系，形成城乡一体化的农村发展新格局，促进农业增效、农民增收和农村繁荣，为国民经济持续健康发展和全面建成小康社会提供重要支撑。

推进农村一二三产业融合发展的基本原则是"六个坚持"，即：坚持和完善农村基本经营制度，严守耕地保护红线，提高农业综合生产能力，确保国家粮食安全；坚持因地制宜，分类指导，探索不同地区、不同产业融合模式；坚持尊重农民意愿，强化利益联结，保障农民获得合理的产业链增值收益；坚持市场导向，充分发挥市场配置资源的决定性作用，更好发挥政府作用，营造良好市场环境，加快培育市场主体；坚持改革创新，打破要素瓶颈制约和体制机制障碍，激发融合发展活力；坚持农业现代化与新型城镇化相衔接，与新农村建设协调推进，引导农村产业集聚发展。

《指导意见》要求发展多类型农村产业融合方式。主要的融合方式有六种，包括：将农村产业融合发展与新型城镇化建设有机结合，着力推进新型城镇化；以农牧结合、农林结合、循环发展为导向，加快农业结构调整；发展农业生产性服务业，延伸农业产业链；推进农业与旅游、教育、文化、健康养老等产业深度融合，拓展农业多种功能；实施"互联网＋现代农业"行动，大力发展农业新型业态；加强农村产业融合发展与城乡规划、土地利用总体规划有效衔接，引导产业集聚发展。这些融合发展方式和导向是农村一二三产业融合发展的趋向。

《指导意见》提出培育多元化农村一二三产业融合主体，建立多形式利益联结机制，完善多渠道农村一二三产业融合服务，健全农村一二三产业融合推进机制。在产业融合主体的培育上要强化农民合作社和家庭农场基础作用，支持龙头企业发挥引领示范作用，发挥供销合作社综合服务优势，积极发展行业协会和产业联盟，鼓励社会资本投入。在建立多形式利益联结机制上要创新发展订单农业，鼓励发展股份合作，强化工商企业社会责任，健全风险防范机制。在完善多渠道农村产业融合服务上要搭建公共服务平台，创新农村金融服务，强化人才和科技支撑，改善农业农村基础设施条件，支持贫困地区农村产业融合发展。在健全农村产业融合推进机制上要加大财税支持力度，开展试点示范，落实地方责任，强化部门协作。

第二节　农村一二三产业融合发展的政策支持

2016年，为贯彻落实2016年中央1号文件和国务院办公厅《关于推进农村一二三产业融合发展的指导意见》（国办发〔2015〕93号），围绕产业融合模式、主体培育、政策创新和投融资机制等，积极探索和总结成功的做法，形成可复制、可推广的经验，推进农村产业融合加快发展，国家七部委联合发文启动"农村一二三产业融合发展'百县千乡万村'试点示范工程"，农业部发布了2016—2020年发展规划，国务院办公厅、农业部、中国农业银行就鼓励支持返乡创新创业和金融服务支持下发文件，同时国家发改委和农业部对进一步做好试点工作和政策落实做出要求，形成了工作部署、政策配套和实施督察的工作闭环。

2016年4月15日，国家发展改革委、财政部、农业部、工业和信息化部、商务部、国土资源部、国家旅游局等七部门联合印发了《关于印发农村产业融合发展试点示范方案的通知》（发改农经〔2016〕833号）

(以下简称《通知》），在全国范围内组织实施农村一二三产业融合发展"百县千乡万村"试点示范工程。

试点示范采取分级负责的实施方式，中央层面重点抓好"百县"试点示范工程，乡级、村级试点示范参照县级方式，分别由省级、县级有关部门负责。各级发展改革、财政、农业、工业和信息化、商务、国土资源、旅游等部门密切配合，形成合力，共同推进试点示范工作。《通知》要求综合考虑农林牧渔业总产值、规模以上农产品加工业主营业务收入、农村地区社会消费品零售总额占全国的比重、农业产业化经营组织规模与数量，适当考虑脱贫攻坚等因素，确定各省（区、市）试点示范县、乡、村数量。试点示范乡、村的数量原则上不超过试点示范县数的10倍、100倍。同时要建立试点示范县建设评价指标体系，定期进行监测评估，确保各项试点示范任务有效落实，及时总结推广试点示范过程中的好经验、好做法。《通知》要求加强对试点示范单位的指导，并建立信息上报制度，及时上报工作进展、成效及取得的经验、存在的问题、相关建议等。

试点示范县选择的基本条件是：县（市、区）政府高度重视农村产业融合发展工作，有开展试点示范建设的积极意愿，地方已出台相应政策措施，发展农产品加工、乡村旅游、休闲农业、农民创业创新具备一定基础。县域经济范围内以农业农村为基本依托，现代生产经营方式广泛应用，农村一二三产业已经呈现出融合发展趋势。新型农业经营主体不断壮大，在探索多种形式利益联结机制方面已有较好基础。为避免试点示范县类型过于单一或雷同，将试点示范县分为六种类型，即农业内部融合型、产业链延伸型、功能拓展型、新技术渗透型、多业态复合型和产城融合型。

县级试点示范的主要任务：（1）优化县域空间发展布局，推进产城融合发展。探索农村产业融合发展与新型城镇化相结合的有效途径，合理规划县域内城乡产业布局，引导二三产业向县城、重点乡镇及产业园区等集中，发挥产业集聚优势，提高综合竞争力和企业经济效益。加强规划引导和市场开发，通过培育农产品加工、商贸物流、休闲旅游等专业特色小城镇，实现产业发展和人口集聚相互促进、融合发展。（2）探索多种产业融合形式，构建现代农业产业体系。支持试点示范县结合地方资源优势，通过推进农业内部融合、延伸农业产业链、拓展农业多种功能、发展农业新型业态等多种形式,探索并总结一批适合不同地区的农业产业融合商业模式,努力构建农业与二三产业交叉融合的现代农业产业体系。(3)培育多元化产业融合主体,激发产业融合活力。重点是探索农民合作社和家庭农场在农村产业融合中更好发挥作用的有效途径,鼓励农民合作社发展农产品加工、销售,鼓励家庭农场开展农产品直销。支持龙头企业和领军企业通过直接投资、参股经营、签订长期供销合同等方式建设标准化、规模化原料生产基地以及营销设施,带动农户和农民合作社发展适度规模经营。引导行业协会和产业联盟发展,加强产业链整合和供应链管理。(4)健全产业链利益联结机制,让农民更多分享产业增值收益。鼓励试点示范县围绕股份合作、订单合同、服务协作、流转聘用等利益联结模式,建立龙头企业与农户风险共担的利益共同体。引导龙头企业创办或入股合作组织,支持农民合作社入股或兴办龙头企业,采取"保底收益,按股分红"的分配方式,实现龙头企业与农民合作社深度融合。鼓励试点示范县将财政资金投入农业农村形成的经营性资产,通过股权量化到户,让集体(合作)经济组织成员长期分享资产收益。(5)创新产业融合投融资机制,拓宽资金渠道。按照企业主导、政府支持、社会参与、市场运作的原则,进一步完善农村产业融合投融资体制。指导试点示范县制定具体办法,对社会资本投资建设连片面积达到一定规模的高标准农田、生态公益林等,允许利用一定比例土地,按规划开展观光和休闲度假旅游、加工流通等经营活动。综合运用奖励、补助、税收优惠等政策,鼓励金融机构与新型农业经营主体建立紧密合作关系,推广产业链金融模式,加大对农村产业融合发展的信贷支持。挖掘农村资源资产资金的潜力,探索通过"资源变股权,资金变股金,农民变股东"的方式,把闲置和低效利用的农村资源、资金优化用于农村产业融合发展。(6)加强基础设施建设,完善产业融合服务。支持试点示范县加强农村基础设施建设,推动水电路、信息等基础设施城乡联网、共建共享。改善物流基础设施,完善交通运输网络体系,降低物流成本。合理布局教育、医疗、文化、旅游、体育等公共服务设施,提升宜居宜业水平。支持试点示范县搭建农村综合性信息化服务平台,提供电子商务、休闲农业与乡村旅游、农业物联网、价格信息、公共营销等服务。优化农村创业孵化平台,提供设计、创意、技术、市场、融资等定制化解决方案等服务。按照这个要求和任务,农村产业融合发展"百县千乡万村"试点示范工程，国家发改委在全国确定了137个农村产业融合发展试点示范县（市、区、旗、场）。

2016年11月14日，农业部印发《全国农产品加工业与农村一二三产业融合发展规划（2016—2020）》（农加发〔2016〕5号），发挥农产品加工业引领带动作用，推进农村一二三产业融合发展。规划发展目标是到2020年，产业融合发展总体水平明显提升，产业链条完整、功能多样、业态丰富、利益联结更加稳定的新格局基本形成，农业生产结构更加优化，农产品加工业引领带动作用显著增强，新业态新模式加快发展，产业融合机制进一步完善，主要经济指标比较协调，企业效益有所上升，产业逐步迈向中高端水平，带动农业竞争力明显提高，促进农民增收和精准扶贫、精准脱贫作用持续增强。具体是：农产品加工业引领带动作用显著增强。农产品加工业产业布局进一步优化，产业集聚程度明显提高，科技创新能力不断增强，质量品牌建设迈上新台阶，节能减排成效显著。到2020年，力争规模以上农产品加工业主营业务收入达到26万亿元，年均增长6%左右，农产品加工业与农业总产值比达到2.4∶1。主要农产品加工转化率达到68%左右，其中粮食、水果、蔬菜、肉类、水产品分别达到88%、23%、13%、17%、38%；农产品精深加工和副产物综合利用水平明显提高。规模以上食用农产品加工企业自建基地拥有率达到50%，专用原料生产水平明显提高。新业态新模式发展更加活跃。农业生产性服务业快速发展，"互联网＋"对产业融合的支撑作用不断增强，拓展农业多功能取得新进展，休闲农业和乡村旅游等产业融合新业态新模式发展更加活跃。到2020年，力争农林牧渔服务业产值达到5 500亿元，年均增速保持在9.5%左右；企业电商销售普及率达到80%；农产品电子商务交易额达到8 000亿元，年均增速保持在40%左右；休闲农业营业收入达到7 000亿元，年均增长10%左右，接待游客突破33亿人次。产业融合机制进一步完善。农业产加销衔接更加紧密，产业融合深度显著提升，产业链更加完整，价值链明显提升。产业融合主体明显增加，农村资源要素充分激活，股份合作等利益联结方式更加多元，农民共享产业融合发展增值收益不断增加。城乡之间要素良性互动，公共服务均等化水平明显改善，产业融合体系更加健全，培育形成一批融合发展先导区。该规划明确了四大主要任务、三个重点布局、四项重点工程和六大保障措施。

在促进人员返乡下乡创新创业，促进农村一二三产业融合发展上，2016年11月18日，国务院办公厅下发《关于支持返乡下乡人员创业创新促进农村一二三产业融合发展的意见》（国办发〔2016〕84号）。2015年6月17日，国务院办公厅已下发了《关于支持农民工等人员返乡创业的意见》（国办发〔2015〕47号），通过降低返乡创业门槛、落实定向减税和普遍性降费政策、加大财政支持力度、强化返乡创业金融服务、完善返乡创业园支持政策等政策措施支持农民工、大学生和退役士兵等人员返乡创业。2016年文件针对的是越来越多的农民工、中高等院校毕业生、退役士兵和科技人员等返乡下乡人员到农村创业创新的实际情况，导向更加明确，即"促进农村一二三产业融合发展"，在扶持政策措施上也进一步地细化和完善，包括简化市场准入、改善金融服务、加大财政支持力度、落实用地用电支持措施、开展创业培训、完善社会保障政策、强化信息技术支撑、创建创业园区（基地）等。

在金融支持服务农村一二三产业融合发展上，中国农业银行两次发文。2016年2月16日，中国农业银行下发《关于做好农村一二三产业融合发展金融服务的意见》（农银发〔2016〕31号），要求各级农行贯彻中央"三农"改革发展战略部署，抢抓发展机遇，促进"三农"和县域业务发展，切实做好金融支持农村一二三产业融合发展工作。具体在七个方面做好金融服务：一是支持新型农业经营主体发展，发挥其在农村产业融合中的作用；二是支持农业多功能开发，推动农村产业融合发展；三是支持新型城镇化和要素集聚，带动农村产业融合；四是支持农业新业态发展，提升农村产业融合层次和水平；五是支持基础设施和公共服务平台建设，为农村产业融合提供有力保障；六是支持贫困地区农村产业融合发展，助力脱贫脱困；七是加强与供销社和农垦的合作，共同促进农村产业融合。2016年8月5日农业部办公厅、中国农业银行办公室下发《关于金融支持农村一二三产业融合发展试点示范项目的通知》（农办加〔2016〕15号），以解决农村一二三产业融合发展面临的融资难、融资贵等问题。要求各级农业部门、农业银行建立战略合作关系，根据农业部推进农村产业融合发展工作安排，按照中国农业银行《关于做好农村一二三产业融合发展金融服务的意见》（农银发〔2016〕31号）相关要求，坚持政府引导、商业运作，突出重点，有针对性地支持一批农村产业融合发展主体。确定六个方面重点,即:新型农业经营主体发展加工流通和直供直销;大型原料基地与加工流通企业协同升级;农产品加工流通企业与农户联合建设原料基地和营销设施;休闲农业经营主体与农户联合建设公共服务设施;农村产业融合发展先导区建设;农民创办领办农村一二三产业实体。

在落实推动农村一二三产业融合发展政策措施落实上,农业部和国家发改委曾分别下文。2016年10月18日,农业部为深入贯彻落实近期国务院领导同志关于农村产业融合发展的重要批示精神,督促落实促进农村产业融合发展的措施,总结各地经验,着力破解难题,支持广大农民群众创业创新,发展农村新经济,增强农村新动能,下发了《关于推动落实农村一二三产业融合发展政策措施的通知》(农加发〔2016〕6号)。通知要求协调推动落实农村产业融合发展扶持政策,积极推动探索农村产业融合发展多种方式,大力推动培育农村产业融合发展多元主体,着力推动建立农村产业融合多形式利益联结机制,认真推动实施农村产业融合试点示范工程。同时要求各省(区、市)农业部门高度重视农村产业融合发展,将其摆上重要位置,积极推动各项政策措施落实到位,主要负责同志要亲自抓,分管负责同志要牵头抓,分管处室要具体抓。要主动汇报,积极争取党委、政府的重视和支持,加强与有关部门协调沟通,形成推动农村产业融合发展的强大合力。要加强调研,及时总结新经验,发现新问题,提出新措施。要开展督导,对《关于推进农村一二三产业融合发展的意见》落实情况进行自查,农业部将适时组织抽查。针对有的地方对试点示范工作重视不够、抓得不紧、指导不力、措施不多,一些试点示范县的思想认识和工作成效还有差距,工作措施和工作力度很不平衡的情况,为进一步做好农村产业融合发展试点示范工作,2016年12月30日国家发展改革委办公厅专门下发了《关于进一步做好农村一二三产业融合发展试点示范工作的通知》(发改办农经〔2016〕2869号),提出切实加强组织领导、主动强化业务指导、积极完善支持政策、抓紧总结推广经、建立信息报送制度等要求。

2017年农村一二三产业融合发展,紧紧围绕2016年中央农村工作会议"促进融合发展,优化产业结构,着眼提高农业全产业链收益,努力做强一产、做优二产、做活三产"的要求和2017年中央1号文件深入推进农业供给侧结构性改革,加快培育农业农村发展新动能,"壮大新产业新业态,拓展农业产业链价值链"的要求,在培育融合主体、专项债券发行和用地保障方面出台支持政策,同时推动示范园和先导区创建工作。

2017年5月18日,中共中央办公厅、国务院办公厅印发《关于加快构建政策体系培育新型农业经营主体的意见》(中办发〔2017〕38号)(以下简称《意见》)。《意见》指出,在坚持家庭承包经营基础上,培育从事农业生产和服务的新型农业经营主体是关系我国农业现代化的重大战略。加快培育新型农业经营主体,加快形成以农户家庭经营为基础、合作与联合为纽带、社会化服务为支撑的立体式复合型现代农业经营体系,对于推进农业供给侧结构性改革、引领农业适度规模经营发展、带动农民就业增收、增强农业农村发展新动能具有十分重要的意义。主要目标是到2020年,基本形成与世界贸易组织规则相衔接、与国家财力增长相适应的投入稳定增长机制和政策落实与绩效评估机制,构建框架完整、措施精准、机制有效的政策支持体系,不断提升新型农业经营主体适应市场能力和带动农民增收致富能力,进一步提高农业质量效益,促进现代农业发展。加快构建政策体系,培训新型农业经营主体。要发挥政策对新型农业经营主体发展的引导作用,引导新型农业经营主体多元融合发展,引导新型农业经营主体多路径提升规模经营水平,引导新型农业经营主体多模式完善利益分享机制,引导新型农业经营主体多形式提高发展质量;要建立健全支持新型农业经营主体发展政策体系,不断完善财政税收政策,加强基础设施建设,改善金融信贷服务,扩大保险支持范围,鼓励拓展营销市场,支持人才培养引进;要健全政策落实机制,加强组织领导,搞好服务指导,狠抓考核督查,强化法制保障。

2017年8月1日,国家发改委办公厅下发《关于印发〈农村产业融合发展专项债券发行指引〉的通知》(发改办财金规〔2017〕1340号)(以下简称《发行指引》)。农村产业融合发展专项债券,是指以建立更加完善的农业产业链条、培育更加丰富的农村新产业新业态、打造更加高效的产业组织方式、构建更加紧密的利益联结机制为导向,募集资金用于农村产业融合发展项目的企业债券。《发行指引》确定了专项债券发行的适用范围和六个方面发展项目的支持重点,提出了发行条件。并提出审核适用"加快和简化审核类"债券审核程序,提高审核效率,在偿债保障措施完善的情况下,允许企业使用不超过50%的债券募集资金用于补充营运资金，鼓励上市公司及其子公司发行农村产业融合发展专项债券。2019年3月20日，无锡市锡西新城产业发展集团有限公司获国家发展改革委核准发行不超过9.5亿元的农村产业融合发展专项债券，成为全国范围内首只获核准的农村产业融合发展专项债券，所筹资金2.54亿元用于有机生态高新农业产业项目，2.42亿元用于有机生态（茶）产业提升项目，4.54亿元用于补充营运资金，债券期限7年，债项评级AAA。该专项债券主承销商为天风证券股份有限公司，由江苏省信用再担保集团有限公司提供全额无条件不可撤销连带责任保证担保。项目通过对区域内现有耕地的有效整合，将资本、技术和资源要素进行跨界集约化配置，促进农业生产和销售，并将农业种植与休闲以及其他类型服务业有机整合，实现区域内一二三产业融合发展，是对"十三五"规划提出的构建农村现代产业体系的重要尝试。

2017年10月13日，农业部、国家发展改革委、财政部、国土资源部、人民银行、税务总局等六部委下发《关于促进农业产业化联合体发展的指导意见》（农经发〔2017〕9号）（以下简称《意见》）。农业产业化联合体是龙头企业、农民合作社和家庭农场等新型农业经营主体以分工协作为前提，以规模经营为依托，以利益联结为纽带的一体化农业经营组织联盟。发展农业产业化联合体有利于构建现代农业经营体系，有利于推进农村一二三产业融合发展，有利于提高农业综合生产能力，有利于促进农民持续增收。《意见》提出了农业产业化联合体的基本特征及培育和发展农业产业化联合体的总体要求。要求建立分工协作机制，引导多元新型农业经营主体组建农业产业化联合体；健全资源要素共享机制，推动农业产业化联合体融通发展；完善利益共享机制，促进农业产业化联合体与农户共同发展。同时要求完善支持政策，强化保障措施。

2017年12月7日，国土资源部、国家发改委下发《关于深入推进农业供给侧结构性改革做好农村产业融合发展用地保障的通知》（国土资规〔2017〕12号）。通知要求，发挥土地利用总体规划的引领作用。各地区在编制和实施土地利用总体规划中，要适应现代农业和农村产业融合发展需要，优先安排农村基础设施和公共服务用地，乡（镇）土地利用总体规划可以预留少量（不超过5%）规划建设用地指标，用于零星分散的单独选址农业设施、乡村旅游设施等建设。做好农业产业园、科技园、创业园用地安排，在确保农地农用的前提下，引导农村二三产业向县城、重点乡镇及产业园区等集中集聚，合理保障农业产业园区建设用地需求，严防变相搞房地产开发。省级国土资源主管部门制定用地控制标准，加强实施监管。因地制宜编制村土地利用规划。在不占用永久基本农田、不突破建设用地规模、不破坏生态环境和人文风貌的前提下，统筹农业农村各项土地利用活动，优化耕地保护、村庄建设、产业发展、生态保护等用地布局，细化土地用途管制规则，加大土地利用综合整治力度，引导农田集中连片、建设用地集约紧凑，推进农业农村绿色发展。加强建设用地计划指标支持。安排一定比例年度土地利用计划，专项支持农村新产业新业态和产业融合发展。对利用存量建设用地进行农产品加工、农产品冷链、物流仓储、产地批发市场等项目建设或用于小微创业园、休闲农业、乡村旅游、农村电商等农村二三产业的市、县，可给予新增建设用地计划指标奖励。规范设施农用地类型。对于农业生产过程中所需各类生产设施和附属设施用地，以及由于农业规模经营必须兴建的配套设施，包括蔬菜种植、烟草种植和茶园、橡胶园等农作物种植园的看护类管理房用地（单层、占地小于15平方米），临时性烤烟、炒茶、果蔬预冷、葡萄晾干等农产品晾晒、临时存储、分拣包装等初加工设施用地（原则上占地不得超过400平方米），在不占用永久基本农田的前提下，纳入设施农用地管理，实行县级备案。改进设施农用地监督管理。省级国土资源主管部门明确不同类型设施农用地的规划安排、选址要求、使用周期，以及结束使用后恢复原状的保障措施。县级国土资源主管部门设立标示牌，标明设施农用地用途、面积、责任人和备案序号，接受公众监督。设施农用地的管理信息纳入国土资源综合信息监管平台，加强土地执法监察和土地督察，防止擅自将设施农用地"非农化"。鼓励土地复合利用。围绕农业增效和农民增收，因地制宜保护耕地，允许在不破坏耕作层的前提下，对农业生产结构进行优化调整，仍按耕地管理。鼓励农业生产和村庄建设等用地复合利用，发展休闲农业、乡村旅游、农业教育、农业科普、农事体验等产业，拓展土地使用功能，提高土地节约集约利用水平。在充分保障农民宅基地用益物权、防止外部资本侵占控制的前提下，探索农村集体经济组织以出租、合作等方式盘活利用空闲农房及宅基地，按照规划要求和用地标准，改造建设民宿民俗、创意办公、休闲农业、乡村旅游等农业农村体验活动场所。夯实基础工作。开展耕地质量等别调查评价与监测工作，定期更新耕地等农用地土地等别数据库，稳步推进农用地基准地价制定和发布工作，为农户土地入股或流转提供参考依据。加快"房地一体"的农村宅基地和集体建设用地确权登记颁证工作，为农村新产业新业态发展提供产权保障和融资条件。强化部门协同配合。各级国土资源主管部门要加强与发展改革、农业、城乡规划、建设、环境保护、林业、旅游、消防等相关部门的协同联动，共同开展本地区农村产业融合发展用地现状和需求的调查分析，确定各业各类用地标准和用地保障方式，健全政策体系，联合执法监管，做好风险防控，合力推动新时期农业农村发展。并明确本文件自下发之日起执行，有效期五年。

在继"百县千乡万村工程"的基础上，2017年分别由国家发改委和农业部牵头开展了"示范园"和"先导区"的创建活动。按照2017年中央1号文件支持建设一批农村产业融合发展示范园的要求，2017年8月1日，国家发改委、农业部、工信部、财政部、国土资源部、商务部、国家旅游局发布《国家农村产业融合发展示范园创建工作方案》（发改农经〔2017〕1451号）。示范园的示范任务：一是探索多种产业融合模式，构建现代农业产业体系；二是培育多元化产业融合主体，激发产业融合发展活力；三是健全利益联结机制，让农民更多分享产业增值收益；四是创新体制机制，破解产业融合发展瓶颈约束。2017年首批创建国家农村产业融合发展示范园100个。要求各地结合本地区实际，充分挖掘地域特色，围绕农业内部融合、产业链延伸、功能拓展、新技术渗透、产城融合、多业态复合等六种类型，有针对性地创建农村产业融合发展示范园。按照"当年先创建，次年再认定"的原则，由县（市、区、旗、农场）或地市政府根据国家有关部门公布的示范园名单，按照省级发展改革委评审通过的创建方案，组织开展示范园创建工作。创建工作满一年后，由省级发展改革委会同有关部门组织验收并将验收结果上报国家发展改革委，国家发展改革委会同有关部门对验收合格的正式认定为国家农村产业融合发展示范园，对示范效果不显著、验收不合格的不予认定并撤销创建资格，同时在下批次组织申报示范园创建工作时，相应减少该省（区、市）名额。保障措施有：加大项目资金支持力度，优先支持发行企业债券，鼓励设立产业投资基金，鼓励地方加大融资支持，完善用地保障机制，支持政府与社会资本合作，加强产业融合公共服务等。2017年12月30日，国家发改委《关于印发首批国家农村产业融合发展示范园创建名单的通知》（发改农经〔2017〕2301号）公布了首批152个示范园创建单位。

2017年12月5日，农业部办公厅下发《关于支持创建农村一二三产业融合发展先导区的意见》（农办加〔2017〕20号）。按照《国民经济和社会发展第十三个五年规划纲要》提出的"培育一批产业融合先导区"要求，农业部决定支持各地培育打造和创建农村一二三产业融合发展先导区，做大做强支柱产业和融合发展各类经营主体。农村产业融合发展先导区是指农村一二三产业融合发展中，部分县乡等行政区或某一产业集聚区，坚持产前产中产后有机衔接和一二三产业融合发展，已经形成了相对成型、成熟的融合发展模式和全产业链条，产业价值链增值和区域品牌溢价效果已初步显现，市场竞争已经由产品竞争上升到产业链竞争的新高度，并且其做法经验可复制、可推广，能够在全国发挥标杆引领和典型示范作用的区域。工作目标是按照"一年有规划，两年有起色，三年见成效"的总体安排，力争在全国范围内培育打造和创建一批产业融合方式先进、经济效益显著、产业集群发展高效、与农民利益联结紧密的融合发展先导区，形成多元化的融合发展新模式新经验，有效推动农村一二三产业融合发展，让农民分享更多的二三产业增值收益。主要从规划先行、统筹布局，培育品牌、市场决定，整合资源、形成合力，发挥优势、绿色发展，主体引领、科技支撑五个方面进行培育打造。同时要进一步完善融合发展先导区的支持政策，加大项目资金支持力度，优化政府投资方式，支持政府与社会资本合作，完善用地保障机制，加强产业融合公共服务。

第三节 农村一二三产业融合发展 在不断总结中持续推进

为跟踪分析和评估农村一二三产业融合发展2017年度进展情况，国家发展改革委组织各有关部门和各省（区、市）人民政府进行总结，委托研究机构进行第三方评估，赴地方开展专题调研，于2018年4月19日在官网发布了《农村一二三产业融合发展年度报告（2017年）》（以下简称

《年度报告》)。《年度报告》梳理了各地区各有关部门为推进农村一二三产业融合发展,在完善工作机制、落实支持政策、推进配套改革、强化公共服务和开展试点示范等方面所做的工作,总结了各地在模式创新、主体培育、构建利益联结机制、促进农民增收和打好精准脱贫攻坚战等方面的典型经验和显著成效。除了上面述及的政策外,《年度报告》还提到了一些细化的政策、配套的支持改革措施和公共服务。

在积极拓宽投融资渠道上,国家发展改革委还发布了2017年版《中西部地区外商投资优势产业目录》和《外商投资产业指导目录》,为外资投向农产品加工业和标准化设施蔬菜基地等创造了宽松便利条件。财政部与农业部联合印发了实施意见,将"互联网+现代农业"等作为推广PPP(Public-Private Partnership,政府和社会资本合作)的六大重点领域,并安排资金支持农村一二三产业融合发展试点和创建国家现代农业产业园。人民银行支持符合条件的涉农企业通过债务融资工具进行直接融资。保监会大力推广小额贷款保障保险、农业保险保单质押等保险增信模式,低成本盘活农户资产。在加强新产业新业态政策支持上,商务部制定了《农村电子商务服务规范》和《农村电子商务工作指引》,会同财政部、国务院扶贫办等,出台农村电商发展指导意见;推动农商互联,会同农业部开展农产品电商出村工程和标准化试点;与共青团中央联合举办农村电商创业创新大赛,会同邮政局推动快递向西向下发展;组织阿里、京东、苏宁等电商平台设立电商扶贫频道,打造贫困地区农村产品上行直通车。农业部实施休闲农业和乡村旅游提升行动,召开首届全国休闲农业和乡村旅游大会,推介中国美丽休闲乡村150个,认定第四批中国重要农业文化遗产29项,发布休闲农业和乡村旅游精品景点2 160个,精品线路670条。国家旅游局出台了旅游民宿行业标准,会同交通部等印发了《关于促进交通运输与旅游融合发展的若干意见》,会同国家发展改革委等部门联合出台了《促进乡村旅游发展提质升级行动方案(2017年)》,会同农业部开展了现代农业庄园创建工作。在创新涉农专项支付资金管理方式上,2017年4月财政部会同农业部印发了《农业生产发展资金管理办法》,在全国推广"大专项+任务清单"管理方式。2017年12月国务院出台《关于探索建立涉农资金统筹整合长效机制的意见》,提出按照专项转移支付和基建投资管理的职责分工,在中央、省、市、县等层级分类有序地推进涉农资金统筹整合，行业内涉农资金在预算编制环节进行源头整合，行业间涉农资金主要在预算执行环节进行统筹，进一步强化了行业内涉农资金整合与行业间涉农资金统筹的衔接配合。在进一步推进农村集体产权制度改革上，人民银行指导金融机构创新了信贷管理机制和金融产品，金融机构创新推出了"两权"直接抵押、"农户联保＋土地经营权抵押""农民合作社和农户担保＋土地经营权抵押"等多种金融产品。在探索制定农用地基准地价制度上，国土资源部印发了《关于加强公示地价体系建设和管理有关问题的通知》，推进了农村地价体系建设，为农村土地利用管理工作提供了基础支撑，为农户土地入股或流转提供了参考依据。在完善农产品现代流通体系上，国务院办公厅印发了《关于进一步推进物流降本增效促进实体经济发展的意见》，逐步完善县乡村三级物流节点基础设施网络；会同交通运输部、食品药品监管总局起草并以国务院办公厅的名义印发了《关于加快发展冷链物流保障食品安全促进消费升级的意见》，加快农产品冷链物流体系建设。商务部会同财政部支持山西、安徽等15个省区建设304个产地集配中心、农产品交易仓储设施和冷链物流集散中心等跨区域农产品流通基础设施项目，支持山东、河南等10个省区发展冷链物流，在全国13个省区支持25个公益性农产品批发市场建设，并在试点基础上印发了加强公益性农产品市场体系建设的指导意见。在提升农村信息化服务能力上，国家发展改革委组织实施了2017年新一代信息基础设施建设工程，支持河北等10个省市农村信息基础设施网络建设。农业部实施了益农信息社"整省推进"建设，采用以奖代补政策，支持"公助民建、公管民营"方式开展建设运营，推进农业物联网试验示范和农业装备智能化，探索农业物联网软硬件购置补贴办法。工业和信息化部印发《工业电子商务发展三年行动计划》，支持涉农工业企业搭建综合性信息化服务平台，会同财政部加快实施电信普遍服务试点，支持27个省份13万个行政村实施宽带网络建设和升级改造，全国行政村光纤网络覆盖率提升至94%。在加强品牌建设上，国家工商总局积极推进"商标富农"，大力推进地理标志和农产品商标注册便利化，与电商平台企业合作搭建地理标志流通平台，建立农村基层合同助农指导站，制定并免费发放适合农业生产经营需求的涉农合同示范文本。国家林业局成立了林业品牌工作领导小组，实施森林生态标志产品建设工程，编制了《林业品牌建设与保护行动计划》。在推进农村信用体系发展上，人民银行指导各地以数据库和网络服务平台建设为核心，建立科学、合理的农户信用评价指标体系，开展农户信用评级和"信用户、信用村、信用乡（镇）"创建。在全国性试点示范上，除了"百县千乡万村"试点示范工程、融合发展示范园、融合发展先导区以外，农业部还创建了60个全国休闲农业和乡村旅游示范县。财政部会同农业部支持创建国家现代农业产业园，安排资金8.3亿元支持18个省份开展田园综合体建设试点。工业和信息化部在"国家新型工业化产业示范基地"创建中，建设了29个涉农产业示范基地。商务部持续推进电子商务进农村综合示范，支持756个县提高农村电子商务应用水平。国家旅游局创建了100家"中国乡村旅游创客示范基地"，组织认定了10家"中国优秀乡村旅游目的地"。中华供销合作总社确定了5个供销合作社开展农村一二三产业融合试点工作。总体而言，2017年继续推动农村一二三产业融合进程、丰富融合内容、提升融合质量，农村产业融合主体不断涌现、优质安全农产品供给大幅增加、农村新产业新业态提档升级、农企利益联结机制更加紧密、农民增收与就业渠道日益多元、助力精准扶贫精准脱贫成效明显。

  为深入贯彻落实党的十九大关于"促进农村一二三产业融合发展，支持和鼓励农民就业创业，拓宽增收渠道"的决策部署，按照2018年中央1号文件"大力开发农业多种功能，构建农村一二三产业融合发展体系"和《政府工作报告》"多渠道增加农民收入，促进农村一二三产业融合发展"的要求，针对"一些地方认识还不足，政策落实不到位；有些地方融合发展水平不高，产加销环节衔接不紧密，产业链延伸、价值链提升不充分；有些地方的企业和农民利益联结机制还不完善，农民分享全产业链增值收益还不够"的情况，2018年6月6日，农业农村部下发《关于实施农村一二三产业融合发展推进行动的通知》（农加发〔2018〕5号），决定实施农村一二三产业融合发展推进行动（以下简称"推进行动"）。推进行动的目标任务是到2020年，农村产业融合主体规模不断壮大，产业链不断延长，价值链明显提升，供应链加快重组，企业和农民的利益联结机制更加完善，融合模式更加多样，建成一批农村产业融合发展先导区和示范园，融合发展体系初步形成，为实施乡村振兴战略提供有力支撑。具体是落实政策引导融合，创业创新促进融合，发展产业支撑融合，完善机制带动融合,加强服务推动融合。

2018年10月11日,国家发展改革委、农业农村部、工业和信息化部、财政部、自然资源部、商务部、文化和旅游部下发《关于印发〈国家农村产业融合发展示范园认定管理办法(试行)〉的通知》(发改农经规〔2018〕1484号),明确了国家农村产业融合发展示范园认定管理办法(试行)和国家农村产业融合发展示范园认定评审标准。2018年10月22日,农业农村部乡村产业发展司公示了155个县(市、区)为2018年全国农村一二三产业融合发展先导区创建单位。

2019年3月15日,国家发展改革委办公厅下发《关于开展第二批国家农村产业融合发展示范园创建工作的通知》(发改办农经〔2019〕334号),对第二批国家农村产业融合发展示范园创建工作进行部署,持续推动农村一二三产业融合发展的试点示范工作。

第三章

农村一二三产业融合发展的重要意义

促进农村一二三产业融合发展是党中央、国务院做出的重要决策部署，是党的"三农"理论和政策的创新和发展。为什么中央要做出推进农村一二三产业融合发展这个重要决策？为什么是在2014年中央农村工作上做出推进农村一二三产业融合发展这一重要决策？为什么说农村一二三产业融合发展是"三农"理论政策的创新发展？解决这些问题，对加快推进农村一二三产业融合发展、构建农村一二三产业融合体系、形成乡村产业体系、实现乡村产业兴旺具有重要意义。当然，对这些问题的阐述和回答，也同时阐明了农村一二三产业融合发展的重要意义。

第一节 农村一二三产业融合发展是党的"三农"理论的创新和发展

农村一二三产业融合发展是党的"三农"理论的创新和发展。它的创新和发展主要体现在三个方面：一是农村一二三产业融合发展是坚持新发展理念在农村产业发展上的具体应用和体现，二是农村一二三产业融合发展以党的"三农"理论为指导并增添了新的内涵,三是农村一二三产业融合发展是全新的政策概念,它不同于以往的农业产业化,也不同于日本提出的农村六次产业化。

一、农村一二三产业融合发展坚持体现了新发展理念

发展是党执政兴国的第一要务。党的十八届五中全会强调,实现发展目标,破解发展难题,厚植发展优势,必须牢固树立并切实贯彻创新、协调、绿色、开放、共享的发展理念。这是关系我国发展全局的一场深刻变革。坚持创新发展,必须把创新摆在国家发展全局的核心位置,不断推进理论创新、制度创新、科技创新、文化创新等各方面创新,让创新贯穿党和国家一切工作,让创新在全社会蔚然成风。坚持协调发展,必须牢牢把握中国特色社会主义事业总体布局,正确处理发展中的重大关系,重点促进城乡区域协调发展,促进经济社会协调发展,促进新型工业化、信息化、城镇化、农业现代化同步发展,在增强国家硬实力的同时注重提升国家软实力,不断增强发展整体性。坚持绿色发展,必须坚持节约资源和保护环境的基本国策,坚持可持续发展,坚定走生产发展、生活富裕、生态良好的文明发展道路,加快建设资源节约型、环境友好型社会,形成人与自然和谐发展的现代化建设新格局,推进美丽中国建设,为全球生态安全做出新贡献。坚持开放发展,必须顺应我国经济深度融入世界经济的趋势,奉行互利共赢的开放战略,发展更高层次的开放型经济,积极参与全球经济治理和公共产品供给,提高我国在全球经济治理中的制度性话语权,构建广泛的利益共同体。坚持共享发展,必须坚持发展为了人民、发展依靠人民、发展成果由人民共享,做出更有效的制度安排,使全体人民在共建共享发展中有更多获得感,增强发展动力,增进人民团结,朝着共同富裕的方向稳步前进。

促进农村一二三产业融合发展,是牢固树立创新、协调、绿色、开放、共享的新发展理念,主动适应经济发展新常态,以坚持农民主体地位,增进农民福祉为出发点和落脚点,按照"基在农业、利在农民、惠在农村"的要求,以市场需求为导向,以促进农业提质增效、农民就业增收和激活农村发展活力为目标,以新型农业经营主体为支撑,以完善利益联结机制和保障农民分享二三产业增值收益为核心,以制度、技术和商业模

式创新为动力,强化农产品加工业等供给侧结构性改革,着力推进产业链和价值链建设,开发农业多种功能,推动要素集聚优化,大力推进农产品加工业与农村产业交叉融合互动发展,为转变农业发展方式、促进农业现代化、形成城乡一体化发展的新格局,为农业强起来、农村美起来、农民富起来和全面建成小康社会提供有力支撑。

促进农村一二三产业融合发展必须坚持创新驱动,激发融合活力。创新是引领农业一二三产业融合发展的第一动力,产业融合必须着力实施创新驱动战略。树立"大食物、大农业、大资源、大生态"观念,必须深入开展产业融合的理论创新;大力发展合作制、股份合作制和股份制,必须着力推进产业融合的制度创新;积极应用互联网、智能制造、绿色制造等现代技术,必须切实加大产业融合的科技创新。

促进农村一二三产业融合发展必须坚持协调发展,优化产业布局。协调是农村一二三产业融合发展的内在要求,产业融合必须着力推进产业交叉融合。要增强发展的协调性,以市场需求为导向,充分发挥市场机制和市场主体的作用,推动农业产前产中产后和农产品初加工、精深加工及综合利用加工协调发展,引导优化产业布局,拓宽发展空间,促进城乡、区域、产业间的协调发展。

促进农村一二三产业融合发展必须坚持绿色生态,促进持续发展。绿色是农村一二三产业融合发展的基本遵循,产业融合必须着力促进可持续发展。牢固树立节约集约循环利用的资源观,通过绿色加工、综合利用,实现节能降耗、环境友好,形成"资源—加工—产品—资源"模式,发展营养安全、绿色生态、美味健康、方便实惠的食品产业;遵循生产生活生态并重,发展培育新业态;坚持绿色富国、绿色惠民,推动形成产业融合的绿色发展方式。

促进农村一二三产业融合发展必须坚持开放合作,拓展融合空间。开放是农村一二三产业融合发展的必由之路,着力推动产业"走出去"和国际产能合作。鼓励引导农产品加工、流通等涉农企业参与双向开放,充分利用好国内国外两种资源、两个市场,搭建区域间、国际间投资贸易合作平台,加强国际交流合作,推动产品、技术、标准、服务走出去。

促进农村一二三产业融合发展必须坚持利益共享,增进人民福祉。把共享作为产业融合发展的本质要求,产业融合必须着力促进农民增收。坚持以人民为中心的发展思想，坚持人民主体地位，产业发展为增进人民福祉服务，拓展产业功能，通过支持政策与带动农民分享利益挂钩，激励企业承担社会责任，大力发展农民共享产业，多渠道促进农民增收；完善企农利益联结机制，形成利益共同体、命运共同体和责任共同体，使农民体面地就业，有尊严地生活，在共建共享发展中有更多获得感与幸福感。

二、农村一二三产业融合发展坚持发展了习近平"三农"思想

习近平总书记高度重视"三农"工作，党的十八大以来，对做好"三农"工作提出了一系列新理念新思想新战略，科学回答了新时代"三农"工作的重大理论和实践问题，形成了习近平新时代中国特色社会主义"三农"思想。习近平"三农"思想是习近平新时代中国特色社会主义思想的重要组成部分，是指导我国农业农村发展取得历史性成就、发生历史性变革的科学理论，也是实施乡村振兴战略、做好新时代"三农"工作的行动指南。这一思想包括以下几个方面的内容：

第一，坚持加强和改善党对农村工作的领导，为"三农"发展提供坚强政治保障。习近平总书记2016年在安徽小岗村农村改革座谈会上强调，党管农村工作是我们的传统，这个传统不能丢。在2017年中央农村工作会议上强调，要建立实施乡村振兴战略领导责任制，党政一把手是第一责任人，五级书记抓乡村振兴。

第二，坚持"重中之重"战略定位，切实把农业农村优先发展落到实处。习近平总书记强调，"三农"向好，全局主动；在2013年中央农村工作会议上指出，中国要强，农业必须强，中国要美，农村必须美，中国要富，农民必须富；在2017年中央农村工作会议上再次强调，农业强不强、农村美不美、农民富不富，决定着亿万农民的获得感和幸福感，决定着我国全面小康社会的成色和社会主义现代化的质量；2015年在吉林调研时指出，任何时候都不能忽视农业，不能忘记农民，不能淡漠农村。

第三，坚持把推进农业供给侧结构性改革作为主线，加快推进农业农村现代化。习近平总书记指出，我国农业农村发展已进入新的历史阶段，农业的主要矛盾由总量不足转变为结构性矛盾，矛盾的主要方面在供给侧。他在安徽小岗村农村改革座谈会上强调，要以构建现代农业产业体

系、生产体系、经营体系为抓手，加快推进农业现代化。

第四，坚持立足国内保证自给的方针，牢牢把握国家粮食安全主动权。习近平总书记在 2013 年中央农村工作会议上指出，中国人的饭碗任何时候都要牢牢端在自己手上，我们的饭碗应该主要装中国粮；在 2013 年中央经济工作会议上指出，要坚持以我为主、立足国内、确保产能、适度进口、科技支撑的国家粮食安全战略，确保谷物基本自给、口粮绝对安全。

第五，坚持不断深化农村改革，激发农村发展新活力。习近平总书记多次主持召开中央深化改革领导小组会议审议农村改革议题，指出解决农业农村发展面临的各种矛盾和问题，根本靠深化改革；新形势下深化农村改革，主线仍然是处理好农民和土地的关系；不管怎么改，不能把农村土地集体所有制改垮了，不能把耕地改少了，不能把粮食生产能力改弱了，不能把农民利益损害了。

第六，坚持绿色生态导向，推动农业农村可持续发展。习近平总书记在中央深化改革领导小组会议审议农业绿色发展的文件时指出，推进农业绿色发展是农业发展观的一场深刻革命。强调，绿水青山就是金山银山；良好生态环境是农村最大优势和宝贵财富，要让良好生态成为乡村振兴的支撑点；农业发展不仅要杜绝生态环境欠新账，而且要逐步还旧账。

第七，坚持保障和改善民生，让广大农民有更多的获得感。习近平总书记多次指出，小康不小康，关键看老乡。在吉林调研时指出，检验农村工作成效的一个重要尺度，就是看农民的钱袋子鼓起来没有。在贵州考察时指出，党中央的政策好不好，要看乡亲们是哭还是笑；要是笑，就说明政策好；要是有人哭，我们就要调整完善。在 2017 年中央农村工作会议上指出，"大国小农"是我国的基本国情农情，要把小农生产引入现代农业发展轨道。

第八，坚持遵循乡村发展规律，扎实推进美丽宜居乡村建设。习近平总书记指出，城乡发展不平衡不协调，是我国经济社会发展存在的突出矛盾；全面建成小康社会，不能丢了农村这一头；要建立健全城乡融合发展体制机制和政策体系；新农村建设一定要走符合农村实际的路子，遵循乡村自身发展规律，充分体现农村特点，注意乡土味道，保留乡村风貌，留得住青山绿水，记得住乡愁。

习近平总书记提出的一系列新理念新思想新战略，系统全面、内涵丰富、博大精深、意义深远，为我们做好新时代"三农"工作提供了基本遵循，是实施乡村振兴战略、做好新时代"三农"工作的理论指引和思想武器。我们要以习近平总书记"三农"思想为指导，实现乡村振兴新目标。

推进农村一二三产业融合发展的主要任务是发展绿色循环农业、推进优质农产品生产、优化农业发展设施条件，做优农村第一产业，夯实产业融合发展基础；大力支持发展农产品产地初加工、全面提升农产品精深加工整体水平、努力推动农产品及加工副产物综合利用，做强农产品加工业，提升产业融合发展带动能力；大力发展各类专业流通服务、积极发展电子商务等新业态新模式、加快发展休闲农业和乡村旅游，做活农村第三产业，拓宽产业融合发展途径；培育多元化产业融合主体、发展多类型产业融合方式、建立多形式利益联结机制，创新融合机制，激发产业融合发展内生动力。这些工作目标和任务充分体现了习近平新时代中国特色社会主义"三农"思想。解决"三农"问题还是要树立大农业观念，不仅要夯实发展现代农业，还要统筹发展农村二产和三产，推动农村一二三产业融合发展，这是以习近平同志为核心的党中央坚持把解决好"三农"问题作为全党工作重中之重，贯彻新发展理念，勇于推动"三农"工作的理论创新、实践创新、制度创新，是在发展中不断丰富习近平新时代中国特色"三农"思想的具体体现。

三、农村一二三产业融合发展是农业产业化和六次产业化的创新升级

农村一二三产业融合发展与我们熟知的农业产业化和日本六次产业化有联系，但农村一二三产业融合发展绝不是农业产业化和日本六次产业化的翻版和重复，农村一二三产业融合发展的目标更加深远，体系构建更加严密，政策视野更加开阔，内涵任务更加丰富。

农业产业化起源于20世纪50年代末，我国实践于80年代末，主要是为了解决小农户与大市场的对接问题。农业产业化是在家庭承包经营的基础上，以市场为导向，以经济效益为中心，以产业为重点，依靠龙头企业的带动实施规模化经营，龙头企业与农户建立"风险共担、利益共享"的利益联结机制，把农业产前、产中、产后各个环节联结起来，实现产加销

一体化的一种农业经营方式，简单地讲就是"公司+基地+农户"。农业产业化的基本思路是以市场为导向确定主导产业或产品，并实施区域化布局，依托龙头企业实施规模化经营，以市场带动企业，企业带动基地，基地带动农户，从而实现市场与农户的有效衔接，是市场带动生产的组织管理形式。经过20多年的发展，农业产业化理论日臻完善，然而在实践中，随着市场需求的变化，特别是产品价格的波动，由于利益机制不完善，公司和农户交易双方都可能存在的机会主义行为，且强制履约机制缺失，从而导致合约极不稳定。

日本的"六次产业化"是建立在农业多功能性理论之上的概念，1994年由日本学者今村奈良臣首次提出。发展"第六产业"的根本目的是改变农业发展前景，提升农产品附加值，进一步提高农民收入，使原本作为第一产业的农业变身为综合产业。农业的"六次产业"是指农村地区各产业之和，即$1+2+3=6$。其意为，农业不仅指农畜产品生产，而且还应包括与农业相关联的第二产业（农畜产品加工和食品制造）和第三产业（流通、销售、信息服务和农业旅游）。后来他对这一提法进行了修改，认为农业的六次产业应是农村地区各产业之乘积，即$1\times2\times3=6$。其意为，农村产业链中若其中一个产业的产值为零，则六次产业所带来的总体效益变为零。农业"六次产业"的界定从农村的各产业相加向各产业相乘转变，意在向人们警示，只有依靠以农业为基础的各产业间的合作、联合与整合，才能取得农村地区经济效益的提高。

综上所述，农村一二三产业融合发展与农业产业化和六次产业化的发展目标和背景不同。农村一二三产业融合发展的最终目标是构建乡村产业体系，在做强一产、做好二产、做活三产的基础上提升农业的质量、效率、效益和竞争力，拓宽农民就业渠道，增加农民收益，从而推动农业农村现代化，使得乡村全面振兴。农业产业化在完善和紧密利益联结机制的基础上，通过不断延伸农业产业链，可以从属于农村一二三产业融合发展体系范畴。而日本的六次产业化提出背景与农村一二三产业融合发展不同，六次产业化是在日本农业现代化改造基本完成之后，改变农业发展前景、保护日本农业的一个概念，其内涵与农村一二三产业融合发展没有可比性，但是它可以作为一种借鉴，提醒各级领导和"三农"工作者，农村如果没有农业，如果没有基于农业的二产和三产，那么农村的产业体系就无法构建，乡村产业的产值就为零。这是一个富有哲学含义的论断和观点。

第二节　农村一二三产业融合发展是拓宽农民收入渠道的重要举措

"农村富不富，关键看收入。"要让农民分享我国改革开放的成果，关键看老乡生活得怎么样，生活富裕是乡村振兴的落脚点。改革开放以来，特别是党的十八大以来，农民收入大幅度增长，增长的速度要高于城市居民的收入增长速度。但是从总体上看，由于城乡居民收入的基数不同，农民的绝对收入还是远远不如城市居民，而且从当前来看，农民增收的不确定因素还是存在的。所以，推进农村一二三产业融合发展的逻辑起点和目标就是增加农民的收入。农民收入不提高，农村人才留不住也不会回流，农村没有人才，产业难以兴旺，产业不兴旺，乡村全面振兴就有难度。所以，农村一二三产业融合发展归根到底就是要促进农民增收，实现农民富裕。

一、农民增收的不确定因素依然存在

2019年一季度我国农村居民人均可支配收入4 600元，实际增长6.9%，增速高于城镇居民1.0个百分点，也高于6.4%的GDP增速，继续保持着两个"高于"的不俗成绩。在农业农村部4月23日的新闻发布会上，农业农村部对农民增收情况进行了分析。2019年以来我国农产品市场运行总体稳定，价格季节性上涨，带动家庭经营性收入名义增长5.9%。同时，外出务工总量和工资水平实现双增长，3月末外出务工农村劳动力达到17 651万人，同比增长1.2%；月均收入达到3 996元，同比增长7%，带动工资性收入名义增长9%。农民可支配收入来源主要包括家庭经营净收入、工资性收入、财产净收入和转移净收入，一季度这四项收入情况：家庭经营净收入1 535元，增收贡献率从去年同期的34.3%降至33.4%。工资性收入2 009元，比上年同期1 843元增加166元，这从1997年以来一直是农民收入的主要来源。财产净收入130元，上年同期是

118元,这项收入占比不大但潜力大。转移净收入925元,上年同期是816元,继续保持增长。可以看出,与其他三项继续保持稳定增长势头有所不同的是,来自农业的家庭经营收入增长乏力。原因是:粮食生产受自然灾害、价格下跌、成本上涨影响,可能出现"三碰头";受非洲猪瘟影响,生猪和能繁殖母猪存栏数持续减少,生猪产能持续下滑;第一产业固定资产投资增速放缓,高标准农田建设、基础设施建设管护等资金缺口大。农业农村部还认为,宏观经济形势面临的下行压力对农民增收有不确定性,确保农民持续增收要夯实基础、综合施策。一是稳定家庭经营净收入,做好农业的节本增效文章,继续推动加大对农业基础设施的投入、加强高标准农田建设、调整优化农业结构,促进小农户和现代农业发展有机衔接,发展适度规模经营。二是着力增加工资性收入,推动农村一二三产业融合发展,支持发展农产品粗加工、精深加工、休闲农业和乡村旅游,推广新业态、新模式,加快建设国家农村创业创新园区等发展平台,抓好现代农业产业园等平台载体建设,为乡村就业提供更多机会。三是促进财产净收入增长,深化农村集体产权制度改革、农村土地制度改革,盘活农村集体资源资产,创新农业经营体制机制,发展壮大农村集体经济。四是逐步提高转移净收入,完善农业支持保护政策,推动农业保险增品、扩面、提标,加快构建新型农业补贴体系,保障农民转移性收入稳定增长。虽然按照测算,未来两年只要保持3.4%的增速就可以实现党的十八大提出的到2020年农民收入要在2010年基础上实现翻番的目标,但是从以上分析我们可以看出,构成农民增收的四条渠道中,主要渠道是家庭经营收入和工资性收入。家庭经营收入由于农业生产的风险,不确定性依然存在,而工资性收入则受到经济周期和经济下行压力,提高了增收难度。所以,如何提升农业经营收入和拓宽农民就业渠道显得尤为重要。

二、推进农村一二三产业融合发展的起点是增加农民收入

2019年一季度农民收入的基本情况和分析与2014年经济进入新常态、中央提出推进一二三产业融合发展政策的逻辑是大体一致的。2014年5月,习近平总书记在河南考察时指出,我们要增强信心,从当前中国经济发展的阶段性特征出发,适应新常态,保持战略上的平常心态。这是中央领导首次以新常态描述中国经济新周期。随后,总书记7月在与党外人士

的座谈会上、11月在亚太经合组织（APEC）工商领导人峰会上首次系统阐述了新常态的内涵和特征。新常态有几个主要特点：速度，从高速增长转为中高速增长；结构，经济结构不断优化升级；动力，从要素驱动、投资驱动转向创新驱动。2014年12月5日，中央政治局会议首提新常态。在新常态的大逻辑之下，经济增长放缓、结构调整、动力转换，对知识水平和能力素质相对较差的农民工具有挤出效应，用工数量、工资水平、工资增速都存在压力。同时，主要农产品价格降低。玉米、稻谷等农产品出现阶段性的产大于需，国内外农产品价差比较大，市场竞争力下降导致进口的压力比较大，迫使我们不得不对2004年以来实行的玉米临时收储政策等进行改革，改革的基本方向是更多地发挥市场形成价格的作用，降低价格支持水平，短期内无疑将对农民的收入产生一定的影响。所以，当时从这个大逻辑上看，农民增收的两大动力趋弱。因此，推进农村一二三产业融合发展首次出现在2015年中央1号文件中时，被列在第二部分"围绕促进农民增收，加大惠农政策力度"第五项工作中。文件指出："增加农民收入，必须延长农业产业链、提高农业附加值。立足资源优势，以市场需求为导向，大力发展特色种养业、农产品加工业、农村服务业，扶持发展一村一品、一乡（县）一业，壮大县域经济，带动农民就业致富。积极开发农业多种功能，挖掘乡村生态休闲、旅游观光、文化教育价值。扶持建设一批具有历史、地域、民族特点的特色景观旅游村镇，打造形式多样、特色鲜明的乡村旅游休闲产品。加大对乡村旅游休闲基础设施建设的投入，增强线上线下营销能力，提高管理水平和服务质量。研究制定促进乡村旅游休闲发展的用地、财政、金融等扶持政策，落实税收优惠政策。激活农村要素资源，增加农民财产性收入。"在以后的政策文件中，增加农民收入一直作为推进农村一二三产业融合发展的主要任务。近年来，随着农村一二三产业融合发展的不断持续推进，农业产品由需求导向向供给导向转变，农业发展的质量和水平不断提高，高新技术不断向传统产业渗透，农业与二三产业的融合度不断提高，新产业、新业态、新模式不断产生，农民在农村的就业渠道正在逐步增多，但是我们还不能松劲，必须持之以恒地推动农村一二三产业融合发展。

三、推进农村一二三产业融合发展的落脚点也是增加农民收入

党的十九大报告要求,"促进农村一二三产业融合发展,支持和鼓励农民就业创业,拓宽增收渠道"。拓宽农民增收渠道、增加农民收入是习近平总书记念兹在兹的事情,也是以人民为中心的发展观的充分体现。"小康不小康,关键看老乡","农村富不富,关键看收入",推进农村一二三产业融合发展的落脚点也是增加农民收入。2015年国务院办公厅下发的《关于推进农村一二三产业融合发展的指导意见》明确要求"建立多形式利益联结机制",引导龙头企业在平等互利基础上,与农户、家庭农场、农民合作社签订农产品购销合同,合理确定收购价格,形成稳定购销关系。支持龙头企业为农户、家庭农场、农民合作社提供贷款担保,资助订单农户参加农业保险。鼓励农产品产销合作,建立技术开发、生产标准和质量追溯体系,设立共同营销基金,打造联合品牌,实现利益共享。加快推进农村集体产权制度改革,将土地承包经营权确权登记颁证到户,集体经营性资产折股量化到户。地方人民政府可探索制定发布本行政区域内农用地基准地价,为农户土地入股或流转提供参考依据。以土地、林地为基础的各种形式的合作,凡是享受财政投入或政策支持的承包经营者均应成为股东方,并采取"保底收益+按股分红"等形式,让农户分享加工、销售环节收益。探索形成以农户承包土地经营权入股的股份合作社、股份合作制企业利润分配机制,切实保障土地经营权入股部分的收益。鼓励从事农村产业融合发展的工商企业优先聘用流转出土地的农民,为其提供技能培训、就业岗位和社会保障。引导工商企业发挥自身优势,辐射带动农户扩大生产经营规模、提高管理水平。完善龙头企业认定监测制度,实行动态管理,逐步建立社会责任报告制度。强化龙头企业联农带农激励机制,国家相关扶持政策与利益联结机制相挂钩。稳定土地流转关系,推广实物计租货币结算、租金动态调整等计价方式。规范工商资本租赁农地行为,建立农户承包土地经营权流转分级备案制度。引导各地建立土地流转、订单农业等风险保障金制度,并探索与农业保险、担保相结合,提高风险防范能力。增强新型农业经营主体契约意识,鼓励制定适合农村特点的信用评级方法体系。制定和推行涉农合同示范文本,依法打击涉农合同欺诈违

法行为。加强土地流转、订单等合同履约监督，建立健全纠纷调解仲裁体系，保护双方合法权益。这些要求无论从哪个方面看，基本的主题就是紧密农民与其他经营主体的关系，将农村一二三产业融合发展的增值收益更多地留给农民。引导企业和农户建立紧密的利益联结关系，推动价值分配向上游农户倾斜，提升小农户自我发展并与现代农业对接的能力，是推动农村一二三产业融合发展延伸产业链、提升价值链、完善利益链的根本所在。

第三节　农村一二三产业融合发展是转变农业发展方式的迫切需要

一、我国粗放的农业生产方式亟待转变

长久以来，我国农业是注重产量的粗放型生产方式，这种单纯依靠土地、化肥等生产要素投入的生产方式越来越难以持续，农民增收、粮食增产的难度越来越大。从生产成本和利润看，1978—2014 年我国水稻、小麦和玉米这三种作物的劳动力投入稳步减少，机械投入大幅增加，化肥与其他投入也呈增长趋势。其中，三大主粮每亩用工数量从 1978 年的 33.31 个工日降到 2014 年的 5.87 个工日，下降了 82.4%。每亩化肥费用从 1978 年的 7.08 元上升至 2014 年的 132.42 元，每亩农药费用从 1978 年的 0.84 元上升至 2014 年的 27.56 元，每亩机械作业费从 1978 年的 0.84 元上升至 2014 年的 134.08 元。由于农资成本、人工成本上升等因素，我国三种粮食生产的利润率越来越低。据《全国农产品成本收益资料汇编 2015》显示，我国三大主粮的每亩主产品总成本由 2009 年的 600.41 元上升到 2014 年的 1 068.57 元，增长了 77.97%。人工成本由 2009 年的 188.39 元上升到 2014 年的 446.75 元，上升了 137.14%。土地成本由 2009 年的 114.62 元上升到 2014 年的 203.94 元，增长了 77.93%。每亩净利润则大幅下降，由 2009 年的 192.35 元下降到 2014 年的 124.78 元，5 年间降低了 35.13%。每亩成本利润率由 2009 年的 32% 大幅下降到 2014 年的 11.68%。从要素配置来看，则有如下特点：一是耕地规模小，

碎片化严重。据2003年农村固定观察点农户数据调查显示，2003年我国户均地块数5.722块，其中规模不足0.033公顷的有2.858块，规模在0.033~0.067公顷的有1.194块，在0.067~0.133公顷的有0.813块，在0.133~0.2公顷的有0.342块，规模在0.333公顷以上的仅有0.233块。李建林等（2006）的研究表明，由于耕地碎片化，我国浪费的耕地占农地有效面积的3%~10%，使生产每吨谷物的劳动力成本增加了115元，造成土地生产率降低15.3%。随着近年来土地流转加速和农村土地"三权分置"改革的推行，截至2016年，我国耕地流转的比例占35%左右，也就是说三分之一的耕地实现了流转，农业经营规模虽然有所扩大，但是经营面积在50亩以下的农户依然有2.6亿户，其中绝大多数农户经营面积在5亩以下。在相当长的时间内，小农户始终是我国农业基本的主体生产经营组织形式，这是基本的国情。二是劳动力老龄化，且受教育程度不高。外出务工的劳动力多是具有较高学历的青壮年男性，而留在农村从事农业的劳动力年龄老化，素质下降，有些地方甚至出现了季节性的劳动力短缺。农业兼业化、副业化倾向显现，农民对农业生产的某些环节无力顾及，甚至退出传统生产领域，致使一些农产品的生产能力有所下降。根据农业部农村经济研究中心"我国粮食安全发展战略研究"课题组2011年基于22个省（区、市）134个村庄1 552个水稻种植户的调查数据，样本户主平均年龄为51.4岁，其中，户主50岁以上的农户占55.3%，户主受教育年限平均为7年，基本为初中文化程度。三是农业科技含量仍有待提升。我国存在着农业科技成果的转化应用比较滞后、农机服务体系不健全、适合小规模土地经营方式的小型农业机械的研发不足等问题。农业生产较多地依赖粗放式的要素投入，科技含量不高，亟须提升农业生产的科技含量。四是农业融资不足。现代农业生产需要全产业链的金融、保险、农技、农机、农资、销售、咨询、技术培训等社会化服务支持。农村基层金融服务机构很少，信贷规模小，难以对现代农业经营主体的生产经营活动形成有力支撑。五是农业生产组织化程度偏低。当前，我国农户家庭经营多数仍属于分散经营，存在着"小生产"与"大市场"的矛盾，面临着自然、市场和质量安全"三重风险"。专业大户和家庭农场尚处于发展早期，数量少、规模小。农民专业合作社发展也还处在起步阶段，截至2014年年底，全国农民专业合作社达113.8万个，但被农业部门认定为示范社的只有10.7万个，占比为9.4%。龙头企业与农户间的利益联结机制还不健全，采用合作、股份合作等较为紧密联结方式的仅占38.2%。在传统的农业生产方式下，我国土地、资本、劳动力、科技等要素投入的质量和配置效率都处于较低的水平，造成农业生产成本高、利润薄，农民增收困难。这种状况亟待改变。

二、农村一二三产业融合发展有利于推进树立大农业观

转变农业发展方式，就必须推进农业供给侧结构性改革，推进农业供给侧结构性改革就必须树立大农业观。农业一二三产业融合发展，推动农村一产、二产、三产紧密衔接，协同发展，深入挖掘农业多种功能，推动高新技术与传统农业结合，推动农业与文旅、康养相结合，就是发展大农业。因此，推进农村一二三产业融合发展有利于在实践中推动大农业观的树立，从而加快农业发展方式的转变。早在1990年，习近平总书记就明确提出"走一条发展大农业的路子"，他以此为题撰文认为："大农业是朝着多功能、开放式、综合性方向发展的立体农业。它区别于传统的、主要集中在耕地经营的、单一的、平面的小农业。小农业是满足自给的自然经济，大农业是面对市场的有计划的商品经济（现在称为'社会主义市场经济'——引者注）。"习近平畅言农业综合开发："一是寻求大农业的广阔阵地，这就是农业的多层次开发；二是追求大农业的经济效益，这就是向农业的深层次进军。"2014年中央1号文件提出"立体式复合型现代农业经营体系"，可以看出是"大农业"思路的一以贯之。继续深入推进农业供给侧结构性改革，就要牢固树立起大农业观，以新理念引领农业向广度、深度进军，在坚定不移抓好粮食生产的基础上，追求"粮经饲"统筹、"种养加"一体、农林牧渔结合，面向整个国土全方位开发农业资源。同时，要坚持市场导向，用市场引导农业生产，用市场引导结构调整，防止盲目跟风。树立大农业观，不是说粮食不重要。对13亿多人口的大国来说，吃饭问题始终是治国理政的头等大事，任何时候都要抓紧抓实。粮食产量大落容易，起来很难。在粮食问题上不能侥幸，当前尤其要保持战略定力。一方面，尽管老百姓生活水平提高了，主食吃得少了，肉蛋奶消费多了，但肉蛋奶生产也要靠粮食来转化，没有充足的饲料粮，肉蛋奶就是无源之水；另一方面，尽管我国粮食储备率大大超过公认的17%安全储

备水平，但粮食进口量逐年增加，已居世界第一。事实上，粮食安全是买不来的，全球粮食常年可贸易量不足我国需求量的一半，一旦遇到粮荒更是无从买起。树立大农业观，要调优品种结构。不能单纯以增加粮食产量论英雄，要念好"山海经"，唱好"林草戏"，打好"果蔬牌"，面向整个国土空间，合理开发更多农业资源，生产更多品种的农产品。在种植业内部，要合理配置粮食作物、经济作物和饲料作物。鼓励适宜地区增加饲草料、小杂粮、特色林果的供给；在种植业外部，要创新认识，主产区调出原粮是贡献，调出肉蛋奶、调出加工食品同样是贡献。要重视农业的生态价值和文化价值，发展休闲农业和农产品加工业，着力打造"六次产业"。树立大农业观，要调优区域结构。要以农业资源环境承载力为基准，提高农业生产与资源环境的匹配度。构建优势区域布局和专业生产格局，着力打造优势产业带，提高产业集中度。统筹布局牧区、农区、农牧交错带等片区，构建粮饲兼顾、农牧结合、循环发展的新型区域结构。

三、推进农村一二三产业融合发展有利于培育农业发展新动能

转变农业发展方式必须增添农业发展新动能。

一是要释放和转化农业农村改革发展蓄积势能。党的十八大以来，为了深入贯彻落实习近平总书记关于农业农村改革发展新理念新思想新战略，立足国情和当前，面向世界和未来，科学谋划，顶层设计，出台了一系列全面深化农村改革、加快农业农村发展的新举措，发展势能不断蓄积，为培育农业农村发展新动能奠定了基础、蓄积了能量。这种长期蓄积的大量势能要转化为农业发展的新动能。比如，随着国家对农业支持政策的不断完善、力度不断加大，市场环境的不断优化，农村产业发展出现新亮点、新态势，农业生产经营主体接二连三，龙头企业前延后伸，"互联网+"等新信息技术快速发展，将电子商务、物联网等新业态引入农业领域，休闲农业、乡村旅游、城郊农业、文化创意农业、农家乐等发展十分迅猛。农业投资主要是投向了这些农村一二三产业融合发展的领域。如果说农业、农村是目前工商资本的投资热土，那么农村一二三产业融合发展就是这片投资热土中最为耀眼的亮点所在。所以，党中央顺应农村经济发展新热点果断决策、顺势而为，提出推动农村一二三产业融合发展。

二是要积极创造农业发展新动能。要全面深化城乡二元体制制度、农村土地制度、经营制度、合作制度、集体资产产权制度、集体林权制度、金融制度及农业科技创新制度、支持保护制度、保险制度等改革，同时各项改革要统筹推进，相互衔接，互为促进，协同发力，全面激活市场、要素和主体，有效释放和放大制度改革红利，激发农业农村发展新活力、新动能。要全方位、多层次推进农业农村结构调整，包括以培育职业农民为基础，以培育新型农业经营主体为重点，调整优化农业经营主体结构；以发展经济合作为主要形式，以发展各类农民合作社为重点，调整优化农业组织结构；以区域农业资源优势为基础，以主体功能区规划和优势农产品布局规划为依托，调整优化农业区域结构；以培育特色村镇和现代农业产业园区为载体，以推进城乡三次产业融合为途径，调整优化农业农村产业结构；以壮大新产业新业态为重点，以推进农业种植业与旅游、教育、文化、康养等产业深度融合为途径，拓展和优化农业农村价值链结构；以确保粮食安全为前提，以加快构建粮经饲三元种植结构为方向，调整优化农业产品结构；以树立大资源、大市场理念为引导，以国内外资源优势和市场供需为依据，调整优化农业资源利用和市场结构等，提升结构调整优化的系统性、融合性和协同性，集成增进农业农村发展新动能。要推广农业清洁生产技术，推进农业清洁生产，推进化肥农药零增长行动，推行高效生态循环种养模式，推进农业废弃物资源化利用等；要加强农业环境综合治理，实施土壤污染防治行动，开展重金属污染耕地修复及种植结构调整，开展设施农业土壤改良，加快推进退耕还林还草、退牧还草、重大生态工程建设等；要大力支持农村生活环境集中连片综合治理，推进农村生活垃圾专项化治理行动，实施农村新能源行动等，增强农业农村可持续发展能力，孕育涵养农业农村发展新动能。要加快科技创新，创造新动能。一方面要通过调整农业科技创新方向和重点、完善国家农业科技创新体系、加大农业科技投入、整合研发力量进行重点技术攻关、打造农业科技资源共享和研发平台等，加快现代农业技术研发和新品种培育，增加农业科技有效供给；另一方面要通过培育现代农业经营主体和职业农民、完善农业技术推广体系、创新农业技术推广服务方式、加强农业技术应用推广的政策引导和扶持等，增加农业技术有效需求。从农业科技供给和需求两方面发力，推动农业科技创新和进步，创造农业农村发展新动能。要完善政策体系，催生新动能。完善农业农村政策体系、加大农业农村政策支持力度，既要注重政策"量"的增加，更要注重政策"质"的提高，切实增强政策的精准性和有效性。在政策体系设计上，要把顶层设计政策和鼓励基层创新政策、把深化改革政策和促进发展政策、把"输血"政策与"造血"政策、把改造动能存量政策与挖掘动能增量政策、把中央战略性政策与地方特色性政策等有机结合起来，增强政策的系统性和协同性；在政策结构优化取向上，要注重长远、强化基础、补齐短板、突出重点、鼓励创新、激发活力、催生动力，加强对重点区域、重点领域、重点工程、重点项目、重点经营主体、重点产业和产品等的支持，尤其要重点支持短缺、特色、高品质、高科技含量、绿色产业产品以及新产业新业态等的发展。通过政策体系完善、力度加大、务实高效，催生农业农村发展新动能。

第四节　农村一二三产业融合发展是实现乡村产业兴旺、构建乡村产业体系的重要抓手

乡村振兴战略是党的十九大提出的一项重大战略。实施乡村振兴战略是一项关系全面建设社会主义现代化国家的全局性、历史性任务。党的十九大报告中对乡村振兴战略进行了概括，提出要坚持农业农村优先发展，按照产业兴旺、生态宜居、乡风文明、治理有效、生活富裕的总要求，建立健全城乡融合发展体制机制和政策体系，加快推进农业农村现代化。这其中，农业农村现代化是实施乡村振兴战略的总目标，坚持农业农村优先发展是总方针，产业兴旺、生态宜居、乡风文明、治理有效、生活富裕是总要求，建立健全城乡融合发展体制机制和政策体系是制度保障。由此可见，乡村振兴是包括产业振兴、人才振兴、文化振兴、生态振兴、组织振兴的全面振兴，是"五位一体"总体布局、"四个全面"战略布局在"三农"工作的体现。我们要统筹推进农村经济建设、政治建设、文化建设、社会建设、生态文明建设和党的建设，促进农业全面升级、农村全面进步、农民全面发展。产业兴旺，是解决农村一切问题的前提，从新农村建设的"生产发展"到乡村振兴战略的"产业兴旺"，反映了农业农村经济适应市场需求变化、加快优化升级、促进产业融合的新要求。农村一二三

产业融合发展是实现产业兴旺、构建乡村产业基础的重要抓手。

一、产业兴旺是乡村振兴的首要任务和经济基础

党的十九大提出实施乡村振兴战略，作为国家七大战略之一，并写入党章，这是当前和今后一段时间农业农村农民工作的总抓手。乡村振兴的总要求是"产业兴旺、生态宜居、乡风文明、治理有效、生活富裕"。

"产业兴旺"是乡村振兴的经济基础。"产业兴旺"是在一产农业发展的基础上，接二连三、一二三产融合、功能多样的现代农业产业的发展与兴旺，体现现代农业三大体系，即产业体系、生产体系、经营体系有机结合的产业发展与兴旺。"生态宜居"是乡村振兴的环境基础。这种宜居的生态环境不应仅仅是针对乡村百姓的宜居，也应该是对城市居民开放、城乡互通的"生态宜居"。"乡风文明"是乡村振兴的文化基础。乡村振兴中的"乡风文明"，既应该是蕴含具有明显中国特色的五千年历史传承的乡村农耕文明，又应该是能够体现现代工业化、城乡化发展和特征的现代文明，也就是说，是传统文明和现代文明相互融合与发展的"乡风文明"。"治理有效"是乡村振兴的社会基础。乡村的"治理有效"是国家治理体系现代化和"善治"的必然要求，它应该既体现治理手段的多元化和刚柔相济，即法治、德治、自治的"三治合一"，又体现治理效果能为广大群众所接受、所满意，并且具有可持续性和低成本性。"生活富裕"是乡村振兴的民生目标。具体而言，就是要消除乡村贫困，持续增加乡村居民收入，同时缩小城乡居民在收入和公共保障方面的差距，实现乡村人口全面小康基础上的"生活富裕"。乡村振兴战略"二十字"方针所体现的五大具体目标是相互联系的有机体，因此，不仅要科学把握这"二十字"方针的具体内涵，而且还要科学把握这"二十字"方针五大目标的相互关系，进而在具体实施中能做到整体设计、阶段清晰、重点明确、方法得当、推进有序。具体而言，在乡村振兴战略的推进过程中，要把实现百姓"生活富裕"作为乡村振兴的根本目标；要把"治理有效"与"乡风文明"建设有机结合，通过"治理有效"促进"乡风文明"建设，通过"乡风文明建设"提高"德治"水平，实现"三治合一"的乡村"善治"格局；要把"产业兴旺"与"生态宜居"有机结合，使"生态宜居"既成为"生活富裕"的重要特征，又成为"产业兴旺"的重要标志。

从当前我国农村来看，乡村"空心化"的凋敝现象依然存在，也就是说，现在有些地区的农村人烟越来越稀少。早些时候，人们还戏称农村人口结构是"386199"，即妇女、儿童和老人，到最近几年，农村"空心化"的现象继续加剧，"386199"的人口结构直接变成了"6199"，说得严重点，也就是农村只剩下了"老弱病残幼"，因为，妇女们大多跟着自己的男人去城里打工了，有的干脆就在城市生根发芽定居了。"望得见山水，记得住乡愁"的乡村生活正在渐行渐远。近年来，国家一直在加大惠农和支农的力度，但实现乡村振兴、农业农村现代化的局面，还需要很好地规划和推动，产业兴旺、生态宜居、乡风文明、治理有效、生活富裕，虽然在当前来看还有一段路要走，但是美好的图景一定能够实现。

习近平总书记在参加2018年全国人大山东代表团审议时提出，"坚持乡村全面振兴，推动乡村产业振兴、人才振兴、文化振兴、生态振兴、组织振兴"。在这五个振兴中，推动乡村振兴排在第一。总书记还指出，产业兴旺是解决农村一切问题的根本。乡村衰败，一个重要的原因是乡村缺乏有效的产业支撑，没有产业就留不住人。所以，乡村振兴归根结底是一个产业发展问题。没有产业的发展和兴旺，乡村振兴就是一句空话，再美好的规划也是空中楼阁。只要乡村经济发展了，才能富裕农民，繁荣乡村；也只有乡村"产业兴旺"，才能吸引更多外来资源和人才，集聚人气和财气。将产业兴旺放在20个字的总要求的首位，是把牢了乡村振兴的根本，牵住了乡村振兴的牛鼻子。

二、加快推进农村一二三产业融合发展是实现乡村产业兴旺的路径和重要举措

实现乡村"产业兴旺"，既要基于第一产业又不能囿于第一产业，而应着眼于做强一产，在此基础上大力发展二、三产业，促进农旅结合、农网融合、一二三产业融合，强化一产对二产、三产的支撑力度，提升二产、三产对一产的反哺力度。通过一二三产业的相融相通和乘数效应，拓展农业发展空间，拉长农业产业链，拓宽农业产业幅，提升农业价值链，完善农业利益链，促进农业接二连三、跨二进三，推动农村一二三产业融合发展。要夯实一产基础。农业关系到国计民生，是国民经济的基础。民以食为天，农业在任何时候、任何情况下都不能放松。然而，调研中发

现，在当前各地实施乡村振兴战略过程中，农业大多被自觉或不自觉地轻视了。虽然大家都在谈要农旅结合，但实际上"农"讲的不多，"旅"讲的较多；在资金投向上，对"农"投的不多，对"旅"投的较多。轻视一产的倾向在有的地方较为明显，这并不符合"产业兴旺"的客观要求。农是本源，否则一二三产业融合就成了无源之水、无本之木，所以，还是要坚持基础产业不能动摇。与此同时，我们也要大力推动农旅结合，积极鼓励利用农业的多功能性，充分发挥农业的生产、生活、生态功能，推进农旅结合、一二三产业融合发展。具体到工作中，要大力发展"现代农业+"，农业适合与什么结合就与什么结合，但核心还是要进一步强化农业产业，突出农业产业发展的绿色化、优质化、特色化和品牌化。乡村产业兴旺和乡村产业全面振兴需要推进农村一二三产业的融合发展；反之，推进农村一二三产业融合发展，构建农村一二三产业融合发展体系是实现乡村产业兴旺和乡村产业全面振兴的路径、方法和举措。

三、农村一二三产业融合发展对推动构建乡村产业体系具有重要意义

建设适应现代化经济发展要求的乡村产业体系是实现农村产业兴旺的基础，也是实现乡村全面振兴的关键所在。2018年3月8日，习近平总书记参加全国人大山东代表团审议时强调，要推动乡村产业振兴，紧紧围绕发展现代农业，围绕农村一二三产业融合发展，构建乡村产业体系。根据现代产业体系的基本内涵，现代乡村产业应从农业农村全产业链的视角出发，重点围绕产业融合、科技创新和现代农业服务化发展来构建完善的乡村产业体系。

现代农业是指应用现阶段最新、最先进的科学技术、生产资料和生产管理方法的农业。随着科技的进步，工业经历了不同的发展阶段，工业产业链不断在延伸，农业也同步在经历同样的过程。现代农业不再局限于传统的种植业、养殖业等部门，而是包括了生产资料、食品加工业等第二产业和交通运输、商贸物流、信息、技术服务等第三产业的内容，从第一产业扩大到第二、三产业，从农业的产前、产中到产后形成了比较完整的产业链条，具备了很高的专业化、组织化、社会化程度，提高了农业产业的综合生产效率。因此，要提高农业的现代化水平，就要不断改变传统的分

散小农生产方式，在规模农业、资本农业和技术农业的基础上，不断延伸农业相关产业链，通过发挥农业优势，坚持产业链相加、价值链相乘、供应链相通"三链重构"，加快农村一二三产业融合发展，由生产型向产业型转变，由数量型向质量型转变，推动农业向终端型、体验型、循环型、智慧型延伸发展，使假日农业、休闲农业、观光农业、养老农业、旅游农业等迅速发展成为重要的新型农业的业态。

我国农业与西方发达国家农业最大的差距是科技上的差距。要缩小这个差距，建立农业产业竞争优势，只能靠增加科技创新投入，建立起支持农业发展的科技创新体系。当前我们正处在以供给侧结构性改革为主线，推动新旧动能转换的重要阶段，通过动力、质量、效率三大变革来提升产业发展的质量和效益。农业产业领域也要贯彻这个政策，一是依靠科技创新和应用来推进传统农业的改造和转型升级，如充分利用生物技术、"互联网+"、大数据等，提高农业的资源利用率、土地产出率和劳动生产率；二是通过科技创新创造农业新兴产业和乡村未来产业，打造农业产业新业态、新模式、新经济，如共享农庄、众筹田园等，通过这种农业领域的颠覆式创新带动农业综合效益和产业竞争力的提升。

农村产业体系建设中的另一个关键是农村服务业。衡量一个地区现代化程度的最重要的指标就是服务业的占比和服务化水平，而城乡之间最大的差距就是城乡服务业之间的差距。城市之所以比农村更能吸引人才、资金和项目，就是因为在城市里生产和生活更方便、更高效、成本更低。如果在农村能获得像城市这样的便利化服务，人们会更多地选择在农村创业、工作、生活、学习。要提高乡村地区现代化建设水平，首要的就要补齐农村服务业发展的"短板"，缩小城乡基本公共服务差距，加大水、电、气、道路等基础设施投资力度，加快农业生产和农村生活便利化服务业的发展，比如运输、仓储、物流、教育、医疗、社会治安等。改善乡村人居环境，深入推进农村"七改"工程，让美丽乡村产生"美丽经济"，提高乡村对城里人的吸引力。要大力发展农村金融，畅通农业融资渠道，通过农村金融倾斜政策，发展农村普惠金融、绿色金融，设立乡村振兴基金等改变农村产业发展中的资金"失血、抽血、缺血"现象，推动乡村产业全面振兴。

乡村产业体系的构建过程，就是推进农村一二三产业融合发展、构建农村一二三产业融合体系的过程。综上所述,加快推进农村一二三产业融合发展意义十分重大。深刻理解农村一二三产业融合发展的重要意义,加快推进农村一二三产业融合发展,对实施乡村振兴战略、实现农业农村现代化,继而全面建成小康社会具有重要的引领作用。

第四章

农村一二三产业融合发展的含义与特征

农村一二三产业融合发展对夯实农业发展基础、实施乡村振兴战略、实现农业农村现代化具有重要的意义。经过近年来的实践和探索，农村一二三产业融合发展作为我国政策的理论创新，其政策体系框架已经完成了架构。但是，农村一二三产业融合发展是一个政策的概念创新，与农村一二三产业融合发展非常丰富的内涵相比，学术界对其的理论研究还十分肤浅，对什么是农村一二三产业融合发展、什么是农村一二三产业融合发展的特征等基本理论问题的内涵外延还没有准确的界定和定义。笔者认为，要理解农村一二三产业融合发展的含义和特征，首先需要认识和理解什么是农业多功能性和什么是产业融合。简单地讲，农村一二三产业融合发展是建立在农业多功能性理论基础上的产业融合发展。

第一节 农业的多功能性理论

作为一个术语，多功能农业于1988年首次出现在欧盟的革命性文件《乡村社会的未来》中。同期，农业多功能性也出现在日本的"稻米文化"中。多功能农业出现已有30多年的历史，尽管其间有过很多的努力，但仍没有一个严格的统一的定义，不同地区、不同国家、不同学者、不同学科对此理解不同。多数研究并没有兴趣为多功能农业下一个严格的定义，而是更关注具体的问题。简单地讲，农业多功能性是指农业除了提供食品、纤维等商品的经济功能外，还具有维护农村环境、农业景观、农业文化遗产、生物多样性、动物保护、农民就业等政治、社会、文化、生态等多方面的功能。

一、农业多功能性和多功能农业的概念不断深入人心

农业多功能性和多功能农业是20世纪80年代末在欧洲和日本几乎同时提出的概念。日本学者提出了"稻米文化"的概念，他们认为日本的文化与水稻的种植有着密切的关系，保护水稻生产就保护了"稻米文化"，因此水稻种植具有文化及文化传承的功能。

1992年6月3日至14日，联合国环境与发展大会在巴西里约热内卢国际会议中心隆重召开。180多个国家和地区派代表团出席了会议，103位国家元首或政府首脑亲自与会并讲话。参加会议的还有联合国及其下属机构等70多个国际组织的代表。会议讨论并通过了《里约环境与发展宣言》（又称《地球宪章》，规定国际环境与发展的27项基本原则）、《21世纪议程》（确定21世纪39项战略计划）和《关于森林问题的原则声明》，并签署了联合国《气候变化框架公约》（防治地球变暖）和《生物多样化公约》（制止动植物濒危和灭绝）两个公约。《21世纪议程》虽然是一份没有法律约束力的文献，但是它将环境、经济和社会关注事项纳入一个单一政策框架，具有划时代意义。《21世纪议程》载有2 500余项各种各样的行动建议，包括如何减少浪费和消费形态，扶贫，保护大气、海洋和生活多样化，以及促进农业可持续发展的详细提议，其中第14章《促进可

持续农业与发展》提到"农业的多功能特别是指粮食安全和可持续发展"。这是国际文献中这一概念的最早出现。

1994年关贸总协定乌拉圭回合谈判首次提到了多功能农业，并在非贸易关怀（NTCs）里体现了对农业多功能的考虑。

1995年联合国粮农组织（FAO）成立50周年大会上形成的魁北克宣言中，FAO采纳了多功能农业的概念，宣言提到"多功能的和不可缺少的农业"。

1996年11月13日，为期5天的世界粮食首脑会议在意大利首都罗马开幕，来自170多个国家的国家元首、政府首脑或他们的代表云集古都，共同商讨全球粮食安全战略大计。这是历史上第一次关于粮食问题的世界首脑会议。世界粮食首脑会议第一次会议11月13日上午正式通过《世界粮食安全罗马宣言》和《世界粮食首脑会议行动计划》，其中明确提出将考虑农业的多功能特点，促进农业和乡村可持续发展。

1997年9月，欧盟委员会在卢森堡举行的会议上，出台了第一个关于"欧洲农业模式的多功能性"的文件，指出："除了生产功能外，农业必须能够维持农村，保护自然并成为农村活力的最大贡献者，在食品质量、食品安全、环境保护与动物福利等方面必须对消费者的关心与需求做出反应。"同年11月，欧盟农业部长理事会宣布：为了维持整个欧洲农村的结构，多功能农业必须传播到整个欧洲，包括那些面临特殊困难的地区。我们将会特别注意为那些受自然条件限制与自然条件不利地区提供适当的补偿，同时清楚地反映农民在土地维护、农村风貌保持以及自然资源保护方面的贡献。

1998年，欧盟向世界贸易组织（WTO）提交了第一个关于多功能农业的正式文件，这是欧盟在定义多功能农业方面的一次全面尝试。同年，日本、韩国主张将生物多样性、粮食安全、地区风光、文化遗产以及乡村发展等考虑以多功能农业的方式写进GATT（关税及贸易总协定）AoA（the Agreemeet on Agriculture，农业协定）的回顾中；OECD（经济合作与发展组织，简称"经合组织"）部长会议将多功能农业引入该组织，同时指出"因为多功能特性，农业在农村地区扮演着极为重要的角色。对于那些成本和收益不能内部化因而缺乏有效率的市场的公共产品，存在政府发挥作用的空间"。OECD部长宣传中提出了一个共同目标：认识农业的多功能性并期望做到对市场信号的灵活反映。

1999年9月,联合国粮农组织在荷兰东南部城市马斯特里赫特专门召开了100多个国家参加的国际农业和土地多功能性会议。由"可持续农业与乡村发展"演变而来的"农业与土地的多功能特性"包含了与农业和土地使用有关的所有经济、环境与社会功能。这次会议,使得农业多功能性和多功能农业的国际地位得以强化。

但是,当1999年12月WTO西雅图会谈结束之前,欧盟要求将多功能农业写进WTO文件中时,遭到了美国和凯恩斯集团的极力抵制,使得西雅图会谈在混乱中结束。不过随后,2000年7月WTO在挪威的乌勒恩斯旺召开了农业的NTCs会议,进一步讨论了在国际贸易中对于多功能农业政策的考虑。

虽然农业多功能性和多功能农业在WTO的谈判桌上未能达成一致意见,但是实际上多功能农业作为一个概念已经深入人心。有些国家,比如日本,已经将这一概念纳入本国的法律体系,成为全球经济一体化语境下保护农业国民经济基础地位的理论基石,也成为农业贸易谈判中的非贸易关怀的热点议题。

二、日本利用农业多功能性为农业保护提供法律依据

农业多功能为什么深入人心又有人抵制是一个复杂的问题,其内涵不仅涉及本国农业农村,甚至经济社会的发展,同时涉及国际农产品贸易。当然,国际农产品贸易情况又会对一国的农业生产造成影响,甚至影响一国的政治。世界各个资源禀赋不同,农业生产的发展模式也不同。欧洲各国、欧盟、OECD和日本等国提出农业多功能性和多功能农业都有其深刻的经济社会发展背景。为了进一步认识了解农业多功能性,我们以日本为例。

日本为什么要提出稻米文化、提出农业多功能性?这个问题要从战后日本的农业发展和农村发展的视角来看。战后日本的农业发展简单地可以分为三个阶段,以三部农业农村法律为标志。第一个阶段是战后一直到1960年,以两次《农地改革法》的民主化政策为标志,主要的目标是解决粮食问题,为工业化提供廉价的食品,降低劳动成本。第二个阶段是以1961年《农业基本法》颁布为标志,主要目标是提高劳动生产率,实现

农业现代化，增加农民收入，缩小城乡差距。第三阶段是以1999年《粮食·农业·农村基本法》颁布为标志，为农业多功能提供法律依据，实现农业农村的可持续发展。

战后的日本粮食供给严重不足，如果粮食供不应求导致食品价格暴涨的话，工业企业就不得不为了维持劳动力再生产而提高工资。劳动力成本提高就会削弱工业的竞争力，也就无法实现工业发展带动经济发展，实现美国为战后日本制订的一系列复兴计划。所以，必须降低食品价格，战后一段时期的农业政策和粮食政策就是如何降低食品价格的消费者政策。日本一直持续执行战前1942年（昭和十七年）制定的粮食管理法，战后，粮食管理法规定将大米的收购价格，即所谓生产者米价减半，政府低价强制收购农户的农产品进行分配。压低价格会降低农户的生产积极性，自然就会限制食品的增产。所以，美、英、苏组成的盟军总司令部指令日本政府进行农地改革，废除半封建农地制度，通过赋予农户土地所有权，激发了农户强烈的增产积极性。从1945年12月日本国会通过第一次农地改革法案算起，到1950年8月改革基本完成止，大约花了四年半时间。改革前，日本的佃租地有236.8万多町步（1町步约合1公顷），占全部耕地的45%左右，由101.6万无地或少地的农户租种。日本政府1945年12月28日公布第一次《农地改革法》，但盟军总司令部觉得过于保守，在其敦促下，又于1946年10月21日发布了第二次《农地改革法》。根据该法，政府征购174.19万町步地主、寺院、神社、教会的土地，加上军用地和其他国有地，列入改革的土地共193万多町步。经改革，474万多户佃农和少地农民买到189.9万多町步土地。自耕地增加到467.5万多町步，占全部耕地的89%；佃租地只剩51.4万多町步，占全部耕地的比例不到10%。不在村地主完全被消灭，在村地主基本被消灭，自耕农和半自耕农增加到541.1万多户，占农户总数的87%，佃农和半佃农减少到22.3万多户，占13%。为了巩固改革成果，防止地主阶层死灰复燃，日本制定了自耕农主义的《农地法》。该项法律旨在保护耕作者的生产地位，对农地权利转让进行了最严格的规制。农地改革和《农地法》推进了农村民主化进程，奠定了战后日本农业发展的基础和发展雏形，虽然造成大量细碎小农的产生，但是极大地调动了农民的积极性，维护了农村社会稳定，促进了农业生产发展，基本解决了粮食自给问题。

《农地法》制定后的10年时间里,日本迎来了经济快速成长期。1956年日本政府发表刺激民间投资带动经济高速增长白皮书。1960年池田内阁又提出《国民收入倍增计划》,1956—1973年日本经历了18年高速增长期,年增长率9.7%。非农产业快速发展,农村劳动力大量向非农转移,农业内部、农业收入与非农收入之间差距加大,兼业趋势明显,农民无心务农。为了消除农业与非农业之间的收入差距,提高农民收入水平,1961年,日本制定了《农业基本法》。该项法律出台的目的在于,通过农户间农地所有权的转移,使从事非农职业农户的土地向专业农户集中,实现农业适度规模经营,提高农业生产率。为了促进"自立经营农户"的育成和推进农地所有权转移,1962年日本对《农地法》进行了第一次修改(修改后该项法律又称《改正农地法》)。同时,为了防止农业经营的细碎化,日本还设置了赠予税的纳税期限制度。经过20世纪60年代战后持续时间最长的经济高速增长期,日本快速工业化、城市化,并成长为世界第二大经济体。然而,随着农业人口大量向非农转移与就地非农化,以山区为代表的农村地区,人口过疏化、老龄化等社会问题凸显。与此同时,农产品贸易自由化得以推进,农产品进口量迅速增加,农业机械化基本普及,农民阶层迅速分化。在这个农村经济社会结构剧烈变动的背景下,地价暴涨,出现了农地大量向非农地转用和撂荒耕地并存的局面。为了应对国内外环境的变化,日本政府在"综合农政"框架下推出了农地改革措施。主要内容有:一是1969年制定《农振法》,通过建立"农业振兴区域",严格控制城市化与土地非农化,保护优良农地;二是1970年又一次对《农地法》进行大幅度的修改,对自耕农体制下的各项规定进行调整,为依靠土地租赁促进土地流转开辟了道路;三是为了防止农业经营的细碎化,设置了继承税的纳税期限制度;四是设立了农用地利用增进事业,并于1980年制定《农用地利用增进法》,根据该法律,在扩充农用地利用增进事业内容的同时,根据协议可创建村落农地利用改善团体。同时为配合农地改革,日本还设立了农民退休金制度,制定了农村地区工业引入政策。进入90年代以后,贸易自由化和农产品竞争国际化不断推进,为提高农产品竞争力,日本进入了依靠培育骨干农民和"农业经营体"推进规模经营的阶段。1993年,日本将《农用地利用增进法》改为《农业经营基础强化促进法》(简称"农促法")。根据该法,为了培育安定高效的农业经营体,日本实施了认定农业者制度。同时，对《农地法》进行修改，放宽农业生产法人的成员条件，允许农协等相关组织加入。

20世纪70年代日本基本实现现代化，到90年代初，农业的深层次矛盾显现：粮食自给率下降，基本依赖进口，农业后继无人，农村活力不足，农业基础不稳，面积持续减少，以稻作为基础的农村传统文化凋敝。所以20世纪80年代末和90年代初日本学者提出了"稻米文化"，旨在保护水稻的种植和生产。日本提出农业多功能性还有一个背景，就是GATT乌拉圭回合农业谈判。

关贸总协定肯尼迪回合（1964—1967年）曾把农业贸易问题列为该轮多边贸易谈判的议题之一，美国提出大幅度削减农产品进口关税，并要求取消进口数量限制，但遭到欧盟的拒绝，因而该轮谈判未能就抑制农业保护主义取得实质性的成果。同样，在1973—1979年长达五年的东京回合谈判上，也因为美欧两个农产品贸易大国的冲突，在众多的农产品议案中，最后仅就牛肉和奶制品达成了两项协定，农业贸易自由化进展甚微。1986年"乌拉圭回合"谈判开始时，农业贸易问题被确定为本轮谈判的中心议题。乌拉圭回合在关税与贸易总协定主持下开展了八轮多边谈判，从1986年9月谈判的启动到1994年4月最终协议的签署历时8年，参加乌拉圭回合谈判的国家和地区从最初的103个，增加到1993年底的117个和1994年4月谈判结束时的128个，对农产品进口关税、出口补贴和国内支持达成框架协议。无论是发达成员还是发展中成员，均全面约束了农产品关税，并承诺进一步减让，农产品减让从1995年1月1日开始，发达成员的实施期为6年，发展中成员的实施期为10年，但部分发展中成员也承诺6年的实施期。日本是农产品贸易自由化的支持者，但是1995年日本在执行协议时连续三年恰遇到水稻大丰收，直接冲击了国内水稻价格，造成农民利益受损，受到国内利益团体的强烈反对。在国内和国际双重压力下，1999年7月日本颁布了《粮食·农业·农村基本法》，强调农业除具有经济功能外，还同时具有社会功能、生态功能和政治功能等多种功能，为农业保护提供法律依据。同年稻米进口实现配额制，超过配额征收高额关税。

日本"稻米文化"的提出和多功能农业成为贸易保护的基石是具有深刻的经济社会发展背景的。至少有以下三个主要原因：一是工业化对基本生产要素的巨大的虹吸效应，大量的农地和劳动力向城市和工业转移，导致农村的凋敝和消亡，这是一部分日本文化学者和社会学者不愿意看到的，所以他们极力呼吁。二是农产品的贸易自由化，客观上对农业资源比较匮乏的日本农业造成了一定的冲击，使得一些利益集团的利益受损。三是上世纪90年代后期，日本已经实现了现代化，综合国力大幅度提升，在国际上也有了一定的话语权，有能力和资金支持、保护、补贴农业农村发展。所以，日本的农业多功能性被采纳和应用情况是非常复杂的。我们在认识日本农业和日本农村发展模式的时候，需要认真思考和分析。不管怎样，日本在推动世界认识农业的多功能性这一概念上还是具有一定的贡献的，对我国现代农业发展具有一定的影响。

三、农业的多种功能及其特性

OECD在多功能农业研究方面做出了开创性贡献。1998年以后，OECD着手研究多功能农业问题形成了一系列报告，成为以后各种研究的基础。OECD集中研究了三个方面的问题：一是农业多产品的联合生产与产品之间的关系、外部性和公共产品；二是关于非经济品的需求、国内政策目标、政策标准、制定程序以及政策评价机制的方法与实证问题；三是政策研究，包括国内政策改革与对贸易自由化的影响。2001年，OECD发表了第一篇研究报告《多功能农业：一个分析框架》，提出了从联合生产、公共产品、外部性与市场失灵等角度出发的一个理论分析框架；2003年，OECD发表了第二篇研究报告《多功能农业：政策含义》。这两篇报告侧重理论框架的构建，随后对理论框架提出的问题进行了分步研究。2005年发表了《农场结构与特征：非经济品与外部性之联系》，同年又发表了《多功能农业：私人创新行动的作用是什么？》，2006年发表了《公共产品供给与多功能农业的资金支持：哪一层次的政府？》《多功能农业：私人行动扮演什么角色？》，2007年出版了《农业政策的执行成本》，2008年出版了《多功能农业：联合程度之评价及政策含义》。OECD的理论框架得到了广泛认同，但仍具有较大的局限性，因为，OECD一开始就将多功能农业置于贸易自由化的国际背景之下。除了贸易外，多功能农业还有许多不同的角度。

农业多功能性是指农业具有提供农副产品、促进社会发展、保持政治稳定、传承历史文化、调节自然生态、实现国民经济协调发展等功能，且各功能相互依存、相互制约、相互促进。构成农业多功能性的要素有以下几类：

一是农用自然资源，包括土地、光、热、水、地形、地貌、生物等资源。各种农用自然资源本身就是构成生态环境的主体，具有生态功能，由于生态环境为人类社会提供生存和发展的环境条件，涉及环境的承载力问题和人类健康问题，从而具有社会功能；由于自然资源和环境的差异性，构成了独特、优美的自然景观，从而具有良好的生产、旅游等经济功能；由于自然资源的构成、分布、变化和环境状况影响人类的思想、观念的形成，从而具有文化教育功能。

二是农业生产过程。农业除向社会提供优质、安全、足够的农副产品外，最主要的功能是吸纳大量的劳动力就业，这不仅是一个社会问题，而且也是一个重大的政治问题；农业生产过程本身就是经过几千年的历史积淀而形成的一种文化，对保持社会文化的多样性有积极的作用，因此具有极大的旅游、教育价值；农业生产过程本身就直接关系到自然资源和环境的合理开发和利用问题，直接影响生态环境状况。

三是农副产品。农副产品首先能直接满足城乡居民的生存和健康需要，其社会、政治作用显而易见。其次是为工业生产提供原材料。再次，农副产品本身就是人类几千年选育的结果，包含着十分丰富的历史文化内涵，直接影响着人们的生活方式和观念，从而具有文化价值。因此，农业表现出来的多功能作用要比等值的二、三产业的产品的价值大得多，产生的作用是乘数效应，甚至可能是指数效应。

农业的多功能性包含的功能主要有以下五个方面：

一是经济功能。主要表现在为社会提供农副产品，以价值形式表现出来的功能，是农业的基本功能。其中心作用是满足人类生存和发展对食品的需要，还有以依托农业提供服务获得的不可估量的经济价值，对国民经济发展起基础支撑作用。经济学家库兹涅茨的经典研究表明，农业对国民经济发展做出了产品、市场、要素和外汇四大贡献。

二是社会功能。主要表现为劳动就业和社会保障，促进社会发展方面的功能。农业作为一个产业，不仅能容纳劳动力就业，而且农副产品质量、数量及其安全性本身就直接影响着居民的健康状况、营养水平、最基本的生存需要以及优美的环境等，涉及社会发展问题。因此，农业的社会功能作用很大，搞不好就会破坏经济社会发展的良好势头。

三是政治功能。主要表现为农业在保持社会和政治稳定的作用上。从很大程度上讲，农业生产状况决定了社会秩序的状况，农业生产方式决定了社会组织制度的样式。农业发展的好坏直接关系到绝大多数人的切身利益，在很大程度上影响他们的政治选择；同时，农副产品还是国家的战略储备物资。因此，农业具有重大的政治作用。

四是文化功能。主要表现为农业在保护文化的多样性和提供教育、审美和休闲等的作用上。一方面，农业是一个古老的产业，其内部蕴藏着丰富的文化资源；另一方面，农业对教育、审美等有关人们的价值观、世界观和人生观的形成有积极作用，有利于人与自然的和谐发展，农业正承担着传承传统文化的职能。

五是生态功能。主要表现在农业对生态环境的支撑和改善的作用上。农业各要素本身就是构成生态环境的主体因子，因此，农业的功能可直接表现为生态功能。农业的生态功能，对农业经济的持续发展、人类生存环境的改善、生物多样性的保护、自然灾害的防治，为二、三产业的正常运行和分解消化其排放物产生的外部负效用等，均具有积极的、重大的正效用。

农业多功能之间是相互依赖、相互促进和相互制约的。从经济功能看，其功能的大小，不仅影响农业总功能的大小，而且直接和间接影响社会、生态、文化和政治功能作用的发挥；从生态功能看，其功能的大小，不仅影响农业总功能的大小，而且直接和间接影响经济、社会、文化和政治功能作用的发挥；其他功能以此类推。农业多功能性有以下几个特征：

一是公共性和外部性。农业的社会、政治、文化和生态等功能的最大作用特点就是公共性，对全社会产生作用。对于农业产业来说，农业的多功能性对其本身发展具有巨大的潜在价值，但更主要的是发挥对农业外部，对整个社会、经济、文化和生态的基础支撑作用，因此外部性是农业功能的基本特征；内部性和专用性功能只占农业总功能的一小部分。为此，农业有充分的理由得到全社会的支持和保护，以达到重视程度与总功能基本一致。当然，公共性和外部性的特点也表现为破坏比较容易，保护困难。如生态环境中的林木、草等植被，毁坏非常容易，恢复就特别困难。其根本原因是农业活动中的自然资源和环境形成的周期长、投入大，而人类个体和组织行为又短期化，以及农业多功能性的外部性和公共性特点。因此，必须加强农业多功能性的教育和宣传，倍加爱护和保护农业的多功能性。

二是功能的多样性和整体性。农业具有经济、社会、政治、文化和生态五大功能，各功能又有多个不同的子功能。同时，农业各功能、内部各子功能之间又表现出极强的关联性。以生态功能为例进行分析，可得出一些关联链条：生态环境—人类生存质量—人口素质—经济、社会、政治、文化发展—生态环境；生态环境—农业生产—农产品—人类生存—社会基础—政治稳定—国民经济协调发展—人与自然、经济社会协调发展等。各功能共同构建了一个有机整体，表现出了整体性特点，表现出了各大小功能之间的多重关联性及作用的全面性和整体性。对此，必然要强调在发挥农业多功能作用时，应综合考虑各功能的关联性，以求得个体功能作用充分发挥、总体功能最大的理想效果。

三是区域间的差异性。由于农业赖以生存和发展的基础是自然资源（如土地、光、热、水、地形、地貌、生物等），而这些资源又客观存在地域上的差异性，因此，农业的多功能性也必然随着地域的不同而产生差异，导致各功能的强弱差别等。如西南喀斯特地区有山多、生物资源丰富的特点，提供生物产品就有优势。此外，人口素质的差异性、人口密度和经济文化发展水平的差异，也是形成农业多功能区域差异的主要原因。这就要求在制定农业政策、进行决策时，不仅要考虑农业多功能的客观存在，而且还必须考虑其在空间上的差异性，才能有利于充分发挥农业的多功能作用。

第二节 产业融合发展理论

产业融合是以技术创新和技术融合为基础与核心的产业发展趋势，是近30年才兴起的理论课题。产业融合作为一种新的经济现象，最初发生在电信、广播电视和出版业部门，之后伴随着新科技的快速发展和企业跨行业、跨地区的兼并重组，产业的边界逐渐趋于模糊，全新的融合型产业体系逐渐形成。现在，产业融合这一新型的产业革命，正如一股浪潮席卷着传统产业，影响到个人、企业和国家的各个层面。

一、产业融合发展的思想渊源及内涵

马克思指出，分工在一定条件下将趋于收敛，出现分工基础上的结合生产，这是产业融合思想的发端。马歇尔在《经济学原理》中也展示了他对产业融合的朦胧感知，他说："当分工的精细不断扩大时，名义上不同的各种行业之间的分界线，有许多正在缩小，而且不难越过。"虽然马克思和马歇尔萌发过产业融合的思想，但没有明确提出过产业融合的理论框架。最早的产业融合概念可以追溯到罗森伯格（Rosenberg）对美国机械工具产业技术的演变研究。1963年，Rosenberg在《机械工具产业技术进步》一文中指出，相似的技术应用于不同的产业时，一个独立的、专业化的机械产业就出现了。他将这一过程称为技术融合，即不同产业在生产过程中应用同一套生产技术，因此从技术角度看，原先分立的产业变得紧密联系了。1978年，尼葛罗庞蒂（Negrouponte）用三个重叠的圆圈描述了计算机、印刷和广播三者的技术边界，认为三个圆圈的交叉处将成为成长最快、创新最多的领域，且三个圆圈将会在2000年时完全重合（图4-1）。Negrouponte通过这个著名图例第一次将不同产业即将和正在趋于融合这一远见卓识演示出来。

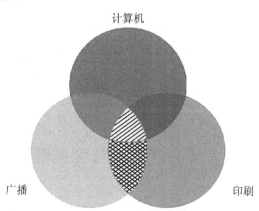

图4-1　Negrouponte 的产业融合示意图

厉无畏（2002）认为，产业融合是指不同产业或同一产业内的不同产业相互渗透、相互交叉，最终融为一体，逐步形成新产业的动态发展过程，它是在经济全球化和高新技术迅速发展的大背景下产业提高生产率和竞争力的一种发展模式和产业组织形式。周振华在他的专著《信息化与产业融合》（2003）中指出，产业融合是产业发展及经济增长的新动力，不但导致了许多新产品与新服务的出现，开辟了新市场，使更多的新参与者进入，增强了市场的竞争性，还促进了资源的整合，带来了就业增加和人力资本发展。

从产业的角度来看，产业融合可分为产业渗透、产业交叉和产业重组三类。产业渗透是指发生于高科技产业和传统产业在边界处的产业融合（如智能制造）。产业交叉是指通过产业间功能的互补和延伸实现产业融合，往往发生于高科技产业链自然延伸的部分（如自媒体）。产业重组主要发生于具有紧密联系的产业之间，这些产业往往是某一大类产业内部的子产业（如循环农业）。

二、产业融合发展的动因

产业间的关联性和对效益最大化的追求是产业融合发展的内在动力。从当今世界产业融合的实践看，推动产业融合的因素是多方面的。

1. 技术创新是产业融合的内在驱动力

技术创新开发出了替代性或关联性的技术、工艺和产品，然后渗透、扩散、融合到其他产业之中，改变了原有产业的产品或服务的技术路线，改变了原有产业的生产成本函数，从而为产业融合提供了动力。同时，技术创新改变了市场的需求特征，给原有产业的产品带来了新的市场需求，从而为产业融合提供了市场空间。重大技术创新在不同产业之间的扩散导致了技术融合，技术融合使不同产业形成了共同的技术基础，并使不同产业的边界趋于模糊，最终促使产业融合现象的产生。比如，20世纪70年代开始的信息技术革命改变了人们获得文字、图像、声音三种基本信息的时间、空间及其成本。随着信息技术在各产业的融合以及企业局域网和宽域网的发展，各产业在顾客管理、生产管理、财务管理、仓储管理、运输管理等方面大力普及在线信息处理系统，使顾客可以即时即地获得自己所需要的信息、产品、服务，致使产业间的界限趋于模糊。产业融合自20世纪90年代以来成为全球产业发展的浪潮，其主要原因就是各个领域发生的技术创新，以及将各种创新技术进行整合的催化剂和黏合剂——通信与信息技术的日益成熟和完善。作为新兴主导产业的信息产业，近几年来以每年30%的增速发展，信息技术革命引发的技术融合已渗透到各产业，导致了产业的大融合。技术创新和技术融合则是当今产业融合发展的催化剂，在技术创新和技术融合基础上产生的产业融合是"对传统产业体系的根本性改变，是新产业革命的历史性标志"，成为产业发展及经济增长的新动力。

2. 竞争合作的压力和对范围经济的追求是产业融合的企业动力

企业在不断变化的竞争环境中不断谋求发展扩张，不断进行技术创新，不断探索如何更好地满足消费者需求以实现利润最大化和保持长期的竞争优势。当技术发展到能够提供多样化的满足需求的手段后，企业为了在竞争中谋求长期的竞争优势便在竞争中产生合作，在合作中产生某些创新来实现某种程度的融合。利润最大化、成本最低化是企业不懈追求的目标。产业融合化发展，可以突破产业间的条块分割，加强产业间的竞争合作关系，减少产业间的进入壁垒，降低交易成本，提高企业生产率和竞争力，最终形成持续的竞争优势。企业间日益密切的竞争合作关系和企业对利润及持续竞争优势的不懈追求是产业融合浪潮兴起的重要原因。范围经济是指扩大企业所提供产品或服务的种类会引起经济效益增加的现象，反映了产品或服务种类的数量同经济效益之间的关系。其最根本的内容是以较低的成本提供更多的产品或服务种类为基础的，范围经济意味着对多种产品进行共同生产相对于单独生产所表现出来的经济，一般是指由于生产多种产品而对有关要素共同使用所生产的成本节约。假定分别生产两种产品A、B的成本为c（A）与c（B），而当两种产品联合生产时，其总成本为c（A、B），则联合生产带来的范围经济可表示为：C（A、B）< C（A）+C（B）。不同产业中的企业为追求范围经济而进行多元化经营、多产品经营，通过技术融合创新改变其成本结构，降低其生产成本，通过业务融合形成差异化产品和服务，通过引导顾客消费习惯和消费内容实现市场融合，最终促使产业融合。

3. 跨国公司的发展成为产业融合的巨大推动力

一般说来，只有超巨型的国际直接投资，才能实现并支持跨国生产经营。因此，每一家跨国公司的产生和发展，实际上就是国际金融资本的融合、产业融合的发展史。跨国公司根据经济整体利益最大化的原则参与国际市场竞争，在国际一体化经营中使产业划分转化为产业融合，正在将传统认为的"国家生产"产品变为"公司生产"产品。可以说，跨国公司是推动产业融合发展的主要动力。

4. 放松管制为产业融合提供了外部条件

不同产业之间存在着进入壁垒，这就使不同产业之间存在着各自的边界。美国学者施蒂格勒认为，进入壁垒是新企业比旧企业多承担的成本，各国政府的经济性管制是形成不同产业进入壁垒的主要原因。管制的放松导致其他相关产业的业务加入本产业的竞争，从而逐渐走向产业融合。为了让企业在国内和国际市场中更有竞争力，产品占有更多的市场份额，一些发达国家放松管制和改革规制，取消和部分取消对被规制产业的各种价格、进入、投资、服务等方面的限制，为产业融合创造了比较宽松的政策和制度环境。值得说明的是，技术进步加上放松管制并不一定就导致融合。产业的技术进步大多发生在本产业内部，而不是发生在产业边界，产生了被学术界称为"死尸融合"的现象。"死尸融合"迫使实业界对企业传统经营观念进行了创新，提出了企业重组（BT）、业务流程重组（BPR）、虚拟企业等管理模式，并在20世纪90年代中期为促进产业融合开始直接进行管理创新的实践。他们通过将管理创新、技术进步、放松管制结合起来，使产业融合变为现实。正是美国政府放松了对电信业的经济性管制，使得电信业、有线电视业之间的产业边界模糊，导致了产业融合现象的出现。

三、产业融合发展的趋向

2001年，植草益认为"产业融合是通过技术革新和放宽限制来降低行业的壁垒，加强行业企业之间的竞争合作关系"。他指出，不仅信息通信业产业融合，金融业、能源业、运输业的产业融合也在加速进行中，在工业制造业，产业融合也将进一步发展。于刃刚1997年在《三次产业分类与产业融合趋势》一文中，提出第一产业、第二产业、第三产业之间已经出现了产业融合现象，其著作《产业融合论》（2006）首次突破了同类文献一般只以电子信息产业作为融合例证的惯例,明确说明了产业融合不只发生在信息通信和传媒领域,而是已经拓展到了很多产业之中。所以,产业融合发展的势头不可逆转。

第三节 农村一二三产业融合发展

农村一二三产业融合发展属于产业融合发展的范畴,是农村一二三产业渗透、交叉、重组的结果,也是现代科学技术改造传统农业、充分挖掘农业多功能性打造多功能农业、延长农业产业链的结果。要加快推动农村一二三产业融合发展必须对农村一二三产业融合发展的概念、内涵、特征有一个比较透彻的认识。

一、什么是农村一二三产业融合发展

对农村一二三产业融合发展的理论研究大多集中在 2015 年以后,是先有农村一二三产业融合发展的政策研究,才有农村一二三产业融合发展的理论研究。对什么是农村一二三产业融合发展,许多专家、学者都试图进行表述和定义。比较有代表性的有马晓河、姜长云、王兴国、吕岩威等。马晓河及国家发展改革委宏观院和农经司课题组(2016)认为,农村一二三产业融合发展是以农业为基本依托,以新型经营主体为引导,以利益联结为纽带,通过产业链延伸、产业功能拓展、技术渗透及组织制度创新,跨界集约配置资本、技术和资源要素,促进农业生产、农产品加工流通、农资生产销售和休闲旅游等服务业有机整合、紧密相连的过程,借此推进各产业协调发展和农业竞争力的提升,最终实现农业现代化、农村繁荣和农民增收。姜长云(2016)认为,农村一二三产业融合发展以产业链延伸、产业范围拓展和产业功能转型为表征,以技术融合和体制机制创新为动力,以产业发展和发展方式转变为结果,通过实现农业、农产品加工业、农资生产和流通业、农业和农村服务业在农村的融合渗透与交叉重组,形成新技术、新业态、新商业模式,实现产业跨界融合、要素跨界流动和资源集约配置,激发新的市场需求及其在农村的整合集成,带动农村产业布局的优化调整。王兴国(2016)认为,农村一二三产业融合,是指

农业生产经营者统筹利用农村的自然、生态、文化资源，以农业生产为基础，以农业多功能性为依托，综合发展农产品加工、销售、餐饮、休闲、观光等产业形态，积极分享农业全产业链增值的过程。吕岩威、刘洋（2017）认为，农村一二三产业融合指的是以农业为基础，通过要素集聚、不同产业之间的技术扩散、产业联结以及体制创新等，将不同产业的资源进行集约化配置，从而使农产品生产行业、加工行业与餐饮、销售、休闲娱乐等第三产业中的服务业进行有机结合，使农村一二三产业之间的联系更加紧密，农业产业链得到延长，产业范围得到扩大，农民也因此享受到更多的利益。

综上所述，所谓农村一二三产业融合发展，简单地讲就是指以农业为基、农村为域、农民为本，通过产业联动、要素集聚、技术渗透、组织创新，延伸产业链、提升价值链、完善利益链，形成新产业、新业态、新模式，推动乡村产业兴旺、构建繁荣兴盛的乡村产业体系，以实现农业农村现代化。

二、农村一二三产业融合发展的特征

从农村一二三产业融合发展的含义出发，我们认为农村一二三产业融合发展具有以下四个特征，这四个特征是识别和评判农村一二三产业融合发展的标志。

1. 农村一二三产业融合发展的靶标是"三农"

以农业为基、农村为域、农民增收为本是农村一二三产业融合发展的首要特征。第一，农村一二三产业融合发展必须以农业为基础或者与农业有密切的联系，离开了农业，离开了发展现代农业就一定不是农村一二三产业融合发展。第二，融合产业必须在"农村"这个特定区域内，实现产业的内部化。原产业之间的分工在新的融合产业内进行重组，会改变原有的产业内的市场结构，从而改变利益的分配机制。而如何将产业融合产生的利益更多地留在农村、留给农民，是开展农村一二三产业融合发展的关键。日本"六次产业化"发展过程中出现的一个最突出的问题就是资本与劳动力对于农村的脱离。由于产业融合后在新的产业分工体系下，下游的厂商相较于农业体现出了更高的回报水平，许多参与"六次产业化"的农业劳动力和农业资本都纷纷弃农而去，导致"六次产业化"反过来给农业生产带来了威胁。因此，农村一二三产业融合必须将分工的内化过程控制在县、乡和镇、村的农村地区，这样所有参与融合的产业内的生产要素都能围绕农业最基本的生产要素——土地——进行组合，使得三产融合既能够保障分工内部化后的生产效率，又能够保护农业的基础地位，还能保证农民的增收。判断各产业是否在农村发生融合，必须以产业间的分工是否在农村发生了内化为标准。第三，农村一二三产业融合发展形成的新模式、新业态、新产业与农民的关系如何，是否增加了农民创业就业岗位，是否拓宽了农民的就业渠道，是否增加了农民收入，十分重要。农村产业和农民是一枚硬币的两个方面，农民在家门口就能挣钱了，农村产业才会兴旺，农村才能振兴。

2. 农村一二三产业融合发展的动能来自"三动"

产业联动、要素互动、创新驱动是农村一二三产业融合发展的第二个特征。产业联动是指在一个区域的农村产业发展中，一二三产业间通过产业的交叉、重组、渗透、互补、延伸，形成合理的产业分工体系，实现区域内产业的优势互补，实现区域产业的协同发展，从而达到优化区域产业结构、提升产业能级、增强区域产业竞争力的目的。农村一二三产业融合发展可以是一产带动二产、三产，也可以是二产带动一产和三产，也可以是三产带动一产和二产，使其形成一个紧密衔接的产业体系。要素互动在农村一二三产业融合发展中十分重要，土地、资本、人才这些产业发展最基本的要素要通过市场配置，实现城乡之间良性的、双向的循环，才有利于构建乡村产业体系。近阶段，就是要通过推动农村一二三产业融合发展的政策落实，吸引资本和人才向农村流动，提升农村土地价值。创新驱动包含技术创新的内容，但更主要的是通过技术创新推动组织创新和制度创新。通过新理念的引领，推动乡村产业制度、管理制度、组织制度的变迁，从而实现技术是第一生产力的目标。要将产业链、价值链、供应链的组织方式引入现代农业产业，提升农业的质量、效益和竞争力，从而提高农民收入。

3. 农村一二三产业融合发展的表征是"三新"

新产业、新业态、新模式的产生是农村一二三产业融合发展的第三个特征。新产业、新业态是现代生产技术及管理要素与传统的农业农村产业体系深度融合和创新的产物,遵循着一二三产业融合、产业链延伸、农业多功能拓展的创新路径和生成机理,应充分发挥农村自然资源、生态环境、民俗文化和特色产业等优势,通过要素聚合、叠加衍生和交互作用生成新的经济形态,创造出新产品、新服务供给和增量效益。从产业融合来看,农业与信息产业、农业与文化产业、农业与旅游业、农业与工业的相互融合,不断创造出多种多样的新产业、新业态。从产业链延伸来看,农业通过延长产业链条,形成农工贸一体化的全产业链结构,可以实现农业产业链整合和价值链提升。从功能拓展来看,呼应现代人们越来越强烈的"乡愁"情结和对自然生态、田园风光的向往,农业本身正在发挥和创造着越来越多的生态、文化、旅游功能和价值。特别是随着现代信息技术的应用,大数据、云计算、物联网等与农业农村经济活动深度"联姻",催生了农业农村电子商务,以及电子商务背景下连锁经营、物流配送等新的经营模式,成为引领农村生产生活、服务消费的新动力。从当前来看,随着居民收入增加和消费需求升级,现代信息技术快速发展和创新应用,农村改革不断深化和发展活力有效释放,农业农村资源要素的组合利用方式正在发生新的变化,"互联网+""旅游+""生态+",深度渗透并融入农业农村发展的各个领域和各个环节,不断催生诸多新产业、新业态和新的经营模式,成为增加农民收入、繁荣农村经济的重要支撑。所以,没有农村新产业、新业态和新商业模式的形成,谈不上农村一二三产业融合发展,至少产业的融合水平和融合质量不高。

4. 农村一二三产业融合发展的关键是"三链"

产业链延伸、价值链提升和利益链完善,是农村一二三产业融合发展的第四个特征。2014年中央农村工作会议首提"推动一二三产业互动"的时候就要求,"要将产业链和价值链的组织管理方式引入现代农业"。产业链是产业经济学中的一个概念,是各个产业部门之间基于一定的技术经济关联,并依据特定的逻辑关系和时空布局关系客观形成的链条式关联关系形态。产业链是一个包含价值链、企业链、供需链和空间链四个维度的概念。这四个维度在相互对接的均衡过程中形成了产业链,这种"对接机制"是产业链形成的内模式,作为一种客观规律,它像一只"无形之手"

操控着产业链的形成。产业链最初用来描述一个具有某种内在联系的企业群结构，它是一个相对宏观的概念，存在两维属性：结构属性和价值属性。产业链中大量存在着上下游关系和相互价值的交换，上游环节向下游环节输送产品或服务，下游环节向上游环节反馈信息。农村一二三产业融合发展所要求的产业链是基于农业多功能性的农业产业的时空结构和价值结构，以产中为核心，向产前、产后延伸，向二产、三产延伸，新型农业经营主体按照产业链结构进行互动衔接。价值链在经济活动中是无处不在的，上下游关联的企业与企业之间存在行业价值链，企业内部各业务单元的联系构成了企业的价值链，企业内部各业务单元之间也存在着价值链联结。价值链上的每一项价值活动都会对企业最终能够实现多大的价值造成影响。价值链对收益、国际分工以及经营战略具有重大作用。波特的"价值链"理论揭示，企业与企业的竞争，不只是某个环节的竞争，而是整个价值链的竞争，而整个价值链的综合竞争力决定企业的竞争力。用波特的话来说："消费者心目中的价值由一连串企业内部物质与技术上的具体活动和利润所构成，当你和其他企业竞争时，其实是内部多项活动在进行竞争，而不是某一项活动的竞争。"所以，提升价值链就是提升竞争力。而利益链的完善目标指向主要是将更多的增值收益留给农村、留给农民，完善农民与各新型农业经营主体和乡村产业主体间的紧密的、共享式的利益分配机制。

三、农村一二三产业融合发展与农业产业化的区别和联系

进一步理解农村一二三产业融合发展的概念和特征，需要辨析与农业产业化的区别联系。农业产业化起源于20世纪50年代末，我国实践于80年代末，主要是为了解决小农户与大市场的对接问题。所谓农业产业化，是以市场为导向、经济效益为中心、产业和产品为重点，依托农业龙头企业，通过区域化布局、专业化生产、规模化经营、多样化加工、社会化服务、企业化管理，实现贸工农、农科教、农工商、产加销一体化的农业组织经营形式。主要的运作思路是，先根据市场确定产品，然后区域化布局，通过农业龙头企业实施规模化经营，以市场引导企业，企业带动基地，基地带动农户，与农户建立"风险共担、利益共享"的利益联结机制，把农业产前、产中、产后各个环节联结起来。经过20多年的发展，

农业产业化理论日臻完善，然而在实践中，由于利益机制不完善，"公司"和"农户"交易双方都可能存在的机会主义行为，且强制履约机制缺失，从而导致合约极不稳定。所以，从农业一二三产业融合发展的内涵和特征来看，农村一二三产业融合与农业产业化是有区别和联系的。

从区别来看，与农业产业化相比，农村一二三产业融合发展具有以下五个特点：一是业态创新更加活跃。农村一二三产业融合不但包括农业生产、加工、销售等农业产业化的内容，而且还催生了新产品、新技术和新业态。如农业多功能开发产生的乡村旅游，通过信息技术应用产生的农村电子商务等新业态。二是产业边界更加模糊。农村一二三产业融合发展使得不同产业在技术、产品、业务等方面形成交集，跨界融合的主导特征显著，模糊了原有的产业边界。三是利益联结程度更加紧密。农村一二三产业融合发展模式更加多样，更多地采用股份（合作）制、合作制等紧密型利益联结机制，更广泛深入地带动农民参与到产业融合的进程中。四是经营主体更加多元化。相对于农业产业化经营，农村一二三产业融合发展的经营主体类型更多，相互之间的关系更加复杂，包括普通农户、专业大户、家庭农场、龙头企业和工商资本等多元经营主体，龙头企业和工商资本对农村一二三产业融合的引领带动作用更加突出，甚至部分市民通过社区支持农业等方式，成为农业一二三产业融合发展的重要参与者。五是功能更加丰富。相对于一般的农业产业化，农村一二三产业融合往往催生循环农业、休闲农业、创业农业、智慧农业、工厂化农业等新业态，产生生态、旅游、文化、科技、教育等新功能，内涵更加丰富多彩。

从联系上看，农业产业化与农村一二三产业融合发展空间上具有并存性，时间上有继起性。农村一二三产业融合发展丰富了农业产业化的内涵，拓宽了农业产业化的外延，是农业产业化的提升和发展。

郑媛榕（2017）把农村一二三产业融合发展和农业产业化从不同的视角进行了考察，以利于大家对农村一二三产业融合发展有更深入的认识（表4-1）。

表 4-1　农村一二三产业融合发展与农业产业化的区别和联系

考察视角	农村一二三产业融合	农业产业化
核心动力	技术与管理创新带来的主体交易成本下降	规模经济带来的产品成本下降
依托主体	龙头企业、农民合作社、家庭农场、供销合作社、行业协会和产业联盟、社会资本等组成的价值创造共同体	侧重龙头企业
联结机制	股份合作、新型订单合同、反租倒包再就业等紧密型现代利益联结机制，农民获取的增值收益较多	企业带动为主的松散型利益联结机制，农民获取的产业链增值收益较少
基本模式	纵向延伸和横向拓展	种养加、产加销、贸工农纵向延伸
地域限制	农村地区	无

第五章

农村一二三产业融合发展的机制与模式

从含义和特征,我们初步了解了农村一二三产业融合发展的外貌。当然,在阐述特征和与农业产业化作比较的时候我们也比较粗浅地涉及了一些内在机制和动力等问题。农业一二三产业融合发展与产业融合发展一样具有其自身内在的发展机制。我们之所以试图探讨这种机制,就是要让大家通过这种机制理解农村一二三产业融合发展的内在规律,并依据这种内在的规律在推动农村一二三产业融合发展工作时,充分尊重市场发展规律,发挥市场在农业一二三产业融合发展资源配置中的决定性作用,同时也要更好地发挥政府的作用。本章探讨涉及农村一二三产业融合发展的相关理论、动力机制和路径模式。

第一节 农村一二三产业融合发展的相关理论基础

农村一二三产业融合发展的学术理论研究相对于政策理论创新而言比较滞后,但涉及一些基本的经济学理论。为了便于理解,我们在这里简单做一下介绍。农村一二三产业融合发展理论基础涉及交易费用理论、契约选择理论、分工合作理论、集体行动理论和制度变迁理论等。

一、交易费用理论

从广义上讲，交易费用是经济制度的运行费用，包括制度的制定成本、实施成本、监督或维护成本、变革成本。就某一具体交易而言，可看成是衡量和明确交易单位特征和实施契约的成本。交易费用被视为市场经济的噪音，发生在存在利益冲突的人与人之间的社会关系中，根源于日益专业化和复杂化的劳动分工，取决于受到限制的理性思考、机会主义所产生的不确定性、交易频率以及资产专用性等。不同制度结构下，交易组织方式不同，交易费用也就不同。交易费用的变化可以体现出制度结构的变化，一种好的制度具有降低交易费用的内在动力。

二、契约选择理论

契约，即合同、合约或协约，是指几个人或几方面之间达成的协议，规定了交易当事人之间的各种关系、权利与义务。契约安排是市场交易的前提，界定了相应的行为秩序。不同的契约安排对应不同的组织关系，产生的激励机制、实施程序不同，涉及委托-代理问题和不完全契约问题。不同的契约安排下，交易实施特征不同，交易费用也就不同。人们不断改进契约安排以降低交易成本，获得更高的收益。经营模式可以理解为契约的不同组合方式。交易费用是影响农户选择不同契约方式的重要因素，降低交易成本的契约安排是农户的选择方向。

三、分工合作理论

分工提高效率，也形成了人们之间的相互依赖性。分工程度越高，相互之间的交易越密集、越复杂，交易成本也就越高。通过正式制度和非正式约束建立互信关系可以减少在达成、实施、监督合约或更多非正式讨价还价中的交易成本。组织形式的选择受到产品或劳务特性的影响，如不相容程度、排他成本、提供服务成本等。互信关系其实是一种合作，通过合作产生合作剩余，如市场中的"抱团取暖"行为。但合作本身是一种博弈行为，存在"囚徒困境"，需要制度来保证合作博弈的达成，即互惠制度。可见，相互依赖产生对制度的需求，而制度又强化了相互依赖。

四、集体行动理论

是否参与集体行动是理性分析和选择的结果，主要考虑个人获益度、效益独占的可能性、组织成本和"选择性"激励等，与集体规模、团队异质性有关。奥尔森把集团分为相容性集团和排他性集团，前者指利益主体在追求共同利益时是相互包容的正和博弈，后者指利益集团在追求共同利益时是相互排斥的零和博弈。较之排他性集团，相容性集团可以达成集体一致行动，但需要满足两个重要条件，即组成集团的人数足够少和存在迫使个人努力谋取集体利益的激励机制。对于规模较小、组织较好的利益集团，通过产权结构调整，集团成员都会有较大的收益，也容易获得、控制和加工信息。但个人理性不是集体理性的充分条件，存在"搭便车"问题，需要一套行为准则和互惠模式或监督制裁机制，增强彼此间的信任和依赖感，将个人理性转化为集体理性，突破"集体行动困境"。

五、制度变迁理论

制度包括正式规则、非正式规则和实施机制。制度变迁会改变交易成本，引发新的习俗和准则。制度变迁的诱致因素在于经营主体期望获取最大的潜在利润，而潜在利润在现有制度安排中无法实现。上述提到的降低交易成本、优化契约安排、合作互惠共赢、理性集体行动等都能实现潜在利润，都有引致制度变迁的需求。制度变迁一般是连续渐进发生的，诺思认为这是对正式规则、非正式规则和实施机制三方面组合所做的边际调整。理性的个人必然会选择交易费用最低的组织结构，这框定了制度变迁的方向。但制度变迁不是随机的，有"路径依赖"，一旦进入某个路径，就会在惯性作用下自我强化，锁定在特定路径上。其变迁过程依赖于政治、社会、人文等初始条件，具有强烈的本地依赖特征。

第二节 农村一二三产业融合发展的动力机制

产业分工与产业融合没有固定的界限，随着技术的进步、管制的放松和管理的创新，产业间和产业内会按照交易费用降低的内在逻辑进行融合和再分工,产业的分工和融合意味着新的产业、新的业态和新的模式的产生,这也就是在新的技术条件和制度条件下的新的产业分工体系的形成。通过这样的作用机制不断推动产业的发展和转型升级,推动产业不断走向更高的层级。农村一二三产业融合发展的动力机制就是以农业的技术进步和农村不断深化的改革为基础,按照交易费用减低的动力,实现组织创新和管理创新,不断推进农业的专业化分工和与二三产业的交叉、重组、融合,推动产生农村新产业、新业态和新的商业模式,加快乡村新的产业体系形成。所以从这个意义上讲,推动农村一二三产业融合发展的过程就是推动乡村产业不断转型升级的过程,是世界前沿科技向农业产业渗透应用的必然结果,也是深化农业供给侧结构性改革和体制机制改革的必然结果。

一、农村一二三产业融合发展的发生条件

"产业融合如何发生?"具体表现以下三个方面:第一,产业融合发生的前提条件是产业之间具有共同的技术基础以及随之产生的技术革新。产业之间存在共同的技术基础,就能够首先发生技术的融合,即某一产业的技术革新或发明开始有意义地影响和改变其他产业产品的开发特征、竞争和价值创造过程。"共同的技术基础及技术革新"的概念被进一步总结为"产业公地"的概念,即共享的一系列劳动力、组织、技术和制造能力的集合。产业的"公地"植根于供应商、消费者、合作伙伴、技术工人和地方机构(如大学)中,对那些需要共享能力的产业而言,产业公地就是竞争力之源。第二,产业融合的发生源于技术进步和管制的放松。一方面,技术革新是产业融合的内在原因,技术革新给产业融合带来了必要性和可能性。另一方面,管制的放松导致其他相关产业的业务加入本产业的竞争,从另一方面逐渐促使产业走向融合。产业融合与放松管制之间存在着一个互动的过程:经济管制的放松为产业融合创造了制度环境;技术融合和产业融合的内在要求促使管制理论与政策的不断改善,以适应变化了的技术和经济条件。第三,产业融合最终得以形成的标志是新技术、新业态和新商业模式的诞生。根据有关学者的描述,产业的融合必须经过技术融合、产品与业务融合,然后到市场融合,才算最终完成产业融合的整个过程。学者们也经常用是否形成新的技术、新的业态和新的商业模式,来判

断经济中是否发生了过程完整的产业融合。这个产业融合的发生条件对农村一二三产业融合发展同样适用。从当前来看，工业化、信息化、生物化各种技术日新月异，正在不断地改造传统农业农村产业，不断提升农业及其相关产业的技术水平，农业农村现代化的过程就是技术不断进步的过程。同时，农村改革不断深入，城乡融合的体制机制正在形成，一系列支持推动农村一二三产业融合发展的政策文件相继出台，积极鼓励土地、资本、人才等要素资源向农业农村集聚，进入农业农村产业的各种管制逐步放松，农村一二三产业融合发展的发生条件日趋成熟。

二、农村一二三产业融合发展的分工融合机制

马克思指出，分工在一定条件下将趋于收敛，出现分工基础上的结合生产。分工源于交换的需要，它提升了生产效率，推动了生产力的发展。人类社会最早出现的是个人与个人间的社会分工，社会分工的不断深化产生了企业组织，企业组织通过将社会分工内部化的方式实现了组织内分工对市场分工的有效替代。当市场中各个企业组织内部的分工深化到一定程度时，企业之间为了减少交换过程中产生的交易费用，同类型的或者关联性强的企业之间开始形成产业组织，使得原先存在于企业组织之间的分工被内化为产业组织内部的分工。同样，当产业组织内部的分工深化到一定程度时，各个产业组织之间出于减少交易费用的需要，打破了原先存在的清晰的产业组织间的界限，将原先存在于产业组织之间的分工内化为一个新的组织内部的分工，而最后这个过程正是产业融合的过程。我们观察到，人与人之间的分工深化到一定的程度后出现了企业，企业与企业之间的分工深化到一定程度后出现了产业，产业与产业之间的分工深化到一定程度后出现了产业融合。以上所有这些过程都具有一个共同的特点：主体间的劳动分工在深化到一定程度后，都会被一个新的范围更大的主体内部化。由此，我们认为，产业融合的本质是产业间分工的内部化，产业融合表现的是一个产业间分工转变为产业内分工的过程和结果。需要强调的是，分工与融合虽然在字面上是反义词，但是在对经济问题的解释上并不矛盾。从我们对产业融合的定义中可知，产业融合虽然消灭了产业间的分工，但是同时却扩大了新生成的融合产业内部的分工。可以通过两个方面对其进行理解：一方面，参与融合的原产业内部的企业之间的分工依然存

在，产业的范围和界定的扩展并不影响原先在产业内部已经存在的分工；另一方面，新生的融合产业内部出现了新的分工，即原有业务与融合创新业务之间的分工，实质上是社会分工和市场分工转化为了企业内分工，是一种特殊类型的融合双方的一体化。总之，融合不仅没有消灭分工，还进一步促进了分工。王留鑫（2018）认为，农村一二三产业融合的最终形式是横向或纵向一体化，其横向一体化可通过农村一二三产业内部的专业化分工，实现规模报酬递增，其纵向一体化则可以通过农村一二三产业融合，向前后延伸实现生产链、价值链的延长。不管是横向还是纵向一体化，其作用机制都是专业化分工与产业融合，也即分工与协作的共同作用。制度经济学中的交易成本理论认为，分工与一体化的出现取决于交易成本与交易收益的大小，当一体化的收益大于分工时的收益且大于一体化时的交易成本时，一体化就会出现。当下中国农业的分工弱小而散乱，农业全产业链短小而封闭，仅依靠农业自身的分工演进难以快速发展，从"四化同步"的理论总结及产业发展的现实来看，只有实现第一产业与第二产业、第三产业的相互融合，各取所需、共生共赢，以融合实现新产业新业态等新的分工职能和模式出现。综上所述，农村一二三产业融合发展，既是一个专业化分工的过程，又是一个产业间融合的过程。专业化分工形成新产业、新业态、新模式，产业间融合也将产生新产业、新业态、新模式。从延长农业产业链来看，就是一个不断专业化分工的过程，从农业多功能挖掘，与其他产业交叉、渗透、重组来看，就是一个产业间不断融合的过程。理解这一点有利于促进农村一二三产业融合发展。

三、降低交易费用是产业融合内在的动力机制

作为市场交易的最初表现形式，人与人之间的直接商品交换加速了市场分工，提高了生产效率和生产力水平。市场交易的频繁发生，使得交易费用急剧上升。作为具有相似或相同技能的两人或多人联合的组织——企业成为价格机制的替代物，有效降低了市场交易费用。至此，单个企业间的产品交易成为市场交易的主要内容。此时的企业主要从事单一产业部门的产品生产，即单一型企业。随着交易产品的日益多样化、产品交易的日益频繁化，一对一的企业间交易也面临交易费用上升的问题。当市场交易费用高于企业组织费用时，原来由两个或多个企业组织的产品生产将被一

个企业组织替代，此时便出现了"联合"，即跨产业部门的复合型企业。而这一联合过程就是产业融合过程。在这个过程中，人与人之间的市场交易产生了单一型企业，单一型企业与单一型企业之间的市场交易产生了跨产业部门的复合型企业，即在企业内部发生了产业融合。具体来讲，面对同一消费主体表现出的多样化市场需求，各个企业一开始只是针对需求的某一方面，利用自身比较优势，满足消费者的部分产品服务需求。随着企业生产规模的不断扩大，为了寻求交易费用降低和规模经济、范围经济、要素集聚效应等，企业通过产品功能深化或产品功能拓展等方式，把消费者的多方面需求纳入同一企业经营范围，表现为产业间的融合发展。因此，产业融合的本质是企业交易成本的内部化，其过程为产品供给由多个企业主体分别完成转变为由同一企业主体单独完成。从世界各国的农业实践看，一家一户的分散型家庭经营是农业生产的组织基础。随着农业生产从自给自足的自然经济发展到专业化、集约化的商品经济，农业的家庭经营方式使得农户需要小规模、高频率地进入市场，交易费用急剧增加，大致包括获得价格信息、谈判、维护及签约成本，以及监督、解决争端、重新协商、仲裁、诉讼成本等。从现阶段农户所处的市场环境来看，农业的家庭经营方式已经不能适应城乡居民对于农业生产的消费需求与综合开发农业多功能的生产需求，需要借助先进的组织形式。根据交易成本理论分析，只要单个农户所分摊的组织制度成本小于一般的市场交易费用，农户就有动力选择一定的组织形式进入市场。因此，农业生产要适应目前我国城乡居民消费结构升级的新形势，改变以往简单的农业生产状态，就必须采用新的组织模式，降低交易费用。作为农村产业发展的新形态，从市场的角度看，农村一二三产业融合的初始动因和最终目的都是节约交易费用，改善农产品（服务）的供给效率。主要表现在：一是能够缩短农产品生产与消费间的交易距离。农村一二三产业融合后，通过互联网等信息技术，低成本、全方位地搜集市场需求信息，由复合型市场经济组织统一完成农业多功能开发，增强农产品供给结构对其需求结构变化的适应性，实现供需一体化。二是跨产业存在的扁平化、柔性化经济组织能够降低市场交易费用，充分发挥生产要素的集聚效应。在农村一二三产业融合中，不同产业的企业利用战略联盟、兼并收购等组织创新，通过农业与旅游、文化、创意等产业的横向融合以及生产、加工、销售、服务等环节的纵向融合，节约交易费用。

第三节 农村一二三产业融合发展的路径模式

农村一二三产业融合发展本质上依然是新型工业化、新型城镇化、信息化与农业现代化的同步发展，总体上有两条路径。一是纵向路径，是农业产业不断分工，不断专业化、精细化的分工发展路径；二是横向路径，是农村各产业互相交叉、重组的融合发展路径。农村一二三产业融合发展的模式，因路径不同而不同。按照国务院办公厅《推进农村一二三产业融合发展指导意见》和政策导向，农村一二三产业融合发展主要有六大类融合发展模式，分别是产城融合模式、重组融合模式、延伸融合模式、跨界融合模式、渗透融合模式和复合融合模式。

一、产城融合模式

所谓农村一二三产业融合发展产城融合模式，通俗地讲就是打造"一业一镇""一村一品"，但这仅仅是完成了产业融合发展的前半段，后半段是"镇以业显""村以品名"。产城融合发展走融合发展的横向路径，目标是引导推进农业现代化与新型城镇化深度融合。其表现形态主要有创建特色小镇、特色田园乡村等。融合的途径是通过加强规划引导和市场开发，培育引导农产品加工、商贸物流等农村二三产业向县城、重点乡镇及产业园区等集中，打造专业特色小城镇、特色小镇，稳定吸纳农业转移人口。这些小镇依托小城镇优势农业产业，政府搭台、企业唱戏、生态宜居、创新创业、文旅结合，实现"产、城、人、文"有机结合。产城融合模式以产业为主导，做强特色产业，以城为产业集聚地，创造农村就业机会，拓宽就业渠道，从而增加农民收入。产城融合模式的关键是打造特色产业，特色产业的打造需要挖掘各地的资源禀赋和历史人文优势，使得产业在农村有根，能够在农村扎根。当然，在实践中，不必拘泥是农业一产推动二产、三产，还是工业二产带动一产、三产，或者服务业三产联合一产、二产，这些都是产业打造的具体形式。见图5-1。

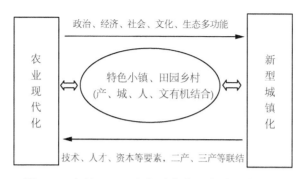

图 5-1 农村一二三产业融合发展产城融合模型

二、重组融合模式

所谓农村一二三产业融合发展重组融合模式，就是以农业生产为基础，通过推广农业新技术，打破农业各行业传统种养布局方式的一种发展模式。重组融合模式走融合发展的横向路径，目标是通过农业产业内部各行业农、林、牧、副、渔生产性重组，构建现代农业生产体系，提升种养效益，实现农业产业的转型升级和高质量发展。其表现形态有"水稻+""林果+"等不同种养组合以及不同形式的循环农业。其融合的路径有农牧结合、农林结合、循环发展，调优农业种养结构，使农业内部各行业紧密协作、循环利用、一体化发展，形成绿色农业、循环农业等经营方式。如：发展种养结合循环农业，通过粮、经、饲三元种植结构协调发展，合理布局规模化养殖场；积极发展林下经济，推进农林复合经营；推广适合精深加工、休闲采摘的作物新品种；加强海洋牧场建设。种植融合模式通过农业生产技术的集成创新，增加亩均收入或种养收入，从而提高农民的收入。见图5-2。

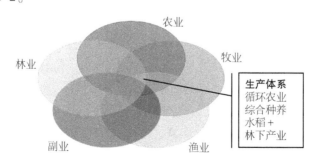

图 5-2 农村一二三产业融合发展重组融合模型

三、延伸融合模式

所谓农村一二三产业融合发展的延伸融合模式,就是通过深化农业产业经营分工,使得农业产业链延伸发展。延伸融合模式走融合发展的纵向路径,目标是通过农业产前、产中、产后的有机衔接和紧密相连,不断拓展农业产业链,构建现代农业经营体系。其表现的形态有农业产业化联合体、农产品全产业链模式等。其融合的路径是以农业生产为中心向前向后延伸,将种子、农药、肥料供应与农业生产连接起来,或将农产品加工、销售甚至是消费与农产品生产连接起来,或组建农业产供销一条龙,实现农业专业化、标准化。如:积极培育农业生产性服务业,产地初加工、深加工及特色加工业,农产品冷链物流体系,农超、农企对接、社区直销等农产品营销体系。其中包含了产业链、价值链、供应链、利益链的组织管理,新型经营主体要找到自身在产业链中的位置,凸显主体的价值。延伸融合模式增加价值活动,拓展就业渠道,同时降低交易成本内化价值,通过密切的利益分配机制增加农民收入。见图5-3。

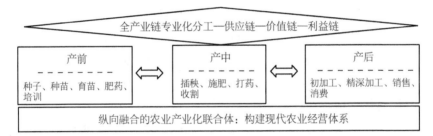

图5-3　农村一二三产业融合发展延伸融合模型

四、跨界融合模式

所谓农村一二三产业融合发展的跨界融合模式,就是农业与二产、三产进行融合,在农村形成以农业为基础的新产业、新业态、新模式,形成新的大农业产业体系。跨界融合模式走融合发展横向路径,目标是通过挖掘农业多种功能,使得一二三产业联动、资源要素集聚,从而构建现代农业产业体系,形成大农业格局。其主要的表现形态有现代农业+(文化、教育、研学、旅游、休闲、康养、餐饮、文创、民宿等),如田园综合体、休闲观光园区、森林人家、康养基地、乡村民宿、农家乐、民族村等。其融合的路径是通过挖掘乡村历史、地域、民族特点，依托农业生产，创新、拓展农业多种功能，使农业从过去只卖产品转化到还卖风景观赏，卖感受参与，卖绿色健康。跨界融合模式扩张现代农业产业的就业容量，大量的就业从一产转向三产，凸显现代农业产业的立体感。见图5-4。

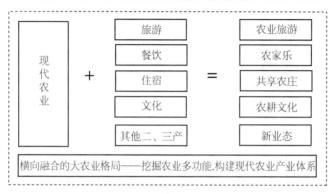

图 5-4　农村一二三产业融合发展跨界融合模型

五、渗透融合模式

所谓农业一二三产业融合发展的渗透融合模式，就是世界前沿科技，包括信息技术、工业技术和生物技术等对传统农业改造渗透的模式。渗透融合模式走融合发展的横向路径，目标是推动高新技术与传统农业的结合，从而改造传统农业，加速农业现代化步伐。其具体的呈现形式为"互联网＋"（现代信息技术应用于农业生产、经营、管理和服务），比如智慧农业、精准农业、农产品电商等。当然这一模式还包括生物技术、基因技术、工业技术对传统农业的改造。其融合路径是通过先进要素技术（大数据、云技术、物联网、生物技术、工业技术、智能技术等）对传统农业产业的渗透，使得农业实现在线化、数据化、网络化、信息化、生物化、工厂化、个性化，农业生产经营在线监测、统计、预警、分析、信息发布、实时监控管理，农产品线上预订结算、线下交易销售（O2O），形成农产品电子商务、农业众筹、个性化定制产品等新型业态。如：大田种植、畜禽养殖、渔业生产等的物联网改造；采用大数据、云计算等技术，改进监测统计、分析预警、信息发布等手段，健全农业信息监测预警体系；农产品电子商务、配送及综合服务网络；工厂化、立体化等高科技农业；农产品个性化定制服务、会展农业、农业众筹；等等。渗透融合模式利用高科技改造农业，推动要素跨界，大幅度提高劳动生产率、单位面积土地产出率，降低交易成本，增加农民收入，加速农业现代化进程。见图5-5。

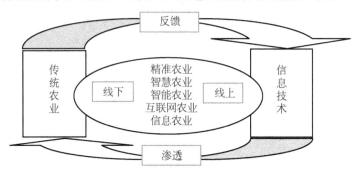

图 5-5　农村一二三产业融合发展渗透融合模型

六、复合融合模式

所谓农村一二三产业复合融合模式，就是通过创建农村一二三产业融合发展平台，形成农业产业集群，用供应链、价值链、产业链方式推动组织创新和管理创新的一种模式。复合融合模式走混合路径，即既包含纵向路径也包含横向路径。目标导向是通过要素集聚和组织管理方式创新，推动新型工业化、城镇化、信息化与农业现代化在同一平台同步发展，通过示范带动，逐步构建乡村产业体系。其主要的形态有现代农业产业园区、现代农业示范园区、现代农业科技园区等，当然，从融合政策来看，国家正在打造的融合发展示范区、融合发展先导区和示范园也属于复合融合发展模式。其融合路径是通过集聚资源要素，完善配套服务体系，形成农产品集散中心、物流配送中心和展销中心，培育农业科技创新应用企业集群。如：推动县（市）、乡（镇）为区域，打造农产品区域公用品牌和特色农村土特产品品牌，形成以特色产品为核心的产业集群。复合融合模式主要是发挥1+1>2的作用，通过要素的集聚效应和溢出效应，可以形成内部的供应链，降低交易成本，形成农业产业集群，有利于品牌塑造和价值提升。农业产业的集聚同时又能够集聚资金、人才和其他的生产要素，使得乡村产业形成体系。见图5-6。

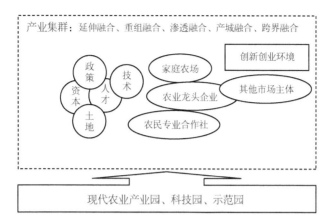

图 5-6 农村一二三产业融合发展复合融合模型

第六章

农村一二三产业融合发展体系的构建

2018年中央1号文件《关于实施乡村振兴战略的意见》对农村一二三产业融合发展提出了"构建农村一二三产业融合发展体系"的更高要求。体系,泛指一定范围内或同类的事物按照一定的秩序和内部联系组合而成的整体,是不同系统组成的系统。构建农村一二三产业融合发展体系就是要构建农村一二三融合发展的秩序和联系机制,使得农村一二三产业融合发展成为一个良序发展的系统,是一项系统工程。因此,农村一二三产业融合发展体系是在农村一二三产业融合发展的高级阶段自然而形成的一种结构完整、联结紧密、要素资源优化配置的乡村产业体系,涉及农村经济、政治、社会、文化、生态建设等各方面工作,需要系统谋划、统筹思考。我们认为,农业一二三产业融合发展体系必然包含农村一二三产业发展的基本特征,构建的基础是农业多功能性,构建的关键是产业链、价值链和利益链,构建的环境是技术基础与农业农村制度安排。

第一节　融合产业链、融合价值链与融合利益链及其关系

推动农村一二三产业融合发展就是要把产业链和价值链的组织方式引入农业农村。农业产业链的组织形式属管理范畴（与农产品链和农业产业化概念是有区别的），主要由生产者驱动，对不同农产品链在产业间的物流链、信息链、价值链、组织链等方面进行管理，侧重农业产业链中的人、财、物以及信息、技术等要素管理。而价值链组织方式主要由消费者驱动，品牌、科技、销售渠道、市场运作、供应链管理能力等无形资产对构建农业全球价值链的作用不断提高。农业一二三产业融合体系本质上是产业链管理和价值链管理在农业农村产业上的综合有效运用及其机制和秩序。在此，我们引入融合产业链、融合价值链、融合利益链三个概念。由于产业融合体系不同于农业产业体系，所以引入融合链替代农业产业链，同样，产业融合的价值不仅是市场价值和效益，还有社会和政治价值，所以虽然此处沿用价值链概念，但内涵不同。

融合产业链及其组织形式是指融合主体（企业、合作社、家庭农场等农村一二三产业的经营者）在一定的"产业公地"上，通过要素集聚、技术渗透、制度创新形成的新业态、新商业模式以及新技术的应用，体现农村一二三产业融合发展的状态和管理水平。融合产业链的生成和管理方式有两条路径，一条是农业产业链延伸，为产业融合发展的纵向路径，另一条是产业跨界、交叉、重组等融合方向性选择，为产业融合发展的横向路径。

融合价值链是融合主体涉及价值提升的一系列组织活动。理解融合价值链首先需要正确领会农村一二三产业融合发展的政策目标。党的十九大报告、2018年中央1号文件和2015年国务院办公厅93号文件对农村一二三产业融合发展的目标表述为三个方面：（1）提升农业质量。农业是农村的基础产业，必须加快构建现代农业的产业体系、生产体系和经营体系，提高农业创新力、竞争力和全要素生产率。（2）增强农村活力。村庄空心化、农户空巢化、农民老龄化使得农村缺人气、缺活力、缺生机，是当前

农村比较突出的问题。农村发展的活力和动能需要通过产业融合发展来集聚和注入。（3）促进农民增收。通过农村一二三产业融合发展，产业链延伸、价值链提升、新业态产生，不仅可以创造农民就业岗位，同时也为农民创业提供平台，这是拓宽增收渠道的基本逻辑。所以，融合价值链指农村一二三产业融合发展所产生的经济价值和社会价值，包括农民创业平台的构建和完善、农民就业岗位的增加和增收渠道的拓宽、农产品附加值的提升和农村各类资源的增值，以及由此形成的农业质量提升、农村活力增加。

融合利益链是指价值链收益的分配和联结机制。利益链管理的目标指向是促进农民增收，要让农民合理分享农村一二三产业融合发展带来的增值收益。

融合产业链延伸是产业融合发展的外在表达，是"形"；融合价值链提升是产业融合发展的内在要求，是"神"，没有融合价值提升，融合产业链延伸就没有动力；融合利益链是产业融合发展的客观要求，合理的利益分配机制是产业融合发展的"魂"。图6-1（1）和6-1（2）是三者的关系图。融合产业链（Z）为纵向融合产业链（A）与横向融合产业链（B）相加，即 $\overline{Z} = \overline{A} + \overline{B}$。随着融合产业链的延伸，融合价值链和融合利益链也不断延伸，继而实现政策的既定目标。

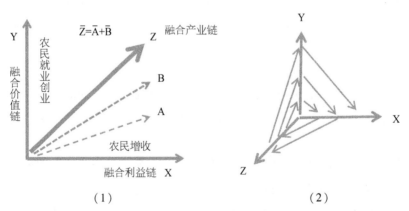

(1)　　　　　　　　(2)

X：融合利益链　Y：融合价值链　Z：融合产业链
A：纵向融合产业链　B：横向融合产业链

图 6-1　农村一二三产业融合发展体系模型

第二节　开发农业多功能，推进融合产业链延伸

农村一二三产业融合发展过程是农业多功能性不断开发的过程。随着农业多功能性的不断开发，融合产业链不断纵向和横向延伸，农村一二三产业融合发展的态势不断呈现。我国在2007年中央1号文件中明确指出："建设现代农业，必须注重开发农业的多种功能，向农业的广度和深度进军，促进农业结构不断优化升级。"随着实践的深入，我们对农业多功能性的认识也正在逐步深入，但是总体的理解还是不够。前面已经述及，现阶段我国农业多功能性主要体现在五个方面：（1）农业的经济功能。农业是国民经济的基础。农业的经济功能是农业的基本功能，体现为农产品的经济价值，主要是为人类生存和发展提供充足的食品和工业原材料。（2）农业的政治功能。我国农业的政治功能主要体现在粮食安全和农民增收两个方面。我国是人口大国，14亿人民的口粮不是一个小问题，保证中国人碗里的中国粮是一个政治问题。同时促进农民增收，农民"生活富裕"是我们党对农民的承诺也是党的使命，而现代农业是重要的增收渠道。（3）农业的社会功能。农业的生产方式决定了农村社会秩序和农村社会的组织形式。农业作为一个产业，不仅能够容纳劳动力就业，而且农副产品的数量、质量直接影响人民的营养和健康水平，所以农业的社会功能主要体现在农民创业就业和食品质量卫生上。（4）农业的文化功能。我国上下五千年历史实际上就是一部农业史、农耕史，我们的文明绝大部分时间是农业文明，农业长期以来影响着我国人民的世界观、价值观和人生观，蕴涵着丰富独特的农耕文化和乡愁记忆。农业承载着农业文化保护、传承、审美、教育以及农村景观营造的职能。（5）农业的生态功能。农业对生态环境的支持和改善作用现在已经被人熟识和重视。农作物在为人类提供食物和工业原料的同时，默默无闻地在固碳释氧、调节气候、水土保持、净化环境、维护生物多样性等方面发挥着积极和重要的作用。

农业这些功能的开发需要新理念、新知识、新技术，需要融入二产和三产，这个过程涉及产业链管理和价值链管理。农业多功能开发路径就是融合产业链不断延伸的过程。通过融合产业链的延伸，农业多功能价值不

断开发和深化，农业价值链不断提升，农民增收渠道不断拓宽，这也是农村一二三产业融合发展的基本逻辑。以上述及融合产业链延伸总体呈纵向和横向两条路径，但针对不同农业功能的开发，会呈现不同的组合，产生不同的融合发展类型模式，经济和政治功能的开发主要是纵向路径，而社会、文化、生态功能的开发主要是横向路径（图6-2）。

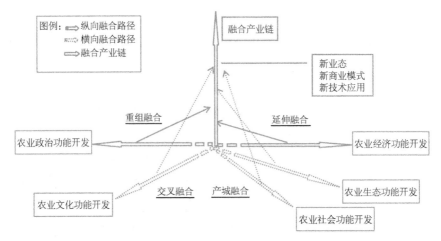

图6-2　农业多功能开发、融合类型与融合产业链的延伸

一、农业经济功能开发的农业产业链延伸融合模式

农业产业链融合模式以农业生产为中心向前向后延伸产业链，将种子、农药、肥料供应与农业生产连接起来，或将农产品加工、销售与农产品生产连接起来，或组建农业产供销一条龙。这一模式包含了农业生产性服务业的发展，产地初加工、深加工及特色加工业的发展，农产品冷链物流体系的建设和发展，农超、农企对接、社区直销等农产品营销体系的构建，等等。产业链延伸融合是农业产业内部一二三产融合类型，属于纵向路径。催生了农业生产性服务业、农产品加工业、"互联网+农业"等新业态、新商业模式，内化农业收益，增加农民就业。

二、农业政治功能开发的农业行业内部重组融合模式

农业政治功能的保障，以粮食安全为重，必须保持和提升农业生产能力，同时又要增加农民收入，所以必须按照供给侧结构性改革要求，守住农业耕地红线，以农业行业内部重组比较合适。比如，农牧结合、农林结

合、农渔结合，种植业与养殖业相结合。这种融合是一些新型农业经营主体，以农业优势资源为依托，将种植业、养殖业的某些环节甚至整个环节连接在一起，使得农业内部紧密协作、循环利用、一体化发展，形成绿色农业、循环农业等经营方式。

三、农业社会功能开发的产城融合模式

将农业现代化与农村新型城镇化建设有机结合，引导农村一二三产业向县城、重点乡镇、村庄及产业园区等集中。在加强规划引导和市场开发的前提下，培育农产品加工、商贸物流业，形成新的农村组织形式。比如，传统的、新兴的、农业的产业特色小镇、特色田园乡村、农业风情小镇，这些小镇依托优势产业，政府搭台、企业唱戏，实现"产、城、人、文"的有机结合。这种模式更多的是横向融合。

四、农业文化功能开发的跨界融合模式

农业与其他产业交叉型融合，主要是横向路径。比如，农业与文化、观光旅游业融合，打造农田艺术景观、阳台农艺等创意农业；农业与生态、文化、旅游等元素结合起来，打造休闲农业。这一模式大大创新和拓展了农业原来的功能，使农业从过去只卖产品转化到还卖农田风景观赏，卖感受参与，卖绿色健康。

五、农业生态功能深化的城乡融合

生态产品和生态环境是城市居民对美好生活的向往，有着城市居民的乡愁记忆。一方面，通过城乡规划，守住耕地红线，释放农业对城市的气候调节功能，同时通过农业产业化示范基地和现代农业示范区，通过完善配套服务体系，形成农产品集散中心、物流配送中心和展销中心，将生态产品输送到城市；另一方面，通过农家乐、农村民宿等载体，吸引城市居民走向农村、留宿农村，切实感受农业农村的良好生态。

第三节 农村一二三产业融合发展体系及其特征

以农业多功能开发及融合产业链、价值链和利益链,构建基于农业多功能的农村一二三产业融合发展体系。如图 6-3 所示,以农业多功能通过不同的融合路径所形成的融合产业链为基本形态,通过产业链管理和价值链管理的组织形式,使得农业多功能价值不断得以开发,形成内在的融合价值链。这些价值包括农业质量和竞争力提升,农产品加工业、特色制造业不断深化,农村资源不断集聚,新技术渗透、新业态、新商业模式不断创新,农民创业就业容量不断增加、创收渠道不断拓宽,等等。在融合价值提升的同时,各融合主体以及融合发展的参与者的利益分配应该得到满足,形成紧密的利益链。这是融合发展体系的核心。融合产业链、价值链和利益链的延伸或收缩是一个动态的过程,其中起核心作用的是利益链的完善。融合产业链提升融合价值链,融合价值链配置融合利益链,融合利益链决定融合产业链。融合发展体系主要表现出以下五大特征。

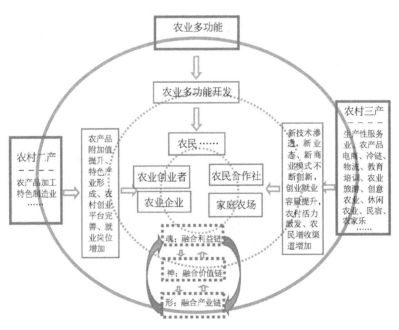

图 6-3 基于农业多功能开发的农村一二三产业融合发展体系框架

一、农业生产过程的基础性

基于农业多功能的农村一二三产业融合发展体系显示，开发农业多功能、推进农村一二三产业融合发展的基础在农业生产环节。没有农业的生产过程也就没有农业的多功能性，也谈不上农业多功能的开发，体系的融合产业链也失去了延伸的载体。所以，一产在农村一二三产业融合发展体系中居基础地位。这可能也是日本六次产业化的定义由"$1+2+3=6$"改为"$1×2×3=6$"的缘由吧。

二、融合发展体系链的动态性

构建农村一二三产业融合发展体系必须清醒认识融合产业链、融合价值链和融合利益链的辩证关系，这种辩证关系决定了融合发展体系的动态性。要拓宽农民就业渠道，需要延伸融合产业链使得分工深化，融合产业链的延伸是不断开发农业多功能，使得农业价值不断提升，但是归根到底还是要满足农村一二三产业融合发展参与主体各方的利益诉求。只有通过政府与市场一起努力，做大利益"蛋糕"以及分好"蛋糕"，融合发展体系才能有序发挥作用。

三、农村产业融合业态的创新性

产业的融合不是"$1+1=2$"，而是"$1+1>2$"。农村一二三产业融合发展是"$1×2×3>6$"。所以，农村产业融合的实质是新经济技术条件下旧产业的聚变与新生。无论以何种方式或呈现何种业态，农村产业融合发展必须形成新技术、新业态、新商业模式，否则不能称为农村一二三产业融合发展。比如农产品电商企业、农业旅游等都是传统农村没有的新业态和新商业模式。

四、高新技术的渗透性

农村一二三产业融合发展，新业态、新商业模式不断出现，是高新技术在农业上渗透应用的结果，特别是生物技术、信息技术以及其他领域高新科技的飞速发展所带来的生物化、信息化、智能化成果在农业农村的应用。互联网技术的应用使得农村各类产品的供需得以衔接，无线网络技术的应用使得城市文明不断向农村延伸,等等。高新技术对农业农村的渗透是农村一二三产业融合发展体系构建的新动能。

五、人与自然和谐共生

人具有自然和社会双重属性。农业多功能的开发,农村一二三产业融合发展的逻辑是满足人们,特别是城市居民对生态农产品、农村生态环境、农业生态景观的需求,是满足离乡进城的城市人根深蒂固的传统农耕文化的乡愁思绪的需求。说到底基于农业多功能的农村一二三产业融合发展体系开发的是人与自然和谐共生的体系。

第四节 构建农村一二三产业融合发展体系的启示

农村一二三产业融合发展体系的特征以及融合产业链、价值链和利益链的相互关系,为我们构建农村一二三产业融合发展体系提供了启示。

一、构建农村一二三产业融合发展体系必须树立科学的现代农业发展观

走中国特色社会主义农业现代化之路,绷紧粮食安全这根弦,提升农业生产能力,是构建农村一二三产业融合发展体系必须牢固树立的科学的现代农业发展观。农业生产能力是保障"中国饭碗装中国粮"的基本要求,不仅是保障农业政治功能的要求,也是开发农业多功能性的前提。"皮之不存,毛将焉附?"没有农业生产,就没有农业多种功能,农村一二三产业融合发展体系构建也就失去了产业基础。所以,我们认为,一要严格保护基本农田红线,加强高标准农田建设,确保农业用水、土壤质量安全,确保农业生产安全。二要加大农业高新技术研发和应用力度,良种良法配套,确保农业生产能力的持续提升。三要利用WTO绿箱政策,制定农业绿色生产的生态补偿法律法规,按照农业供给侧结构性改革的要求,进一步激励农业绿色生产的积极性。

二、构建农村一二三产业融合发展体系必须以融合利益链的完善为核心

推动农村产业融合发展和构建农村产业融合发展体系的着力点有所不同。前者主要关注融合产业链,而后者必须首先关注融合利益链。从融合产业链、价值链和利益链三者的动态关系看,融合利益链是农村产业融合发展体系的"牛鼻子"。要完善融合利益链,一要探索利益分配机制,强化农民与融合主体之间的紧密联结纽带,不管是保底分红、股份合作还是利润返回,都要让农民合理分享全产业链增值收益。二要激励融合产业链延伸。通过建立产业融合主体认证制度,建立相应标准,对融合主体实施精准扶持,不能搞一刀切,使真正推动融合链延伸的主体获得政府的扶持和资助。三要提升融合价值链。加强财政扶持资金的绩效评估,按照绩效排序进行后期补助和后期项目支持。对农业多功能深化、农民就业岗位增加、农产品附加值提升、促进农民增收等政策目标,制定奖励标准,推动融合发展绩效。

三、构建农村一二三产业融合发展体系必须把农村一二三产业人才创新能力的培育作为重点

人才是第一资源。农村产业融合发展业态的创新性和高新技术的渗透性决定了农村一二三产业融合发展需要各种各样的人才,尤其是具有创新能力的人才,这不是现有农村劳动力所能承担的。一要创新新型职业农民培养培育的方式。各地培育新型职业农民的热情非常高涨,政策支持力度都比较大,但是传统的培育模式对创新能力的培养显然是不够的。要以复合人才(农业专业+其他专业)的复合方式(学历教育+非学历培训)为抓手创新培养培养方式,提升新型职业农民创业就业的创新能力。二要加大有志于农村创业的城市居民的培养培育力度。城市人信息多、眼界宽,最重要的是了解城市人的心理,有利于针对性地开发农业多功能。

四、构建农村一二三产业融合体系必须加快推动新技术向农业农村的覆盖

在抓好农产品冷链、物流、农村"四好"公路建设和"厕所革命"的

同时，必须加大作为农村一二三产业融合发展体系新动能的信息技术等高新技术在农业农村的覆盖，提升技术饱和度，加快渗透应用。一是加强信息高速公路建设，让光纤不断向农村延伸，提高带宽、提升网速、降低资费。二是加快智慧农村建设。要像建设智慧城市大脑一样，完善智慧农村建设，要让农民享受到技术革命带来的好处，开阔视野，同时提升城市居民下乡的文明体验。三是认真做好农村互联网技术的培训，大力推动农村的互联网经济，使得农产品需求城乡对接，把手机和电脑变成新时代发展现代农业的新农具。

五、构建农村一二三产业融合发展体系必须以绿色生态产品开发为主线，让绿水青山变成金山银山

关注产品才有产业。农村一二三产业融合发展销售的是什么产品？是农业文化，是农业生态，是乡愁，是农村体验，归根到底是农村特有的绿色生态产品，包括农业生态景观、农村生态环境、农耕文化以及绿色生态农副产品。所以，一是要严格保护和修复农村生态环境。绿水青山就是金山银山，没有绿水青山，也就没有金山银山。农村生态环境的保护既要完善法律体系，严格执法，也要加强农村环保公共设施的配套，既要转变传统农业的生产方式，也要改变农民原有的不良生活习惯。二是要加大绿色生态农副产品的生产和开发。转变农业生产方式，大力发展绿色循环农业，提升农副产品质量、保障质量安全不仅应该是生产标准，而且要成为社会的责任。三是要以农耕文化为内核加强农业农村景观的营造，使消费者强烈感受和体验到农业农村的清新气息。

实践篇

第七章

苏州农村一二三产业融合发展背景

苏州市位于长江三角洲中部、太湖流域的腹部，东临上海，南接浙江，西抱太湖，北依长江，是江苏省最东南部的省辖市，下辖张家港、常熟、昆山、太仓四个县级市和姑苏、吴江、吴中、相城、高新（虎丘）、中新合作工业园区六个区。苏州地处温带，属典型的亚热带海洋性气候，四季分明，气候温和，雨水充沛，土地肥沃，物产丰饶。苏州是吴文化的重要发祥地，更是我国农事生产的起源地，唯亭草鞋山遗址发掘出了6 000年以前的完好的水稻田水利灌溉设施，农业文化底蕴深厚。苏州经济发达，城乡一体化综合配套改革起步早，建设水平领先全省、全国，农业现代化发展水平较高，农村一二三产业融合发展百花齐放、充满活力。本章集中探讨了苏州农村一二三产业融合发展的背景，包括经济社会、资源要素和农业农村发展基本情况，以利于大家对苏州农村一二三产业融合发展有一个比较宏观的认识。

第一节 苏州经济社会发展与产业结构

改革开放40多年来，苏州经济社会的发展主要得益于认真贯彻党中央、国务院和省委、省政府决策部署，不断根据国际分工的最新趋势和自身经济社会发展的最新变化，大胆创新发展模式，努力寻求最优路径，从而保持了经济社会的健康持续发展。主要的经验可以概括为五个方面：一是坚持开放带动，选择符合自身比较优势的发展战略。苏州开放型经济的发展和升级，是比较优势理论在区域实践中充分应用的真实写照。这种模式为苏州获得先进产业转移、厚植产业优势奠定了基础，也为未来向研发环节、服务环节延伸产业链提供了土壤。二是坚持统筹规划，选择城市发展与传承兼顾的发展方式。一以贯之的规划理念和规划引领是苏州长期保持发展定力、延续城市特质的秘诀。苏州在推进城市化的进程中，突出强调了古城保护的重要性，城市格局提味不变味。三是坚持创新驱动，选择创新链与产业链协同提升的发展模式。苏州把科技进步作为立市之基、强市之本，注重提高原始创新与集成创新能力，加快从"投资驱动"向"创新驱动"、从"资源依赖"向"科技依托"、从"苏州制造"向"苏州创造"转型。四是坚持共同富裕，选择城乡一体化发展的特色路径。苏州坚持城乡一体化发展，融合发展水平走在全省全国前列，通过构建完善政策制度体系，发展内生动力不断增强；通过积极推进"三集中、三置换"，城乡空间布局不断优化；通过更加注重健全社会保障，城乡基本公共服务趋向均等。五是坚持真抓实干，树立奋发向上、敢闯敢试的干事精神。良好的精神面貌，是干事创业的"内生动力"。

党的十八大以来，苏州以习近平新时代中国特色社会主义思想为指导，深入贯彻落实十九大精神，大力实施乡村振兴战略，打好打赢三大攻坚战，勇当"两个标杆"、建设"四个名城"、围绕"六个高质量发展"，各项事业取得显著成就。2018年，苏州完成地区生产总值1.86万亿元，一般公共预算收入2 120亿元，农村集体经济总资产达到1 970亿元，村均年稳定性收入850万亿，净资产超亿元的村达115个。张家港市永联村、吴中区天平村稳定性收入超过亿元，是名副其实的"亿元村"。苏州城乡居民收入分别达到6.35万元和3.24万元，城乡收入比1.9∶1，是全国农民收入最高、城乡收入比最低的地区之一。

图7-1显示了自1990年以来，苏州一二三产业结构的演变过程。从图中可以看出，苏州1990年三次产业的占比为17.3∶61∶21.7，到2017年演变为1.2∶47.6∶51.2。苏州产业结构的演变过程体现了苏州当前发展的

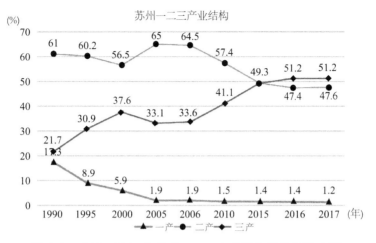

图 7-1　1990—2017 年苏州一二三产业结构的发展演变图

三个特征。一是苏州比其他地区较早地进入了工业化发展阶段。改革开放初期，特别是农业基本经营制度改革以后，极大地激发和调动了广大农民劳动生产的积极性，不仅提高了农业生产率，同时也释放了大量的农业劳动力。20 世纪 80 年代中期，农民企业家发挥"四千四万"精神，乡镇企业异军突起，创造了"苏州模式"，农民"离土不离乡"，一边以家庭为单位经营承包地，一边进企业赚工资，这就是所谓的兼职农民。1990 年苏州工业增加值占比达到了 61%，实际上已经进入了工业化时代，农业 GDP 占比已经降到了 17.3%。第二个特征就是跨入新世纪后苏州农业的增加值在苏州地区生产总值中的占比已经十分微小，特别是近十年来一直在 1.5% 以下。2005 年新世纪第一个 1 号文件《关于进一步加强农村工作提高农业综合生产能力若干政策的意见》发布，2005 年苏州农业的 GDP 历史性地降到了 2% 以下。对这一数据的解读可以从两方面看：一方面，从宏观上看，随着苏州经济社会的发展，特别是外向型经济的发展、城镇化的进一步推进，农业发展的增速下降，地位没有其他产业高了。另一方面，从农业本身来看，苏州农业的生产效率很高，在土地劳动力极速下降的情况下，占比下降但总量在快速提升。实际上，正如上面分析的一样，在跨入新世纪以后，随着工业化、城镇化的不断推进，加上农业连续丰收带来的卖粮难的问题突出，农民农业生产积极性被挫伤，土地抛荒现象比较普遍，这和全国的情况是基本一致的，特别是苏州农业 GDP 占比当时已经在 5% 以下。所以在要不要农业的问题上，各地有过激烈的争论。胡锦涛总书记的"两个趋向"的论断和中央一系列支农惠农政策的出台，以及中央1号文件的出台，使苏州统一思想，把现代农业建设放在重要位置上抓好抓实。从现在来看，苏州农业GDP占比基本维持在1.2%左右，在整个地区经济发展中已经无足轻重，但是它的政治价值、社会价值、文化价值和生态价值是其他产业无法替代的。正是这种观念和理念，引领着苏州农业现代化的建设，推动着农村一二三产业融合发展的步伐，成为农村一二三产业融合发展走在前列的发展基础。第三个特征就是苏州的服务业占比已经超过50%，达到了51.2%，在苏州经济社会发展中占据了主导地位，整个三产格局呈现三、二、一的现代经济产业体系模式。我们可以从演变图上看出，从1990年开始，苏州服务业占比快速上升，到2015年达到49.3%这个临界点，继而超越了第二产业占比。服务业占经济发展主导地位，表明在投资、出口和消费三驾马车中，消费经济蓬勃兴起，这为农村一二三产业融合发展培植了肥沃的土壤。

苏州经济社会发展和一二三产业结构的演变从宏观上告诉我们，苏州农业农村发展正在发生巨大的变革，城乡融合的步伐不断加快，现代农业发展日新月异。这也进一步表明，农村一二三融合发展是大势所趋和必然路径。

第二节　苏州农业的资源要素演变

从微观的农业生产要素上，我们来考察苏州农村一二三产业融合发展的背景。其中，最重要的是耕地、劳动力和常住人口。耕地是现代农业可持续发展的基础，劳动力是现代农业生产效率和质量的保证，人口是现代农业发展的市场和空间。

至2020年，全国耕地保有量为18.65亿亩，其中江苏省的耕地保有量为6853万亩，苏州市的耕地保有量为297.89万亩（198.59千公顷）。苏州的耕地面积从1952年的415.32千公顷，持续下降到2017年的200千公顷，为耕地红线的100.7%。这是工业化、城市化的结果，保护耕地就是保护农业在苏州并不是一句空话。从从业者来看，1952年一产从业者为128.58万人，占全市人口的36.5%，到2017年一产的从业者下降到22.7

万人，是全市常住人口的2.1%。一产从业人员的减少主要有三个原因：一是被土地挤出。土地被征用，没有土地了，农民成为失地农民。二是被技术挤出。农业生产技术的提高，特别是机械化的应用和替代，已经不需要那么多人从事农业生产了。三是从事一产收入较低，被农业规模经营替代。按照总耕地数量和从业者计算，1952年苏州每个劳动力的平均耕地为4.8亩，到了2017年苏州劳均耕地达到了13.2亩。从苏州的人口来看，1952年为352万人，到2017年为1 068万人，是原来的3倍。从耕地资源看，耕地由1952年的415千公顷下降到2017年的200千公顷，减少一半，2017年的人均耕地只有1952年的1/6，粮食自给率持续下降。

苏州农业资源要素的演变表明：苏州的农业已经呈现保护型状态，保护耕地面积是农业可持续发展的基础；农业必须转型升级，转型升级的方向是增加单位面积的产值以及发展与农业相关联的产业以增加就业，也就是一二三产业融合发展；苏州人口的持续增长为农村一二三产业融合发展提供了广阔的市场空间。

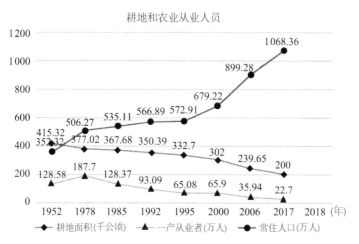

图7-2　1952年以来苏州人口、农业劳动力和耕地的演变过程

第三节　苏州现代农业建设成就

从江苏省农业基本现代化进程考评体系监测情况来看，苏州农业现代化的探索已经走在了全省和全国前列。农业基本现代化进程监测是由江苏

省统计局、江苏省农业委员会、中共江苏省委农工办、中共江苏省委研究室、国家统计局江苏调查总队等五家单位会同相关部门,从2010年开始对全省各市、县(市),分别从农业产出效益、新型农业经营主体、现代农业产业体系、农业设施设备和技术水平、农业生态环境、农业支持保障等6个方面、22项指标,系统地对农业现代化发展水平进行动态评价的一项工作,监测结果每年公布一次。苏州市在全省农业现代化进程监测中,连续五年综合得分全省第一。(表7-1)

表7-1　2010—2014年江苏省农业现代化进程综合得分排序表

位次	2010年 市	得分	2011年 市	得分	2012年 市	得分	2013年 市	得分	2014年 市	得分
1	苏州	72.48	苏州	80.46	苏州	84.46	苏州	83.30	苏州	85.4
2	无锡	70.79	无锡	77.09	无锡	83.61	无锡	82.10	无锡	85.10
3	南京	67.87	南京	76.61	南京	81.52	南京	79.80	南京	84.00
4	常州	67.56	常州	75.47	常州	81.43	常州	79.80	常州	83.80
5	南通	67.30	南通	75.44	南通	77.74	镇江	76.10	镇江	80.80
6	镇江	65.68	徐州	75.20	镇江	77.72	南通	74.00	南通	78.20
7	扬州	65.46	扬州	74.07	徐州	76.01	扬州	72.90	扬州	77.90
8	徐州	64.06	镇江	73.47	扬州	74.82	徐州	71.80	泰州	77.80
9	盐城	62.12	淮安	73.29	泰州	73.53	盐城	71.70	盐城	77.30
10	泰州	60.69	盐城	68.96	盐城	73.49	泰州	71.70	徐州	75.50
11	连云港	60.50	宿迁	68.88	淮安	73.46	淮安	71.30	连云港	75.40
12	宿迁	59.78	泰州	68.21	宿迁	73.43	连云港	71.20	淮安	74.60
13	淮安	58.5	连云港	67.46	连云港	73.42	宿迁	70.00	宿迁	74.50

根据江苏省公布的2015年度农业现代化进程监测数据,苏州市在"农业产出效益、新型农业经营主体、现代农业产业体系、农业设施设备和技术水平、农业生态环境、农业支持保障"等6个方面、22项指标中,综合得分89.3分(90分为实现基本现代化),农业现代化指标的实现程度达到99.2%。

在全部22项指标中,实现度在100%以上的有6项指标,分别是规模以上农产品加工值与农业总产值之比达4.78,实现目标值的149%;农产品出口指数达到10.09，实现目标值的126%；高标准农田比重达到66.74%，实现目标值的111.2%；设施渔业比例达到26%，实现目标值的100%；农户参加农民专业合作社比重达80%，实现目标值的100%；农田水利现代化水平达到93.5%，实现目标值的100%。

2015年指标实现率低于80%的有四个指标，分别是种植业"三品"比重实现值25.5%，实现程度为46.3%；农业贷款增长幅度与贷款总额增长幅度之比（倍）实现值0.72，实现程度为72%；生猪大中型规模养殖比重为58.6，实现程度72.6%；渔业"三品"比重68.41，实现程度76%。（表7-2）

表7-2　苏州市2015年农业现代化指标实现程度

指标名称		权重	2020年目标值	2015年实现值	实现程度（%）
一、农业产出效益					
1. 单位农用地农林牧副渔增加值（元）		6	3 500	3 258.5	93.1
2. 农民收入	农村居民人均可支配收入（元）	4	23 000	22 140	96.3
	农村居民收入达标人口比重（%）	2	50	48.66	97.3
二、新型农业经营主体					
3. 农户参加农民专业合作社比重（%）		4	80	80	100
4. 家庭农场经营比重（%）		5	50	41.58	83.2
5. 新型职业农民培育程度（%）		5	50	41.4	83.68
三、现代农业产业体系					
6. 粮食亩产（公斤）		5	520	488.08	98.2
7. 高效设施农业	设施园艺比重（%）	3	20	16.55	82.8
	生猪大中型规模养殖比重（%）	2	80	58.07	72.6
	设施渔业比重（%）	2	26	28.19	100
8. 规模以上农产品加工产值与农业总产值之比（倍）		2	3.2	4.78	100
9. 农产品出口指数（%）		2	8	10.09	100
10. 种植（渔业）"三品"比重	种植业"三品"比重（%）	3	55	25.5	46.3
	渔业"三品"比重（%）	1	90	68.41	76

续表

指标名称	权重	2020年目标值	2015年实现值	实现程度（%）
四、农业设施设备和技术水平				
11. 高标准农田比重（%）	5	60	66.74	100
12. 农业机械化水平（%）	5	90	87	96.7
13. 农田水利现代化水平（%）	5	90	93.5	100
14. 粮食收储现代化水平（%）	4	90	88	97.8
15. 农业科技进步贡献率（%）	5	70	67.5	96.4
16. 乡镇或区域农业公共服务体系健全率（%）	4	95	89.87	94.6
17. 农业信息化覆盖率（%）	4	65	59.07	90.9
五、农业生态环境				
18. 高效低毒低残留农药使用面积占比（%）	3	85	80.48	94.7
19. 农业废弃物综合利用率（%）	4	95	91.01	95.8
20. 林木覆盖率（%）	5	24	20.6	85.8
六、农业支持保障				
21. 农业贷款增长幅度与贷款总额增长幅度之比（倍）	5	1	0.72	72
22. 农业保险覆盖面（%）	5	72	63.21	87.8
农业基本现代化综合得分（分）	100	90	89.3	99.2

2016年12月23日，苏州市政府下发《关于印发苏州市"十三五"现代农业发展规划的通知》（苏府〔2016〕182号），深入贯彻落实习近平总书记系列重要讲话特别是视察江苏重要讲话精神，紧紧围绕省、市关于"三农"工作的决策部署，立足"十二五"现代农业发展基础，正确把握"十三五"面临的新形势、新机遇，贯彻"创新、协调、绿色、开放、共享"五大发展理念，积极推进农业供给侧结构性改革，进一步优化空间布局，转变农业发展方式，推进现代农业建设迈上新台阶。

苏州现代农业建设总体思路是通过五年的建设发展，努力将苏州农业打造成优质高效的农业、科技创新的农业、服务都市的农业、富农惠民的农业和传承文明的农业。优质高效的农业旨在切实提高土地利用率、劳动生产率、单位农用地产出率和优质农产品供给率，做到生产精致、技术精准、节约集约、优质高效。科技创新的农业旨在不断深化农业科技体制改革，加快构建现代农业科技创新体系，充分发挥科技创新在提升农业效益、促进农民增收中的引领支撑作用。服务都市的农业旨在进一步强化农业农村作为城市居民休闲观光目的地、优质地产农产品供给源和回归自然好去处的载体功能，宣传农业在自然界生态链中物质循环的作用，挖掘农业绿化、美化、净化的生态功能，不断提升现代农业发展给城市居民带来的幸福感和满足感。富农惠民的农业旨在发挥城乡一体化优势，在农业基础设施、信息资源、科技手段、人才培育等方面加快实现城乡对接；发挥山水田园和种质资源优势，大力发展地方特色种质品种，打造"苏字牌"产品，提升农产品附加值。传承文明的农业旨在努力传承和弘扬富有江南水乡特色的农耕文化，把精耕细作的优良传统与精准智能的现代科技结合起来，合理布局田园、山水、乡村和社区，实现城镇与山水一体、田园与村庄融合，让苏州传统农耕文化与现代社会文明相互交融、交相辉映。

苏州现代农业的发展目标是在农业基础设施、产业发展、规模经营、科技进步、现代营销、生态环境保护、社会服务、新型职业农民培育和支持保障水平等方面取得积极进展，实现农业生产的机械化、标准化、生态化、规模化、产业化、信息化，推进农业发展方式向产品质量安全、生态环境良好、土地产出高效、传承农耕文明转变，走出一条具有苏州特色的农业现代化发展道路，为全市改革、发展、稳定大局奠定坚实基础。到2020年，全市农林牧渔业总产值达到490亿元，农业科技进步贡献率达到72%，农业园区占耕地面积比重达到55%，高标准农田比重达到75%，农业机械化水平达到90%，陆地森林覆盖率达到30%，自然湿地保护率达到60%。2018年苏州全市已经实现农林牧渔业总产值410.09亿元，年末全市农业机械化水平达89.3%，高标准农田总量累计达184.9万亩，比重达77.68%。

第四节　　苏州农村一二三产业融合发展要求

在现代农业建设"十三五"规划中，苏州明确提出要"构建产业融合发展体系。注重农产品精深加工产业的引进与发展，不断拉长农业产业链，提升农业附加值；依托苏州农业独特的资源优势，结合美丽乡村建设，进一步加大休闲观光农业发展力度，加快推动农旅深度融合，不断拓展农业多重功能;切实加强新信息技术在农业一二三产业发展方面的推广,着力推进'互联网+'农业在现代农产品营销上的加快应用,再培育一批省、市级农产品电子商务示范单位和'淘宝村'"。率先提出了构建农村一二三产业融合发展体系的更高要求。

在《乡村振兴三年行动计划（2018—2020）》中,苏州要求"推动一二三产业融合发展"。坚持将特色小镇作为产业兴旺的重要内容,明确一二三产业融合主攻方向,推动农业"接二连三",使农业产业链、价值链前后延伸,融合发展。以争创国家农业产业化示范基地和省级农产品加工集中区为契机,吸引一批高质量农业科技项目落地入园,推动农产品龙头加工企业集聚发展。紧紧抓住全国新农民新技术创业创新博览会机遇,积极构建农村电商运营体系,加快县级电商运营管理服务中心、基层经营服务网点信息化改造。到2020年,农产品电子商务销售额超过35亿元。依托乡村独特的自然和人文资源,立足田园乡村定位,加快休闲观光农业持续健康发展,着力推进农业、林业与旅游、教育、文化、康养等产业深度融合。丰富乡村旅游业态和产品,打造一批乡村旅游目的地和精品线路,形成一批富有乡村特色的民宿和养生养老基地。到2020年,各类休闲观光农业营业收入力争超过35亿元。

在2018年苏州市委、市政府印发的《关于实施乡村振兴战略加快推进城乡融合发展的意见》（苏委发〔2018〕1号）中,苏州提出"着力促进农村一二三产业融合发展,在推动乡村产业振兴上取得新突破",强调"乡村振兴,产业兴旺是重点。要把提高乡村产业发展质量放在更加突出位置,促进农村一二三产业融合发展,加快推动农业农村经济发展质量变革、效率变革、动力变革",并做出五个方面的安排。

一是优化乡村产业布局。推进"多规合一"规划管理机制,对全域乡村的空间形态、产业布局、生态保护、基础设施、公共服务等进行全面规划、系统设计,优化城乡空间布局和经济地理。有序编制村庄建设详规,加强村庄空间管控,加快推进农村基础设施、整体风貌的合理布局,2022年实现行政村村庄规划全覆盖。深入实施藏粮于地、藏粮于技战略,严守"四个百万亩"生态底线,科学划定粮食生产功能区和重要农产品生产保护区,"四个百万亩"保有量稳定在410万亩左右。坚持节约集约发展导向,开展镇、村两级工业集中区优化提升行动,以市（区）或镇（街道）

为单位优化调整农村产业布局和产业结构，引导一二三产业规范有序发展。坚持"总量控制、存量优化"原则，全面开展镇级"三优三保"专项规划编制工作，加快腾退整合闲置、低效建设用地，盘活指标优先用于村级集体经济发展和特色小镇、特色田园乡村等项目建设。

二是实施质量兴农战略。深化农业供给侧结构性改革，加快推进农业由增产导向转向提质导向。开展"三高一美"（高标准农田、高标准水产养殖、高标准蔬菜基地和美丽生态牧场）示范基地建设，到2022年全市高标准农田达到165万亩以上，占耕地比例超过70%，养殖池塘标准化改造力争达到18万亩。以工业化理念推进农业园区运营机制改革，鼓励社会资本参与园区建设，到2022年全市农业园区面积达到130万亩左右，建成国家现代农业产业园、省级现代农业示范园3个以上。完善农业科技创新机制，引导农业企业尤其是农业科技企业积极开展科技创新，大力提升企业自主创新力和市场竞争力。深入推进农业科技入户工程，加强基层农技推广服务体系建设，推动农业科技成果进村入户、落地见效，到2022年农业科技进步贡献率提高到73%。整体推进粮食生产全程机械化，推广应用现代化、智能化设施装备，扩大经济作物先进适用农机具的补贴范围，到2022年农业机械化水平力争达到90%。加快"互联网+"现代农业建设，到2022年实现信息进村入户和农业市场主体信息服务全覆盖。坚持质量兴农、品牌强农，着力打造一批"苏"字头农业特色品牌，到2022年培育市级以上农业品牌100个。加快农业区域性品牌运营推广，加强"三品一标"认证管理，鼓励引导农业经营主体注册农产品商标和地理标志。加快农产品质量安全追溯体系建设，建立健全农业绿色生产技术体系、农产品安全标准体系和监管体系，力争2022年建成国家农产品质量安全市。创新粮食收储加工供应机制，推进智能粮库建设，大力实施"苏州好粮油"行动计划和"优质粮食工程"，建设粮食科技创新示范市。支持发展潜力大、与农民利益联结紧、经营状况好的省级以上农业产业化龙头企业发展农业产业化联合体。

三是发展壮大新型集体经济。坚持市场导向，推动集体经济向更高质量、更可持续方向发展，到2022年全市农村集体总资产突破2 200亿元，村均年稳定性收入超过1 000万元。探索集体资产集中经营、委托管理等资产运营新机制，通过市场化配置手段实现集体资产资源保值增值。鼓励各地以镇（街道）为单位推动村级集体经济抱团异地发展，在城镇规划区、各类开发区等优势地段开发建设农贸市场、城镇综合体、科技创业园等经营性项目，增加集体收入。在风险可控的前提下，试点探索集体经济与国有资本合作模式，参与地方重点扶持的蓝筹产业项目投资，优化产权结构，实现多元经营。支持集体经济组织参与政府购买服务和风险较低的政府公益性项目建设。鼓励集体经济组织创办休闲观光农业和乡村旅游合作社，或与社会资本联办休闲观光农业、乡村旅游产业和农村服务业。支持农村集体经济组织以出租、联营、入股等方式盘活利用空闲农房及宅基地。对利用闲置农房发展民宿、养老等项目，制定完善消防、特种行业经营等领域便利市场准入、加强事中事后监管的管理办法。

四是加快特色小镇和特色田园乡村建设。按照政府引导、企业主体、市场化运作的要求，创新建设模式、管理方式和服务手段，积极引导现代智能、健康、环保、文化、高端服务等产业向特色小镇和特色田园乡村布局。特色小镇培育要因地制宜、突出特色，挖掘培育地方优势主导产业，科学规划镇域生产生活生态空间，促进产、城、人、文深度融合发展，到2022年力争培育15个特色小镇。坚持以片区发展理念推进特色田园乡村建设，着力打造特色产业、特色生态、特色文化，塑造田园风光、田园建筑、田园生活，到2022年打造70个特色田园乡村。在规划管控前提下，试点推进以社会资本为建设主体，对特色田园乡村及其周边水利、道路、管网、农田等基础设施进行科学布局、连片改造、集中运营，不断提高资源资产的产出效益。加快培育乡村规划师和专业设计运营人才团队，鼓励专业设计团队对特色田园乡村进行整体规划、全程参与。探索建立乡村规划建设长效管理新机制。增加有效制度供给，畅通审批渠道，落实激励政策，完善监管机制，确保建设项目序时推进、取得实效。

五是加快培育农业新产业新业态。大力开发农业多种功能，积极构建农村一二三产业融合发展体系，延长产业链、提升价值链、完善利益链。加快发展农产品加工产业，支持龙头加工企业通过集中配送、产地初加工、精深加工、综合利用等形式实现集聚发展，到2022年农业产业化龙头企业农副产品加工比值达到60%。积极发展农产品电子商务，全力打造覆盖全市的农村电商综合服务体系，加快培育一批商业模式新、创新能力强、发展潜力大的供销合作电商企业，到2022年全市农产品电子商务销售额突破 40 亿元。大力推广"一村一品一店"模式，围绕大闸蟹、茶叶、枇杷、杨梅等地方特色农产品，着力培育一批国内知名的电商品牌。统筹利用国际国内两个市场，积极开展农业对外合作。实施优势特色农产品出口提升计划，开展省级农产品出口示范基地、示范企业创建工作，推动农业企业走出去。改善农业投资环境，加大农业利用外资力度，积极引进优良品种、先进技术和管理经验。加强农业国际交流合作平台建设，提升苏台农业合作园区、境外农业合作示范区、农业对外开放合作试验区等载体建设水平。大力发展休闲观光农业和乡村旅游业，建设一批设施完备、功能多样的休闲观光农业园区、康养基地、乡村民宿和农业示范村，5 年内创建省级以上休闲观光农业示范村 10 个，各类休闲观光农业营业收入超过 38 亿元。鼓励各地发展乡村共享经济、创意农业、特色文化产业。

第八章

苏州农村一二三产业融合发展特征

从"生产、生态、生活、生物"的"四生农业"到"优质高效、科技创新、服务都市、富农惠民和传承文明"的"五型农业",苏州一直牢固树立大农业观念,以创新的理念引领现代农业的发展。特别是党的十八大以来,苏州以习近平"三农"思想指导苏州现代农业建设实践,始终做到"八个坚持",深入推动农村一二三产业融合发展,以产业振兴带动乡村全面振兴。2018年是深入实施乡村振兴战略的第一年,苏州出台了《关于实施乡村振兴战略加快推进城乡融合发展的意见》的市委1号文件和《乡村振兴三年行动计划(2018—2020)》,以实施乡村振兴战略为总抓手,以农业供给侧结构性改革为主线,对农村一二三产业融合发展提出了明确的要求和目标,并根据苏州现代农业发展现状和资源要素演变情况,坚持改革创新,狠抓工作落实,全力推动农业农村高质量发展,相城区成功创建全国农村创业创新典型县、全国农村一二三产业融合发展先导区,昆山市巴城镇入选全国农业产业强镇。总体来看,苏州农村一二三产业融合发展呈现"多路径演进,多主体发力,多业态齐放"的乡村产业繁荣景象,农村一二三产业融合发展已经进入由点及面、全面推进的新阶段。

第一节 特色小镇创建加速产城融合

改革开放以来，苏州城镇化步伐不断加快，2018年苏州城镇化率已经达到76%。推动新型城镇化与农业现代化同步发展、加速产城融合、促进城乡融合发展是苏州农村一二三产业融合发展的首要特征。

苏州小城镇一直是苏州一张在全国叫得响的"名片"。党的十一届三中全会以后，乡镇企业在苏州农村"异军突起"，农村剩余劳动力向非农领域转移，向集镇集中，小城镇建设由此启动，并形成了全国瞩目的"苏南模式"。随着工业规模的扩大、工业化进程的加快、工业内部结构的转变，"苏南模式"不断演变发展，作为其主要载体的各类小城镇也呈现出"百花齐放"的阶段特征。

2015年4月，浙江省出台《关于加快特色小镇规划建设的指导意见》，把特色小镇建设作为新常态下创新发展的重大战略选择，区域发展"能落地"的好抓手，推进供给侧结构性改革和新型城市化的有效路径。2015年底，习近平总书记对浙江"特色小镇"建设做出重要批示："抓特色小镇、小城镇建设大有可为，对经济转型升级、新型城镇化建设，都具有重要意义。"习总书记的批示迅速在全国各地掀起了特色小镇探索热潮。研究显示，改革开放以来，苏州特色小镇发展经历了四个版本的变化，即第一版本的"小镇+一村一品"、2.0版本的"小镇+企业集群"、3.0版本的"小镇+服务业"和4.0版本的"小镇+新经济体"。为了加速新经济体与小镇的融合发展，在发展新理念指导下，市政府成立特色小镇培育创建工作领导小组，2017年7月印发《关于加快培育苏州市特色小镇的实施意见》（苏府〔2017〕96号），明确以特色产业为核心，力争到2020年，在全市创建一批产业特色鲜明、人文气息浓厚、生态环境优美、空间形态合理、多种功能叠加、类型丰富多样的特色小镇，重点打造5—10个在全国具有一定影响力和竞争力的示范特色小镇。2017年10月又按照江苏省委、省政府印发的《江苏特色田园乡村建设行动计划》出台了《苏州市特色田园乡村建设的实施方案》（苏委办发〔2017〕98号）。实施方案明确了苏州市特色田园乡村建设工作的总体目标，即"十三五"期间，苏州全市规划建设和培育打造50个左右"生态优、村庄美、产业特、农民富、集体强、乡风好",体现江南风貌的市级特色田园乡村,并从中择优重点打造15个左右省级特色田园乡村试点,力争在全省发挥示范和带头作用。

苏州通过上承部省、下促县(市)镇,上下联动,在推动新型城镇化与农业现代化同步发展、推进产城融合发展上成效显著,不同类型的特色小镇、特色田园乡村创建工作如火如荼,"产、城、人、文"融合发展,展现出勃勃生机。目前,在特色小镇和特色田园乡村创建名单中,苏州有吴中甪直、吴江震泽、常熟海虞、昆山陆家、吴江七都等5个中国特色小镇;东沙湖基金小镇、苏绣小镇、昆山智谷小镇、常熟云裳小镇、苏州金融小镇(太湖金谷)等5个省级特色小镇;旺山文旅、永联江南田园和震泽丝绸等3个省级旅游风情小镇;望亭镇稻香小镇、震泽镇蚕桑文化小镇、东山镇枇杷小镇、甪直镇水八仙小镇、凤凰镇蜜桃人文小镇、锦丰镇金沙洲休闲养生小镇、锦溪镇水韵稻香小镇等7个省级农业特色小镇;临湖镇灵湖村黄墅、震泽镇众安桥村谢家路、张浦镇金华村北华翔、周庄镇祁浜村三株浜、锦溪镇朱浜村祝家甸、横泾街道上林村东林渡、东山镇杨湾村西巷、支塘镇蒋巷村蒋巷、甪直镇湖浜村田肚浜、同里镇北联村洋溢港、通安镇树山村树山、黄埭镇冯梦龙村冯埂上、千灯镇歇马桥村歇马桥、常福街道中泾村汤巷等14个省级特色田园乡村;周庄水乡生活小镇、阳澄湖半岛康体小镇、太仓天镜湖电竞小镇、常熟云裳小镇、苏州金融小镇(太湖金谷)、苏州华大生命健康小镇、沙溪生物制药小镇等7个市级特色小镇和42个市级特色田园乡村。

【案例一】

"一丝融三产"的中国特色小镇震泽

2016年,吴江震泽入选首批127个中国特色小镇创建名单。2017年,入选江苏省农业特色小镇、江苏省首批旅游风情小镇;震泽镇众安桥村谢家路自然村入选江苏省首批特色田园乡村。

震泽是太湖的别名。震泽镇古有"吴头越尾"之称,位于苏州市吴江区西部,江浙交界处,北濒太湖。气候宜人,土壤肥沃,水源充裕,人们世代种桑养蚕、缫丝织绸,是我国著名的蚕丝之乡,拥有着悠久而灿烂的蚕桑文化。镇域总面积96平方公里,辖23个行政村、2个街道办事处和6

个社区居委会，总人口12万，其中户籍人口6.75万。2018年完成地区生产总值135.54亿元，一般预算收入7.98亿元，规模以上工业总产值141.44亿元，城镇职工人均可支配收入6.11万元，农民人均可支配收入3.38万元，收入比1.8:1。

蚕丝，是震泽的人文符号与文化因子。唐朝时震泽育蚕缫丝已十分普遍，成为当地农家重要的副业和主要的经济来源。"尽趁晴明修网架，每和烟雨掉缲车。"这是1000多年以前唐代诗人陆龟蒙对震泽桑蚕人家繁忙劳作的咏唱。自明清以来，江南三个织造署，凡贡品绸缎的原料丝都采用湖丝，震泽成为湖丝重要的产销中心。清乾隆《震泽县志》记载，当时的震泽"栋宇鳞次，百货俱集。以贸易为事者，往来无虚日"。镇上，丝行、丝经行、茧行、桑叶行林立。"茧丝上市之际，毂击肩摩，尤非他市所能及。"1843年，上海开埠后，震泽距上海只有100公里，震泽辑里湖丝作为重要的出口商品，直接运往上海出口，数量巨大，利润丰厚。"辑里湖丝"也曾获得纽约万国博览会金奖。1881年，震泽一地出口5 400余担（1担为60.48公斤）蚕丝，占当年全国蚕丝出口量的十六分之一，这是震泽丝业的鼎盛时期。1861年震泽成立丝业公所，1917年更名为震泽丝业公会，1923年还曾接待美国丝业代表团，进一步推动震泽丝绸业的发展。震泽丝业公所1912年筹建丝业小学，开行业办学之先河，1926年改称丝业公学。由此可见，震泽丝业之盛况。

但是，自然经济状态下的丝业，因为没有紧跟世界技术浪潮而遭到了打击。一是养蚕技术落后，缺乏有效组织，病茧情况严重，既影响蚕茧的产量，也影响其质量；二是20世纪初，日本机器缫丝业兴起，缫丝的能力与质量大大提高，逐渐成为国际生丝的最大供应商。原先畅销欧美市场的震泽、南浔土丝节节败退，主要表现为蚕茧和蚕丝的收购价格日益降低，养蚕逐渐无利可图。蚕丝业原本是震泽当地农村家庭收入的第二大来源，震泽丝业的衰败深深影响到百姓的生活。费孝通在《江村经济》中描述当时的农民，在紧迫情况下，一方面，他们不得不向高利贷者求援，另一方面，他们试着削减非必需的开支，许多家庭出现了破产。

当时，江苏女子蚕桑学校的校长郑辟疆、推广部老师费达生正在江南一带推广和宣传养蚕、缫丝新技术。当他们的宣传船来到震泽时，受到了丝业界和蚕农的欢迎。这样，他们的工作方式也由原来的流动宣传发展到驻地指导和推广。费达生专门来到开弦弓村，先是指导农户改良养蚕技术，大幅提高桑蚕的存活率以及蚕茧的优良率，从源头上降低成本，提高产出；接着又在震泽镇开办制丝传习班，以提高制丝技术。1929年，震泽丝业界合作兴办震丰缫丝厂，这是吴江境内第一家机器缫丝厂，建厂之初有缫丝车208台，人员600余人，日产厂丝一担多，产品在西湖博览会上被评为一等奖。同年，在震泽地区的开弦弓村，生丝精制运销合作社的机器丝厂开工，有机器32台，人员70余人，这是中国第一家农民股份合作制工厂。与传统的土丝生产相比，机器大工业的开办需要大量的资金支持，需要不断向社会融资，这其中，震泽的地方性民营股份制银行——震泽镇江丰农工银行起了相当大的作用，这是近现代历史上中国第一家地方性的股份制银行。无论是建厂还是开办银行，对于震泽的镇、村来说都开创了历史的先河。校企合作、教授下乡、创办银行和公学这些都为震泽吹来了一股清风，使震泽作为一个地区站在整个中国区域发展的前列。但此时的中国已经是满目疮痍，全面抗战爆发后，日军的入侵使偏处一隅的震泽也未能幸免于难，丝行被抢，工厂被毁，桑树被砍，震泽丝绸业经历了一次彻底的蹂躏和摧残。

新中国成立后，震泽作为中国桑蚕丝的主要产区，桑蚕养殖和缫丝生产开始恢复。1958年兴办国营吴江震泽缫丝厂，到1962年由于三年自然灾害使茧产量剧降而停办。1970年在震丰缫丝厂原址兴办国营吴江缫丝厂，1980年更名为国营吴江震丰缫丝厂，1974年已有立缫车120台，工人357人，到1990年全厂有立缫车80台，自动缫丝车200台，工人879人，年产厂丝121.5吨。1989年，震丰缫丝厂生产的真丝合纤包蕊丝获得了国家发明四等奖。在计划经济条件下，震泽的丝绸业主要服务于外贸出口，为吴江连续多年获得江苏省外贸出口第一县立下了汗马功劳。但是，这也使得震泽丝绸业的经营机制偏重于种桑、养蚕、缫丝等生产环节，营销环节仰赖于外贸公司，主要依靠国外市场，没有对国内市场进行有效的开发。进入上个世纪90年代，随着国际丝绸市场竞争的激烈，市场配额的减少，丝绸价格暴跌，震泽的丝绸业又一次走向衰弱，2002年震泽震丰集团的破产成为这一衰弱的标志性事件。

市场经济的冲击和一批人的默默坚守，使震泽丝绸业开始转型。转型呈现三个特点：一是由依赖外贸出口，倚重于国际市场，转向注重培育和开拓国内市场，以内需拉动生产；二是由以缫丝一业为主、厂丝一品独大的局面，转向蚕丝家纺、真丝面料、真丝服装、真丝饰品等多业并进；三是由国营企业一家独大，转向以品牌培育和打造骨干企业领跑，其他企业齐头并进。转型获得成功，涌现出慈云蚕丝、太湖雪、丝立方、辑里丝绸、山水丝绸等"五朵金花"，聚集200余家丝绸企业，呈现五朵金花引领，五朵小花齐跟，百花齐放的新局面，形成丝绸家纺的全产业链。丝绸产品中有中国驰名商标2个，江苏省名商标2个，江苏省名牌4个，丝绸产业集群年产值超14亿元，并以每年30%的速度增长，年产蚕丝被350万条。"天下丝绸品，震泽占三成。"国家检验中心还在震泽设立办事处，建设国家丝绸检测平台。目前，全镇桑树种植总面积8 212亩，蚕茧年产量约66 300公斤，养蚕总量1 560张。蚕茧目前市场价格约40元/公斤，农户养蚕收益平均1 450元/张（含生态补贴450元/张），2万人从事蚕桑种植、蚕茧养殖、丝绸生产，税收达2亿多元，占全镇年生产总值的10%。

震泽丝业振兴，主要是靠新理念引领。曾几何时，因丝绸工业对生态环境造成破坏，蚕桑种养效益低和人辛苦，农民放弃了种桑养蚕。党的十八大以来，为了重现昔日"蚕丝之乡"坐拥万亩桑田的耕织景象，保护生态环境，解决农民"家门口就业"问题，震泽在新发展理念指引下，打造"产、城、人、文"融合发展，宜居、宜业、宜游的特色小镇，提出"一丝兴三业，三业绕一丝"的发展理念，"一根蚕丝，源于农业，成于工业，带动文化旅游业"，让百姓过上绿水青山、小桥流水、美丽文明富庶的美好生活。

震泽抓住国家创建特色小镇的契机，加强特色小镇的规划，政府搭台、企业唱戏。2016年11月，震泽镇政府和当地丝绸业龙头企业"太湖雪"合力打造了一座太湖雪蚕桑文化园，通过"一棵桑、一条蚕、一粒茧、一根丝、一匹绸"演绎吴地千年丝绸文化，恢复2 000多亩的桑林，重新燃起本地村民养蚕的热情。蚕桑文化园拥有300亩桑园，4 000平方米建筑面积。在园内我们可以看到蚕的一生：催青、孵化、蜕皮成长、吐丝结茧、破茧成蛾，体验身临其境的科普教育。文化园还吸引周边300多名赋闲在家的蚕农重操旧业。通过政府和社会资本合作等建的蚕桑园，每年能给周边农户带来30万元的土地租金收入。同时，在震丰缫丝厂原址上建造了一座具有民国风情的吴江丝绸文化创意产业园，成为震泽丝绸文化传承的一个重要符号。走进丝创园，苏绣、宋锦、缂丝……各种丝绸技艺琳琅满目，交相辉映。不同丝绸文化主题的缤纷呈现，让人们感受到古代丝绸文化的魅力与现代丝绸文化的多彩。震泽蚕丝博物馆、成衣定制中心等，可以让人们感受"一带一路"的丝路风情，更能触摸到"振兴苏州丝绸"的初心。

　　震泽特色小镇创建的规划正在逐步成为现实，乡村振兴的迷人风采正在逐步展现。围绕"一根丝"的乡村产业体系已经雏形初显。震泽丝绸家纺业的发展，带动了种植和养殖第一产业的重新兴起，长漾湖边绿油油的千亩桑林重新出现。同时，像太湖雪这样的企业实行工厂化养蚕，蚕茧的质量和效益有了大幅度的提升（图8-1）。由于养蚕对生态环境要求苛刻，随着一产的重新兴起，乡村的生态环境得到大幅度改善，人们的生活质量得以提高。种桑不仅能养蚕，还产桑葚，农民又增加一笔收入。随着产业链的拉长，震泽丝绸业逐渐向第三产业延伸，带有丝绸文化气息的旅游服务、文化创意、商务会展业也在逐步兴起，农业功能、丝绸文化、古镇意蕴、田园乡村不断被挖掘。随着太湖雪丝绸文化园、丝绸文化创意园两个重大工程的落成运行，一条集蚕桑生产、农业观光、工业旅游、丝绸文化、美食体验、生态休闲等于一体的"新丝路"呈现在眼前，"旅游文化节"和"蚕花节"等各类节庆民俗活动展示丝绸文化的独特魅力，"文商旅农"、线上线下协调推进，农村一二三产业融合发展，再现"小桥里弄，枕水江南"的丝韵盛景。

图8-1　震泽工厂化养蚕现场

震泽特色小镇走产城融合之路，是二产带动一产、发展三产，同时助推二产的典型案例，其中产生了大量的新产业、新业态和新模式，打造了特色产业，保护了乡村生态，拓宽了本地农民就业创业渠道，吸引了人才，增加了农民收入。随着"三镇（中国特色小镇、农业特色小镇、风情旅游小镇）一村（特色田园乡村）"创建的深入推进，震泽的明天会更美好。

第二节　绿色循环利用催生重组融合

农业绿色发展既是新发展理念，同时也是人民对美好生活的向往和迫切需要。农业资源如何节约利用？农业面源污染如何源头治理？农产品价值如何提升？在推进农村一二三产业融合发展过程中，苏州农业产业内部各行业间正通过循环重组发生着一场深刻的绿色革命，农业绿色发展、高质量发展的理念深入人心。之所以这样，主要有四个方面的原因。一是农业供给侧结构性改革持续推动。市场对绿色、有机和无公害产品具有强烈的需求，特别是苏州经济比较富裕，人们对健康饮食和品质的要求，使得中高端农产品消费的市场空间比较大，需求空间改变了，相对应的供给侧必然会给予迅速的回应。二是生态文明建设步伐加大。十八大以来，苏州在生态文明建设上持续发力，坚决打好污染防治攻坚战，持续加大生态保护力度。在源头治理上，对农业面源污染加大了治理力度，推行化肥农药减量化技术，有些地方还探索农药零差价配送，使得农业生产绿色化理念不断强化。三是农业资源的综合利用问题，特别是占生物产量50%以上的秸秆利用问题，始终困扰着农业生产者，不能焚烧，不能利用，造成极大浪费。四是单一的农业生产，由于生产成本的提高，收益微薄，必须在技术上提升农业生产的附加值，增加农业收入。因此，种养结合、循环农业因时而生。

苏州以丰富的名特优新品种资源为载体，如优质稻米品种、阳澄湖大闸蟹、太湖大闸蟹、苏太猪、湖羊、太湖"三白"、长江"四鲜"、"水八仙"、碧螺春茶、白沙枇杷等，通过种养结合、循环种养，打造特色生态农业公用品牌，推动农业绿色发展。

首先，从技术上看，苏州大力推广测土配方施肥，使用生物农药，减少农药化肥的施用数量；大力推广轮作休耕，加强产地环境和耕地质量保护；大力推广无公害、绿色、有机农产品生产标准和规程，推行标准化生产；大力研究种养结合技术，完善种养结合操作规程示范推广；攻克秸秆肥料化利用技术难关，推广种养循环技术；等等。重组融合不是随便搭配，需要科学研究，同时种养结合还必须保证正常的农业生产能力，不能破坏土壤耕作层，做到藏粮于地、藏粮于技。从苏州农业的实践来看，种养结合、种养循环、秸秆利用和药肥减量化技术已经成熟，并在面上推广使用，取得了良好的经济和社会效益。

其次，从制度和管理上看，加强了地理标志产品的认证，利用信息化技术建立农产品质量安全追溯制度，实施农药零差额配送，实施农业生态补偿制度。

第三，从重组融合的模式上看，主要有种养结合模式和种养循环模式两种方式。种养结合模式就是农业产业内部种植业、林业与养殖业结合，提升经济效益的一种新型生产方式，有果园养鸡（鸭、鹅），稻田养鸭、养虾、养蟹等十多种模式。

稻田综合种养模式是根据水稻的生态特征、生物学特性，结合鸭、蟹、虾、鱼等的生活习性，设计出的一套科学高效立体的种养模式。放养的鸭、蟹、龙虾等，可为稻田提供除草、治虫、增肥、活水等"管家式服务"，同时稻田也为它们提供绿色的"生活场所"。种养模式不施化肥、不打农药，能有效改善稻田生态环境，提高稻米品质，提升亩均效益。从2016年开始，昆山在张浦姜杭粮油基地、锦溪长云基地率先试点稻鸭共作、稻蟹共作两种技术模式。2017年在昆山全市范围内开展了9处稻田综合种养模式示范，示范了稻鸭共作、稻蟹共作、稻鱼共作、稻虾共作等7种模式。2018年，昆山市在11个区镇共建成稻田综合种养示范点15个，实现了全覆盖，试点面积1 859亩，其中稻鸭共作1 522亩、稻渔共作337亩。2019年，积极探索"稻鸭共作+草鹅共作周年生产模式"。该模式将稻鸭共作与休耕轮作结合，在稻鸭共作结束后，继续种植绿肥黑麦草作为天然饲料，春节过后放养草鹅，既能培肥地力，又能增加经济效益。昆山稻田综合种养示范模式已达到10种，有稻鸭、稻（扣）蟹、稻鱼、稻虾（龙虾）、稻鳝、稻鳅、稻蛙等。稻田综合种养的效益比传统种植有较大幅度提高。如稻鸭共作水稻平均亩产500公斤左右，收获鸭子16只/亩，亩均效益较常规水稻增加2 000元左右。稻渔共作增效更为明显，以稻蟹共作模式为例，30亩水稻平均亩产达到了429公斤，加上绿色大米走俏，稻蟹米的效益就赶超了常规水稻种植效益，春节后扣蟹上市预计还能增收3 000元。目前该项技术正在苏州全市推广。

种养循环模式主要是以肥料作为媒介将种植业和养殖业形成循环链的一种种养模式，如稻羊、稻猪通过秸秆饲料化和粪便基肥化循环起来，还有通过休耕绿肥为媒介将水稻种植和养鹅结合起来，等等，当然，这些模式都要以绿色生态为基本要件。实践证明，这两种模式均提高了农户单位面积的收入。

【案例二】

绿色生态循环的东林村产业体系

太仓市城厢镇东林村为国家级生态村、江苏省文明村、江苏省民主管理示范村、江苏省卫生村、江苏省三星级乡村旅游景区。2018年，东林村集体资产近2个亿，村稳定性收入2 410万元，农民人均收入3.3万元。

东林村村域面积7平方公里，共有村民小组42个，农户768户，村民3 200多人，劳动力1 600多人，可耕地面积4 400亩。村域主要分为三个部分：一是面积为5.37平方公里的国家级水利风景区金仓湖生态公园。金仓湖由苏昆太高速公路取土积水塘改建而成，湖面面积1 000亩，经过高起点的规划，成为太仓市的城市绿肺和休闲乐园。二是村民集中安置居住区，美丽家园东林佳苑和明星二园。东林佳苑小区占地260亩，建筑面积25万平方米，共投资约3.5亿元。按照"三集中、三置换"的要求自2007年12月动工建设，建有40幢楼1 182套住宅，小区内道路、绿化、景观、水、电、通信、有线数字电视、污水管网等基础设施完备，绿化率40%，同时建有3 500平方米的融社区党建、事务受理、劳动保障、文化、治安、卫生、环境、老龄等"八位一体"服务功能的新型社区服务中心，设有行政办公、卫生服务站、党员活动室、图书室、警务站、商业网点、便民超市、文体活动等场所。小区实行封闭式物业管理，由东林劳务合作社下属物业管理公司管理。三是梦幻生态农场——东林合作农场。东林合作农场是太仓市建立的首批新型合作农场，由村集体经营，面积2 200亩，创新出"大承包、小包干"的管理模式,具有科技支撑、体制创新和立体循环三大优势。新型合作农场是指在农民自发以土地承包经营权入股联合成立土地股份专业合作社的基础上,由土地股份专业合作社自主开展规模化、集约化、专业化、绿色化经营的一种新型农业经营主体。

东林村秉承涵养生态、优化环境、保护"三农"的理念,以资源的高效利用和循环利用为核心,引入产业链、价值链等现代产业组织方式,积极发展生态循环农业,依托合作农场,先后搭建了六大农业发展平台,提出"田养畜、畜肥田"的生态循环模式,在成功运作"猪、肥、稻、果"循环生产的基础上,大力发展养羊业,充分利用秸秆加工作为羊饲料,羊粪发酵后作为有机肥还田,形成"种植—秸秆饲料—养殖—肥料—种植"的农业循环框架模式,既增加了经济效益,又解决了秸秆处理、养殖污染的难题,取得了显著的社会效益、生态效益和经济效益,走出了一条具有东林特色的一二三产业融合互动发展道路。2016年,全村农业已经实现产值突破1亿元。过去10年里,村集体收入增长了近10倍。其中,农业总收入占比超过一半,形成了"牵羊人"羊肉制品、"金仓湖富硒米""金仓湖生态保鲜大米"等一系列品牌。以合作农场为载体的现代农业成为东林村富民强村的重要动力源。

东林农村产业的特点:

一是水稻生产全程机械化,打造稻米全产业链。东林村累计投入2 000多万元,购买了100多台(套)现代化农机具,实现了稻麦生产的全程机械化。东林合作农场的农机专业合作社被农业部评为全国农机合作示范社。耕地有开沟平整机,育秧是工厂化集中育秧,插秧用插秧机,施肥靠自动化施肥机,打药有自动化植保机,收割有联合收割机,稻谷晾晒靠烘干机,实现了稻麦全程机械化,2 200亩农田的种植管理任务由14位农民全部承担。同时,东林合作农场全力打造的"从田间到餐桌"的全产业链,用先进的设备控制水稻种植、稻谷收储、加工包装、物流配运等每一个环节,进一步提高农业机械化水平,加快转变农业发展方式,更好地促进农业增效、农民增收。

二是资源利用循环化,生态种养循环链成型。2014年,东林村借助国内外科研力量,研制生物发酵饲料,建设秸秆饲料厂,在全国开创工厂化秸秆发酵饲料生产。当年投入1 000万元,从韩国引进了10套秸秆收集机械，随后，又陆续投入 3 000 多万元，引进了秸秆发酵饲料生产全套设备。2016 年，秸秆饲料厂正式投用，将原本为废料的稻麦秸秆收集后，加工制作成牛羊饲料，实现了秸秆综合利用的最佳选择——过腹还田，形成了"种植—秸秆饲料—养殖—肥料—种植"的农业循环框架模式，实现了"资源—产品—再生资源"的循环发展（图 8-2）。目前东林羊场年出栏优质肥羊 3 万余只，除了为市场提供优质的羊肉产品外，还年产羊粪超 1 万吨，羊粪经发酵处理后成为优质有机肥料抛撒农田。相比 2013 年，2016 年东林村化肥减量 60%，喷洒农药时通过添加黏合剂，同比农药减量 40%，大大净化了农场水质。秸秆饲料厂全部投产后，可产秸秆饲料 8 万吨以上。1 吨秸秆饲料可产生 0.8 吨羊粪，总计可生产羊粪 7.2 万吨。需要说明的是，在养羊的选择上，东林村充分挖掘了当地的文化内涵，"太仓白切羊肉"是苏州非常著名的地方佳肴。

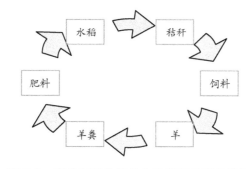

图 8-2　东林村稻羊绿色生态循环生产示意图

三是农村产业体系化，价值链、利益链大幅度延伸。确保农业增效、农民增收，实现土地经营收益最大化是东林村发展循环农业的首要目标。自 2007 年以来，东林村依托村办合作农场，先后搭建了六大农业发展平台，通过开展农牧结合、种养循环生产，产业化经营，走出了一条生态、绿色、可持续发展路径，促进了种植业、养殖业协调发展，全面提高了农产品附加值，获得了亩均综合效益超万元的高经济效益，初步形成东林产业体系。通过与科研单位、高等院校合作，共同研发，东林村将生物营养强化技术和农产品生态循环技术充分结合，将无机硒转化为有机硒，培育出富硒大米，提高大米的营养价值，同时将含硒米糠喂养猪、羊等牲畜，并使含硒粪便还田，增加土壤硒含量，培养多种含硒农产品。大力发展品牌农业，建设金仓湖保鲜米加工厂，对农场种植的优质、品牌大米进行深加工，引进自动化大米生产线，加工自己的品牌大米。成立金仓湖农业科技发展有限公司，全面运作"牵羊人"羊肉制品、"金仓湖富硒米""金仓湖生态保鲜大米"等一系列品牌。依托紧邻金仓湖这一优势，充分将农业生产和休闲旅游相结合，建立了100亩采摘果园。如今，每年夏秋季节，来自上海、苏州等周边地区的游客络绎不绝。据统计，东林村每年接待游客超过1万人次，为村里带来上百万元收入。

东林村在推动农村一二三产业融合过程中挖掘农产品文化底蕴，走重组融合之路，产生和创造出许多经验，如新型合作农场模式、生态循环农业模式、全程机械化模式、职业农民培育模式、新型社区管理模式等，是发展理念与人才、资本、技术、文化等要素结合的结果，体现了产业链、价值链、利益链的组织管理创新模式（图8-3）。

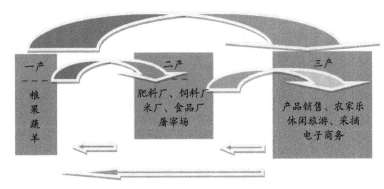

图8-3 东林村产业体系示意图

第三节 产业分工深化促进延伸融合

农业全产业链以消费者为导向，从产业链源头做起，经过种植与采购、贸易及物流、食品原料和饲料原料的加工、养殖屠宰、食品加工、分销及物流、品牌推广、食品销售等每一个环节，实现食品安全可追溯，形成安全、营养、健康的食品供应全过程。延伸农业产业链就是要让产业链、价值链的组织管理方式引入现代农业建设，通过专业化分工提升现代农业的质量和价值，同时通过专业化分工的合作和融合，提升现代农业的效率和效益。农业产业链的有效延伸，意味着农业产业就业容量成倍增加，产值成倍增加，人才和技术不断集聚，农业的科技水平和发展质量不断提高，农业现代化步伐不断向前迈进。

苏州农业产业链延伸凸显了产业分工发展规律和价值链延伸规律，主要表现出四个方面的特征。一是与农业生产配套的生产性服务业蓬勃发展，显示出农业的标准化、生物化、机械化和专业化。种子种苗的培育、秧苗的工厂化生产和供应、大田的代耕代种代收、大田管理的托管、农药的配送和统防统治、粮食和种子的烘干储藏等市场化和专业化服务覆盖大宗农作物，一方面解决了农业劳动力不足的问题，提升一家一户农业作业效率，实现机器换人，另一方面为农村创造新的就业岗位，一些有技术、有思想、爱农业、爱农村的新型职业农民投身到现代农业的建设中，提升农业生产效率，为农业的转型升级起到了积极的推动作用。二是农产品初加工和精深加工深入推进。一批自主创新能力强、市场前景好、与当地优势产业和农民增收关系密切的农产品加工企业得到重点培育。全市已拥有各类规模型农产品加工龙头企业140多家，农业龙头企业343家，其中国家级4家、省级53家、市级134家，全市市级以上农业龙头企业实现销售收入950亿元，带动152万户农民增收。苏州规模以上农产品加工产值与农业总产值之比已经超过5倍。三是农产品产地营销体系不断健全。农超、农企、农社产销对接，鲜活农产品直销网点，物流配送，线上线下等形式多样，优质特色当地农产品最后1公里逐步打通，农产品价值不断提升。四是新型农业经营主体正在由专业化分工走向按照产业链和价值链方式优化配置，抱团发展，产业内部交易成本降低，资源要素重新整合，打破资本专用性障碍，使得产业链各单位、各主体享受产业链延伸带来的增值收益，最终实现小农户与现代农业有机衔接。目前如常熟、太仓等地的蔬菜全产业链打造正在有序推进，同时市农委（农业农村局）正在加快推进培育农业产业化联合体建设等，这些正是苏州农业产业链延伸顺势而为的有效举措。

【案例三】

苏州倾力打造市级农业产业化联合体

2018年10月18日，由众多相关企业、合作社和家庭农场组成的蔬果航母——苏州江澜蔬果产业化联合体正式成立。联合体采用"龙头企业+合作社+家庭农场（大户）"的经营模式，由苏州江澜生态农业科技发展有限公司与吴江横扇小龙果品专业合作社等3家合作社、苏州燕江春家庭农场有限公司等5家家庭农场,以及5家蔬菜种植大户签订联合体供销协议而成。

苏州江澜生态农业科技发展有限公司是苏州地区规模最大的食材集采及冷链仓储配送企业,公司每天服务35万人次的食堂及日常用餐。江澜农业果蔬基地2016年被评为省级园艺作物标准园、吴江区科技示范基地,2017年,扬州大学与苏州江澜生态农业科技发展有限公司签订校企合作协议,2018年被评为省级农业信息化示范基地。联合体成立以后,拥有固定资产14 500多万元,各类冷链物流装备和大中小型农机具460多台套,流转农民承包地3万多亩,并配备了1万多平方米的全程冷链配送中心,以及固定的办公场所和专业技术人员,各种规章制度健全。依托龙头企业资源,成立国家"千人计划"专家工作站,并与扬州大学、苏州大学、苏州经贸职业技术学院等高校建立全面的产学研合作关系,建立农产品质量检测联合实验室,在纳米酶催化技术检测与清除农产品中有害物质方面展开合作研究,在病虫草害防治、环境监控、种养技术以及科技研发等领域建立优势,保证在同行业中的领先地位,提高联合体的抗风险能力和盈利能力。

苏州江澜蔬果产业化联合体是苏州首批农业产业化联合体创建名单中的普通一家。农业产业化联合体是龙头企业、农民合作社和家庭农场等新型农业经营主体以分工协作为前提,以规模经营为依托,以利益联结为纽带的一体化农业经营组织联盟。农业产业化联合体有以下一些基本特征:一是独立经营,联合发展。农业产业化联合体不是独立法人,一般由一家牵头龙头企业和多个新型农业经营主体组成。各成员保持产权关系不变,开展独立经营,在平等、自愿、互惠互利的基础上,通过签订合同、协议或制定章程,形成紧密型农业经营组织联盟,实行一体化发展。二是龙头带动,合理分工。以龙头企业为引领,农民合作社为纽带,家庭农场为基础,各成员具有明确的功能定位,实现优势互补、共同发展。三是要素融通,稳定合作。立足主导产业,追求共同经营目标,各成员通过资金、技术、品牌、信息等要素融合渗透,形成比较稳定的长期合作关系,降低交易成本,提高资源配置效率。四是产业增值,农民受益。各成员之间以及与普通农户之间建立稳定的利益联结机制,促进土地流转型、服务带动型等多种形式规模经营协调发展,提高产品质量和附加值,实现全产业链增值增效，让农民有更多获得感。

随着乡村振兴战略的深入实施，发展农业产业化联合体有利于构建现代农业经营体系，有利于推进农村一二三产业融合发展，有利于提高农业综合生产能力，有利于促进农民持续增收，对产业振兴具有重要的现实意义。2019年2月，苏州市农业农村局公示了第一批37家农业产业化联合体创建名录。其中：张家港市4家，分别是张家港市鸿屹水产养殖农业产业化联合体、江苏永联天天鲜农业产业化联合体、江苏张粮润众农业产业化联合体和张家港市常阴沙粮油贸易产业化联合体；常熟市2家，分别是江苏勤川米业产业化联合体、常熟曹家桥蔬菜产业化联合体；太仓市1家，为太仓市绿润农副产品有限公司产业化联合体；昆山市7家，分别是苏州玉叶蔬果产业化联合体、润正生物科技产业化联合体、益海嘉里产业化联合体、波力食品农业产业化联合体、昆山益群农产品产业化综合联合体、苏州上膳源农业产业化联合体、鲜活果汁产业化联合体；吴江区10家，分别是苏州三港蔬菜产业化联合体、苏州欧福蛋业产业化联合体、苏州承恩水产品产业化联合体、苏州江澜蔬果产业化联合体、骏瑞蔬果产业化联合体、吴江明星水蛭产业化联合体、苏州家和蚕业产业化联合体、北厍粮油产业化联合体、吴江大米产业化联合体、吴江绿城苗木产业化联合体；吴中区7家，分别是苏州东山茶厂碧螺农业产业化联合体、苏州鲜丰农业产业化联合体、苏州市洞庭山碧螺春茶叶产业化联合体、苏州东山吴侬茶业产业化联合体、苏州金记食品产业化联合体、苏州三万昌碧螺春茶叶产业化联合体、苏州山町蜂产品产业化联合体；相城区6家，分别是苏州园科生态产业化联合体、苏州市迎湖粮食产业化联合体、苏州健飞肠衣产业化联合体、苏州益友冠玉枇杷产业化联合体、苏州市阳澄湖苏渔水产产业化联合体、苏州市毛氏水产产业化联合体。

苏州市对市级农业产业化联合体具有较为严格的准入条件。一是在成员组成上，联合体由1家市级及市级以上农业产业化龙头企业牵头（以下简称"农业龙头企业"）和至少1家列入省政府优先扶持名录的农民专业合作社以及5家家庭农场（专业大户）（以下统称"家庭农场"）组成。各成员原则上需在本市辖区工商部门注册登记，对确因联合体内的农业龙头企业生产原料采购市场在外的，农民专业合作社、家庭农场注册登记地址可适当放宽至省内外其他地区，实施扶贫挂钩的社场优先。所有成员单位必须没有严重失信行为或未被列入经营异常名录。二是在日常运行上，主要体现"五有三具备"。"五有"指有共同制定的联合体章程、建设方案、工作职责、议事规则和相应管理制度，"三具备"指具备专人负责、办公场所、联系电话。三是在效益收入上，按照经营主体类别区分，实行效益差异化设置。生产经营类联合体年销售收入达到5 000万元以上，其中农业龙头企业超过3 000万元、农民专业合作社和家庭农场超过1 000万元；农产品加工、一二三产业融合发展、物流仓储等类联合体年销售收入达到1亿元以上，其中农业龙头企业超过6 000万元、农民专业合作社和家庭农场超过2 000万元；市场交易类联合体年交易额不低于10亿元，其中农业龙头企业超过6亿元、农民专业合作社和家庭农场超过2亿元。生态效益、社会效益较为明显。四是在经营模式上，主要体现"六化"：(1) 组织一体化。采取"农业龙头企业+合作社+家庭农场"运作模式，发挥农业龙头企业引领作用、农民专业合作社纽带作用和家庭农场基础作用。(2) 产品订单化。采用订单式采购农产品，推动建立紧密、稳定、合理利益联结机制。农业龙头企业采购其他成员农产品原料规模一般应超过30%，价格不低于市场价。(3) 生产标准化。落实高质量发展要求，组织标准化生产管理，开展"三品一标"认证，促进绿色产品发展，实现品牌共建共享。(4) 经营集约化。建有稳定的销售渠道，鼓励发展电子商务和网上营销，促进营销方式多元化发展。农业龙头企业向其他成员输入现代生产要素和创新经营模式，提高土地产出率、劳动生产率、资源利用率。(5) 服务全程化。实行统一生产、指导、收购、加工、销售等"产加销"一体化经营，注重人才、技术和供求、价格、品牌等市场信息交流共享，强化"四新"技术创新驱动，促进节本、提质、增效。(6) 利益紧密化。联合体各成员签订以利益为核心内容的文字契约（合作协议、订单合同），建立资源整合、发展融合、利益共享、风险共担的联结机制，带动农户总数应超过500户，各成员主体总收入增加，带动农户户均收入高于区域内农户户均收入300元以上。

第四节 "现代农业+"兴起跨界融合

为了满足城市居民对农村生活和大自然美好生态环境的向往，农业的生活功能和生态功能不断被挖掘，而且随着人民生活水平的不断提高，农业多功能性的开发越来越展现新的生机和活力。随着苏州新型工业化、新型城镇化的加速，苏州农业农村的面积不断收缩，城市居民数量越来越多，加上苏州濒临上海大都市，"现代农业+"发展得如火如荼，"乡愁"打造不断被提档升级，绿水青山和田园风光的经济价值正在加速释放。主要表现在三个方面：一是农业与文化、休闲、旅游融合的载体越来越丰富。全市共建成各类乡村旅游区52家，休闲观光采摘园、农家乐、农业主题公园、森林公园、湿地公园、休闲农庄、民宿（共享民居）、田园综合体、共享农庄等农业休闲观光基地（点）1 065家，开发乡村旅游精品线路30多条。二是农业跨界业态和效应越来越凸显。创意农业、休闲农业、文旅农业已经成为农民和市场主体创业创新的重要途径，农村每年接待的各类游客达到1 850万人次，占全市总接待量的45%，农业旅游收入达到34亿元，直接带动当地36.3万农民就业，是当前产业融合最为活跃、民间资本投向最为积极、促进农民增收的新亮点。三是农文旅融合的服务功能越来越完善。从当前来看，农业与文化、旅游跨界融合呈现三大趋向。首先，由服务一季的季节性旅游向一年四季全年旅游服务演变。农作物的根、茎、叶、花、果和生长周期都被利用，文化内涵不断被丰富。比如水蜜桃，春天看桃花，举办桃花文化节；夏天田园采摘，举办美食文化节；秋天卖桃子，举办桃王争霸赛；冬天搞文创，举办桃艺文化展；等等。创意迭出，名目繁多，令人目不暇接，随着时序轮换，内容不断演变，不断开发和满足城市居民的消费意愿。其次，由简单的一个标准服务向不同档次演变，丰简由己，满足不同层次消费者的需求。第三，由旅游、农家乐、购买农副产品的一日游向旅游、农家乐、民宿、购买农副产品的休闲游过渡。第四，由卖生态向卖情怀过渡，文化气息、乡愁味道越发浓郁。总之，"现代农业+文化、旅游、体育、教育"等不断向纵深发展，由原来刻意的活动变为一种习惯，开始真正融到人们的生活之中了。

【案例四】

千年古镇凤凰镇的"桃业链"

凤凰镇是中国历史文化名镇、中国吴歌之乡、中国民间文化艺术（山歌）之乡，地处全国文明城市张家港市的南大门，得名境内凤凰山。南接常熟市，西邻江阴市，境内山清水秀，人杰地灵。2010年，凤凰镇入选江苏省首批"强镇扩权"试点名单。全镇辖区总面积78.7平方公里，常住人口6.5万人，辖15个行政村，3个居委会。按照"经济强镇、旅游兴镇、文化立镇"的发展定位，凤凰镇2018年完成地区生产总值118.5亿元，工业开票销售收入370亿元，村均可用财力995万元。凭借深厚的人文底蕴和丰富的自然资源，凤凰镇逐步形成了融人文历史、自然风光、特色田园于一体的全域旅游格局，年接待国内外游客50多万人次。

凤凰镇的历史可以追溯到6 000年前的马家浜文化时期，先民们在此繁衍生息，创造了灿烂的远古文化。从春秋时期到元末明清，这里都属于吴郡，当时称河阳；明嘉靖年间，河阳镇因倭寇侵扰而被毁，后移至恬庄。自梁大同六年（540）起一直属常熟县管辖，1962年划归沙洲县（1986年撤销沙洲县，设立张家港市）。2003年原港口、凤凰、西张三镇合并为新的凤凰镇。

凤凰自古文风兴盛，人才辈出。唐至晚清，先后有36人取得钦赐进士功名，堪称进士之乡。苏州第一位状元陆器，清顺治状元孙承恩，清康熙状元汪绎、汪应铨，书画双绝的父子宰相蒋廷锡、蒋溥，篆书篆刻名重一时的清代书法家杨沂孙等，构成了一道星辉璀璨的人文风景。元末明初小说家施耐庵曾寓居域内永庆寺，在文昌阁写过不朽巨作《水浒传》。

凤凰山的旅游资源包括恬庄古镇区、永庆寺、河阳山歌馆、红豆园、万亩桃园、金凤凰温泉度假村六大部分，融山水人文、古韵今风于一体。恬庄古镇区古韵悠悠，现存有完整的明清历史建筑群和历史街巷，核心保护区面积有4.62公顷，是明代奚浦钱氏为收取田租而创建，恬庄镇在清乾隆、嘉庆年间达到鼎盛。如今，一条遗存长度为280米、遗留阶石481块的古街讲述着岁月沧桑。千年永庆寺始建于南朝梁武帝时，为"南朝四百八十寺"之一，曾与杭州灵隐寺、镇江金山寺齐名。河阳山歌是千百年来河阳地区劳动人民自己创造的原生态歌谣，有6 000年的历史，其代表作《斫竹歌》，被誉为"华夏古老音乐的活化石"。2006年，河阳山歌作为吴歌的重要组成部分，被列入首批国家级非物质文化遗产名录。凤凰镇境内有一棵古老的红豆树，树高6米，树围1.41米，相传为南梁的著名大文学家昭明太子萧统手植，几经沧桑，后由明代御史徐恪移栽在现在的红豆园，老树已枯，另发新芽成现状。

尽管凤凰镇遗迹众多、文脉绵长，但长期以来却默默无闻。如今能在苏州众多古镇、名镇中脱颖而出，成为苏州申遗九镇之一，却与"桃子"有关，也可以说是交了"桃花好运"。

凤凰镇属亚热带季风性湿润气候，四季分明，光照充足，年平均气温15.7摄氏度，年降水量1 167毫米左右，四周植被丰富，土壤为富含有机质的黄棕土，有机质含量高达2%，土层深厚，土质疏松，呈弱酸性，适宜水蜜桃生长。凤凰水蜜桃被评为"苏州第一桃"，是苏州市十大农产品商标之一，也是国家地理标志证明商标。凤凰水蜜桃产业园被评为国家级农业标准化示范区。

凤凰水蜜桃从"庭院经济"到"致富产业"，成为苏州地区具有较大影响力的名牌农产品，目前全镇种植面积超过1万亩，种植农户2 000多户，全镇水蜜桃总产值达1.6亿元。同时因为凤凰水蜜桃，人们开始认识了凤凰镇，认识了恬庄，认识了河阳山歌，认识了永庆禅寺，熟悉了凤凰的前世今生，实现了"凤凰"涅槃。

凤凰水蜜桃种植虽有百年历史，但早期只是庭院小果，农户在堂前屋后零散种植，本世纪初苏州农业结构调整后，尝试种植400亩，到2006年中央1号文件出台开展新农村建设，凤凰镇下决心在桃子上做文章，在核心区域建设了2 100亩种植示范园，依托这个千亩桃园，辐射带动全镇2 000多户桃农种植了万亩水蜜桃。凤凰镇政府先后投入1 500多万元，用于园区内的道路、渠道、河道、电灌站、围网等的建设，形成了标准化的水蜜桃生产基地，2011年建成了1 200平方米的交易市场和保鲜库；并通过招商引资，引进农业生产企业3家，组织农民专业合作社3家、土地股份合作社1家。水蜜桃示范园被评为江苏省无公害农产品生产基地和全国标准化无公害生产基地，列入苏州市现代农业规模化示范区和十大现代农业示范园。凤凰镇还主动组织经纪人与上海、南京等大型超市挂钩，产品进入大润发、易初莲花、农工商等多家大卖场。

但是从水蜜桃公用品牌来看，无锡阳山水蜜桃是最为著名的，苏州人提到水蜜桃就想到无锡水蜜桃。凤凰水蜜桃要在苏州乃至周边打响品牌并不容易，所以凤凰人开始了凤凰水蜜桃的"品牌运作"。通过品种筛选改良，举办桃王大赛，参加各级优质农产品展示展销，参加省优质果品评比等，充分利用各种平台载体，在苏州市民中提升美誉度。凤凰水蜜桃是幸运的，2007年由于品质优良，在众多参赛水蜜桃中一举夺魁，被评为"苏州第一桃"，2009年在参加全国首届桃果品评优中获金奖，2010年获国家地理标志证明商标。

短短的五六年时间，从一只普普通通的桃子，成为具有国家地理标志品牌认证的"苏州第一桃"，其中除了品牌商业运作以外，联合合作也是重要的成功因素。凤凰镇充分发挥专业合作社作用，拓宽销售渠道。加强对专业合作社的指导、监督、管理，引导专业合作社发挥作用，对社员提供产前产中产后全程服务，增强专业合作组织的吸引力，不断提高水蜜桃质量。在现有16家水蜜桃专业合作社的基础上，组建凤凰水蜜桃专业合作联社，使之成为全镇性的龙头型专业合作社。同时，镇农业服务中心与凤凰文化旅游发展有限公司等单位形成农文旅发展合力，依托文化提升水蜜桃的知名度。他们于2006年举办首届张家港凤凰水蜜桃采摘文化节，凤凰镇政府联系合作社每年举办桃花节，在整合凤凰山风景区河阳山歌馆、恬庄古街、永庆寺、金凤凰温泉等主要旅游资源的基础上，培育休闲观光农业市场，通过开展水蜜桃采摘游、文化游等一系列丰富多彩的活动，赋予游客独特的凤凰水蜜桃体验和桃文化体验。

如今的凤凰水蜜桃5—10月均有鲜桃上市，皮薄、汁多、味甜、果大、外形好的优良品质赢得了广大群众的喜爱，每当桃花盛开和桃子成熟时节，许多游客纷纷前来桃园赏花采摘，体验农家生活的乐趣，品尝"苏州第一桃"的美味。而这也拉动了古镇的全域旅游，千年古镇的美誉度和影响力不断提升。

【案例五】

全国十大梨花美景之一的"树山梨花"

"山含图画意，水洒管弦音。江南秀丽处，寻梦到树山。"

苏州市高新技术开发区通安镇树山村是全国农业旅游示范点、国家级生态村、中国美丽田园、全国文明村、长三角休闲农业（农家乐）与乡村旅游景点、江苏省文明村标兵、江苏省五星级乡村旅游区、江苏省三星级康居乡村、江苏最美乡村、江苏省休闲观光农业示范村、江苏省乡村振兴旅游富民先进村、江苏省特色田园乡村建设第三批试点候选村、苏州市十大生态旅游乡村、苏州市美丽村庄、苏州市体育旅游示范基地、苏州市首批特色田园乡村、苏州市首批康居特色村。树山村的梨花被评为"全国十大梨花美景",其梨花旅游文化节被评为"最美中国首批最具影响力特色节庆"。树山村已发展餐饮民宿、农耕体验经营户近550户,从事乡村旅游服务业的村民达1 800人,仅靠销售农产品和发展旅游,村民平均每户年收入可达12万元。

通安镇树山村位于大阳山国家森林公园北麓,总面积5.2平方公里。东接姑苏古城,西邻浩瀚太湖,具有近郊村、景区村和镇缘村的区位特点,被誉为姑苏城外的世外桃源。树山做"现代农业+"的文章,形成了农文旅结合的鲜明特色。

一是"树山三宝,生态旅游"的产业特色。树山的"三宝"是指树山村的三样优质的特色农产品,分别是翠冠梨、云泉茶和杨梅,种植面积分别有1 060亩、2 675亩和1 260亩。由于运作得当,这三样农产品在苏州本地已经赢得了美誉,成为知名品牌。目前"树山三宝"构建了现代化的产业体系、生产体系、经营体系,发展多种形式的适度规模经营和"互联网+农业",培育了一批新型职业农民和乡土人才。

二是"三山五坞,梦溪花谷"的生态特色。树山具有独特的山林水田生态系统,"三山、五坞、四条浜"的自然环境别具特色,加上山村风貌、水乡韵味和田园风光,实现了"一季一风光",乡愁意蕴非常凸显。

三是"大石文化、山守文化、民俗文化"的文化特色。依托深厚的古吴文化积淀、众多名人遗迹和神话传说,深入挖掘和修复当地历史文化遗存,深挖历史古韵,弘扬人文之美,重修"大石山十八景",再现"介石书院"与"达善书院"等古迹,编撰《通安传说》记录与传承树山的历史文脉之魂,复兴树山的农耕文化之魂。充分发挥全国首个乡村双创中心——树山双创中心的平台作用,孵化乡创项目,培育乡村创客,创建创客联盟——"树盟"。通过文化IP的发挥和运营,弘扬"守文化",保护性恢复"抬猛将""中秋编兔灯""云泉腊八节"等传统民俗活动,传承树山箍桶匠艺和九连环等非遗记忆,用文创的力量让遗产"活起来",从而为乡村赋能。

树山村的运作模式是:公司+村+农户"三结合"模式。土地没有流转,农地和林地由各家各户经营,文旅、文创、招商由公司整体运作,村负责规划管理。树山村由特色农产品闻名到成为苏州乡村的文创基地,村民回流、人才集聚、产业兴旺，走出了一条一产带动三产，三产依托一产的农文旅融合之路。这不仅得益于区位和地貌，也得益于"政府搭台、企业唱戏"的机制创新和"一体规划、分步实施"的蓝图坚守。在树山，你能看到农民安居乐业、城市居民休闲怡情和创客们创新创业和谐相处、各得所需的美丽场景。

第五节　信息技术加速渗入现代农业

苏州农业正在发生一场全面深刻的信息技术革命，信息化与农业现代化的融合渗透逐步深入，不断改变着人们对农业农村的认识和感知。2016年9月6日—7日全国"互联网＋"现代农业工作会议暨新农民创业创新大会在苏州市召开，时任国务院副总理的汪洋同志出席会议并讲话。他强调，发展"互联网＋"现代农业，是提高农业发展质量和效益、促进农民增收的重大举措，是加强农村社会管理和服务的有效途径。要认真贯彻落实党中央、国务院的决策部署和全国科技创新大会有关精神，把信息化作为农业现代化的一个重要制高点，紧紧围绕农业现代化和农业供给侧结构性改革的目标任务，加快现代信息技术在农业农村领域的推广应用，推进"互联网＋"现代农业健康发展。为贯彻落实党中央、国务院关于实施"互联网＋"行动，大众创业、万众创新等一系列重大决策部署，运用互联网思维和理念推进现代农业建设，推动互联网与现代农业深度融合，促进农业供给侧结构性改革，激发农村大众创业、万众创新活力，2017年11月9日—12日，首届全国"互联网＋"现代农业新技术和新农民创业创新博览会又在苏州举行。11月10日，首届新农民新技术创业创新大会同时在苏州召开，时任中共中央政治局常委、国务院副总理汪洋出席并讲话。他强调，培养新农民，推广新技术，推进农村创业创新，是促进乡村振兴的重要举措。要认真学习贯彻党的十九大精神，以习近平新时代中国特色社会主义思想为指导，健全体制机制，大力营造农村创业创新良好环境，吸引更多人才投身农业发展和农村建设，为推进农业农村现代化不断注入新动能。汪洋强调，要推动互联网、大数据、人工智能在农村经济社会中的运用，促进创新，加快农业农村经济发展质量变革、效率变革、动力变革。要加大新型职业农民培养力度，大力培育新型农业经营主体，加快建设知识型、技能型、创新型新农民队伍，推动创业。要鼓励探索，重视推广各地好经验好做法，努力让农业成为有奔头的产业，让农民成为有吸引力的职业，让农村成为安居乐业的美丽家园。两次"互联网＋"会址选择苏州，是苏州农业的骄傲，也是"互联网＋现代农业"在苏州率先发展的真实见证。

智慧农业在苏州深度发展，已经进入生产、管理、销售各个环节。苏州市农委（农业农村局）建立了农业资源、农产品质量、农业行政移动执法、动物卫生监管平台，发挥大数据作用，提升监管效率，苏州市农委还被评为全国农业农村信息化管理创新示范单位。在相城御亭现代农业产业园的智慧农业控制中心里，依托"互联网＋"技术，一台电脑就可以操控上千亩农田。通过高清摄像头和传感器，每处农作物的生长情况，都实时传输到系统中。轻点鼠标，喷滴灌系统就能开始浇水，触摸 Ipad，工作人员就可以开启天窗、风扇，管理设施农业。吴江同里现代农业产业园，利用物联网、云计算，工作人员通过电脑，不但可以实现对上百个蔬菜大棚的远程操作，甚至还可以对远在山东的基地进行指导和操控，由原来四人管一亩地到现在一人管十亩地，大大节约了用工成本。在现代渔业中，物联网技术得到广泛应用，目前已经建成了鱼病远程会诊、质量追溯、养殖信息卡、数据在线监测分析等数十个信息化管理应用平台，联合研发了水产养殖执行系统，实现了渔业高密度循环养殖的信息化管理。如苏州市申航生态科技发展股份有限公司 2016 年投运的水产养殖物联网系统就是其中之一。该系统利用互联网＋池塘循环水养殖技术的新方式，把传统水产养殖转变成数据养殖，实现了自动投饵、增氧、吸污等功能。公司 320 亩水面，以往利用传统的养殖方式至少需要二三十人管理，而引入水产养殖物联网系统只需 5 个人管理就够了，大大节省了人力成本；产量也有望大大提升，预计比传统养殖亩均增产 2 倍以上。吴中现代渔业产业园区内近 2 000 亩标准化养殖池塘，水下埋着进水和排水管，装有微孔增氧设备，鱼池周边上空安装"电子眼"，池塘水质变化可通过传感器实时传送到控制室显示屏上……人在干、云在转、数在算，物联网、云计算、大数据等技术为传统农业插上智慧"翅膀"。

目前，苏州已有省级智能农业示范县 1 个、示范单位 5 个，市级物联网技术应用示范基地 17 个，规模化设施农业物联网技术应用面积占总量的 24%，有 41 个智能化规模设施种养基地，省级农业电子商务示范村镇 4 个、示范单位 4 个，市级农产品电子商务示范单位 16 个，涌现出 46 个"淘宝村"。搭建了淘豆、食行生鲜、盒马生鲜等农产品对接平台，各类农产品电商企业达 2 100 多个，全市农产品电商总额达到 30 亿元。农产品通过这些平台进入苏州全市各个小区，城市居民利用手机，闲坐家中就能买粮买菜，信息科技改变人们的生产生活已经变为现实。

【案例六】

相城智慧农业：全区农业一张网

苏州市相城区是全国农村一二三产业融合发展先导区。2017—2018 年，相城区积极推动农业大数据平台建设，依托布瑞克在国内农业数据分析领域的独特优势，迅速提升相城区农业信息化、智能化水平。相城区农业大数据平台整合相城区的农业数据资源，建立相城区智慧农业方面的三大统一平台，即统一的数据管理平台、统一的数据存储平台、统一的应用平台。运用大数据管理系统，提升涉农数据管理的效率，便于政府全面快捷地了解农业生产和管理过程中的关键数据，提高管理和决策效率，同时通过手机应用、网站、智能终端等方式服务于相城区内农业经营主体及消费者。

相城智慧农业由五大基本功能组成：

一是相城智慧农业大数据门户网站。门户网站的功能有"农业云图""数据资源""农业头条""市场分析""园区建设""特色相城""终端下载"，以及注册登录等，见图 8-4。

图 8-4　相城智慧农业大数据门户网站界面

二是农务一点通手机 App。农民可以利用手机 App、小程序等方式，查询到最新的农技课程，了解最新的农业动态，学习最新的农业知识，查询到农业补贴等相关政策，见图 8-5。

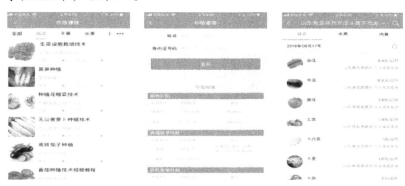

图 8-5　农务一点通手机 App 界面

三是农业大数据服务小程序。企业可以通过智能终端，查看行业数据和产业分析报告，从而清晰掌握行业发展方向，为企业提供决策支持，见图 8-6。

图 8-6　农业大数据服务小程序界面

四是农产品质量安全追溯系统。消费者能够充分了解到区域内有哪些优质农产品和好的生产基地。同时，大数据食品安全追溯体系可以让消费者吃上放心产品。见图 8-7。

图 8-7 水产养殖管理系统界面

五是智能决策支持系统。通过涉农数据的分析管理,政府可以全面快捷地了解农业生产和管理过程中的关键数据,提高管理和决策效率。见图 8-8。

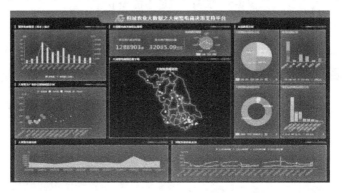

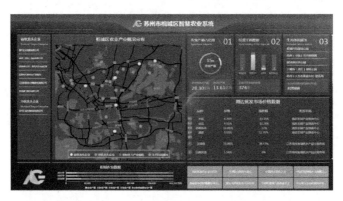

图 8-8 大数据决策支持平台界面和智慧农业系统界面

【案例七】

中国淘宝村：相城消泾村

消泾村是苏州市相城区阳澄湖镇的大闸蟹养殖专业村。从 2008 年开始，消泾村开始在网上交易大闸蟹。消泾村有劳动力 1 595 人，其中从事大闸蟹电子商务、大闸蟹养殖的共有 1 436 人。全村拥有 100 多家电商企业，淘宝店超千家，成为首批江苏省电子商务示范村之一。2014 年，消泾村被评为"中国淘宝村"。2016 年，消泾村被江苏省商务厅评为江苏省农村电子商务十强村，网上交易额突破 5 亿元，位列全省第二。

2010 年消泾村土地流转就已经全部完成，并被改造为连片的标准化鱼塘。2014 年全村农业生产面积 10 190 亩，其中标准化池塘养殖面积 9 630 亩，占 94.5%。完成标准化池塘改造后，在半自动化养殖技术下，平均一个农民可以管理四五十亩池塘，大幅提高了生产效率。在互联网经济实践中，消泾村自发形成了"基地+农户+公司"的生产组织模式。消泾村村民顾敏杰抓住互联网的机遇，开展电子商务销售，并承包本村 600 亩池塘，形成自己的生产基地，同时也与其他农户保持合作。他的公司有近 200 名员工，其中负责电子商务销售的有 60 人左右。如今，顾敏杰的公司年销售大闸蟹已超亿元，顾敏杰也因此成为消泾村大闸蟹电商第一人。中等规模及其以上的电商企业，除了有自己的养殖基地以外，一般都与养殖农户签订养殖协议，形成密切的合作关系。

所谓的"基地+农户+公司"模式，主要指公司负责开拓市场，基地保证货源供应或负责品种培育创新与技术推广，此外公司还负责把分散在农户手中的产品集中起来，进行统一销售。

第六节 现代农业园区平台释放强大动力

苏州市目前拥有 4 个国家级现代农业示范区、9 个省级现代农业产业园区、36 个市级现代农业园区，以及一批县级现代农业特色园区，是农业园区密度最大的地级市。全市现代农业园区面积 113.25 万亩，占基本农田面积的 44.8%，其中，市级以上园区面积 85.11 万亩，农业年产值 102.17 亿元。现代农业园区已成为苏州市发展现代农业的主要形态，也是保护农业"四个百万亩"生态空间和保护基本农田的重要载体。全市各级农业园区充分利用本区域丰富的物种资源，大力发展具有地方特色的"苏字号"品牌农业，创建了"常阴沙""田娘""金香溢"等品牌农产品，全市市级以上农业园区的"三品"总量645个，农业名牌产品61个，农业园区成为本市优特农产品进社区入厨房的首选地。同时，苏州市积极利用国家现代农业示范区，各级各类农业产业园、示范园区、示范基地，为农村创业创新提供良好的平台和载体。至2017年10月底，全市培养新型职业农民3 862人，返乡下乡人员创业创新典型有600多名，带动就业4.7万人，一批规模种养基地、农业企业、农业社会化服务组织、电子商务新业态等创业创新载体在现代农业园区孕育成长。

苏州现代农业园区的发展，给全市的农业生产、农业经营、农业管理带来的新变化，展现的新气象是显而易见的，已经成为苏州农业现代化的亮丽名片、重要抓手和现代农业要素的集聚平台。一是现代农业园区土地高度流转，实现了农业经营规模化。现代农业园区为新型农业经营体系构建提供了最基本的前提条件，那就是土地的高度流转和规模化经营，目前园区土地流转率达到95%。土地的高度流转和规模化经营使新型职业农民成长、新型农业经营主体培育、农业科研院所的农业科技进入农业生产经营领域、农业机械化发展、高标准农田建设等成为可能。二是现代农业园区促进了农业内部分工，催生了农业的专业化。农业内部分工促进了农业生产经营的专业化，也为农业社会化服务奠定了重要基础。农业园区集中了一批优秀的农业人才、先进的技术和较多的金融资本，最有条件催生出农业内部的分工分业。三是现代农业园区农业新业态大量产生，拓展了农业的功能。农业的功能在园区不断拓展，成为农业经济新的增长点和农业产业新的发展走向。观光农业、高效农业、循环农业、智慧农业、节水农业、互联网农业等新型农业璀璨争辉。四是现代农业园区以科技兴园，加速了科技与农业的融合。全市各类农业园区农业科技贡献率达到75%，比面上高出10个百分点，已引进推广新技术645项、新品种1 850只，建立博士站13个、院士工作站7个，与189个科研单位、大专院校开展科技合作，使得最新科技加速融入苏州农业，新型手段、新型方式不断助推新型农业经营体系的构建，促进苏州农业现代化的转型升级。五是现代农业园区集约农业要素，提供了新型农民成长的舞台。新型农民是新型农业经营主体的基础，也是新型农业经营体系的主要参与者和构建者。农业园区集聚了土地、科技、资金，集聚了新型农民成长成才所需要的全部养分，使得新型农民可以在园区施展抱负。六是现代农业园区鼓励创新，形成了新机制的创新平台。张家港市为解决农业经营中产销对接难题，重点支持建设常阴沙、金麦穗、金南港、天天鲜等4个农产品配送中心，建成优质蔬菜直销店15个、优质蔬菜直销摊位15个，投资6.28亿元异地新建青草巷农产品批发市场。积极支持蔬菜生产基地、合作社等拓展专业批发、订单购销、农超对接等直销渠道，鼓励发展常阴沙配菜网、怡情农庄等"网上订购＋物流配送"新流通模式，覆盖城乡、服务周边的实体和虚拟销售网络基本形成，全市优质蔬菜基地配送和专卖专销比例达40%。着力健全以"订单"为纽带的"公司＋基地＋农户""公司＋合作社＋基地＋农户"等经营机制，完善合作社内部利益分配机制，通过理顺各生产主体之间的利益关系、共享机制，为园区增产增收、持续发展增加保障。

【案例八】

常熟国家农业科技园

常熟，因"岁岁丰收常熟田"而得名。2001年，江苏常熟国家农业科技园区获批，2009年成为全国首批38个正式挂牌园区之一。

园区核心区规划总面积6.5万亩，示范区面积34万亩，辐射区面积63.3万亩，已形成"一核三带多园"的总体产业格局。"一核"是指园区主核心区，规划面积1.32万亩，初步建成优质水稻繁育、设施园艺研究、特色水产育苗三个创新区以及国家级"二花脸"猪种质资源保护与开发基地；"三带"包括南部近10万亩的高效水产示范带、东部8万亩的高效蔬菜园艺带和西部17万亩的优质粮食产业带；"多园"是指依托"三带"分布在各镇（场）板块建成的14个各具特色的县（市）级农业科技园区。

园区建有国家杂交水稻工程技术研究中心常熟分中心等创新平台11个，近五年来先后承担部、省、市科技项目70多项，引进新品种190个、新技术70多项，获科技成果25项。其中园区农科所自主育成常农粳、常优等系列水稻新品种，在江、浙、皖、鄂、上海（市）推广超5000万亩，增产粮食15亿公斤。

园区先后吸引了23家高校、科研院所的50名科技镇长及110名科技特派员来常熟开展科技服务、创新创业。园区已建成农村科技超市分店、便利店10家，每年提供实用技术及创业培训3000人次。入驻涉农企业112家，其中省市级龙头企业69家，联结本地农户14.5万户。园区核心区农民人均收入比全市平均高10%。园区已吸引众多科技型企业及团队来常创业，涉及种子种苗、生态循环、高效栽培、农产品销售等众多领域。

【案例九】

太仓市现代农业园区

太仓，因吴王及春申君在此设立粮仓而得名。作为太仓现代农业发展的龙头，太仓现代农业园区规划总面积近6万亩，其中核心区面积8 000亩。自2008年对外开放以来，先后获得首批国家级农业产业化示范基地、国家4A级旅游景区、全国休闲农业与乡村旅游五星级示范园区、首批国家重点花文化示范基地、首批中国特色农庄、国家标准化休闲农庄、江苏省现代农业产业园区、江苏省观光农业园、江苏省科技示范园等称号。

园区坚持"绿色、生态、科技、人文"理念，全面加快项目载体建设，核心区目前已建成集聚了现代农业展示馆、花卉园艺展示馆、恩钿月季公园、亲子园、百竹园、玫瑰庄园、艳阳农庄、兰花温室生产基地等一批农业休闲观光项目，有高科技的农业栽培技术、新奇特的植物、深厚人文积淀的月季文化、智能玻璃温室展馆、庄园别墅式休闲会务、江海河三鲜美食、绿色农家餐饮、亲子采摘各式体验等。据不完全统计，核心区年接待游客数量60万人次，休闲观光农业产值达9 000万元，已逐步发展成为集农业科技展示、生态观光、休闲度假、商务会务于一体，能满足不同层次消费需求，长三角地区重要的农业生态休闲度假区。

为进一步开发旅游资源，在休闲观光的基础上，园区亲子园增设2 000多平方米悠活岛户外运动基地，现代农业展示馆西侧改建为拥有200个品种、5 000余株植物的多肉植物展示区；借鉴台湾"民宿"旅游理念，按照保持江南民居特色的原则，园区东侧改造建成2 000多平方米的7幢果园民宿。民宿区不仅可以让游客体验到风景如画的江南水乡生活，还可以自己动手，享受原汁原味的江南农村居家环境；建成菌菇文化馆，集菌菇科普、DIY菌菇体验、互动休闲、新鲜采摘销售于一体；规划总面积200亩的四季花海项目已启动建设，该项目分为迎宾、童趣、采摘、台地、养生等花海功能区，建成后将进一步丰富园区景观，提升观赏价值。

作为首批国家重点花文化基地，园区花卉产业发达，品种众多，花文化氛围浓厚。太仓是"月季夫人"蒋恩钿的故乡，作为市花，月季自然备受推崇。

为纪念蒋恩钿女士的杰出贡献而建立的月季公园，展示了中外月季名品200余种、2万多株，是具有国际重要影响的月季种源和月季文化基地；已建成的华东地区最大国兰种植基地，成为与高科技农业并存的重要支柱产业；围绕发展花卉产业、建设美丽园区这一目标，又先后种植了近10万株郁金香及百亩桃花、樱花、梅花、梨花、荷花等，整个园区呈现出万紫千红、四季有花的常年景观，基本实现了"科技提升农业，花木美化环境"的总体要求。随着园区科技人才、科技水平、科技创新能力的提升，园区特色高效农业多点开花。核心区园艺设施产业的建设面积达到11万平方米，八大类花卉种植产业齐步发展，仅兰花一项年产值就近5 000万元。

以生产生物肥料为主的太仓戈林农业科技有限公司、太仓绿丰生物有机肥料有限公司，年生产推广"全价营养液"滴灌肥、生物有机肥料4万吨。集科研、生产、销售和服务于一体的安佑集团，在生物饲料领域拥有50余项知识产权，荣获"中国饲料行业最具成长性企业""中国饲料重大技术进步奖""国家级企业技术中心""最受欢迎的乳猪料品牌"称号，年销售额超过4亿元，产品销售覆盖全国26个省市和东南亚地区，是业内公认科技含量最高和规模增长速度最快的饲料企业之一。华泰昌食用菌建有食用菌专业生产用房1.5万平方米，与常熟理工学院实行校企合作，金针菇液态生物育种取得成功。2015年收购上海、昆山食用菌厂3家，年产值接近4亿元。

园区高度重视科技创新，全面加强产学研结合力度，取得显著成效。新品种新技术辐射推广面积达到20万亩，良种覆盖率达到90%。实施省标准化示范区建设，推行旅游标准化、生产标准化和健康生态养殖。2008年成为省级科技园区以来，加快农业科技成果转化速度，2012年由园区企业戈林农业建成的首套丹麦进口的水肥一体智能灌溉系统在园区蔬菜、林果基地得到推广运用，之后苏州市璜泾农业园、南京武家嘴农业园，以及青海、宁夏、新疆、四川农技推广总站等多家企事业单位经现场考察后与该企业签署项目协议，目前在全国范围内直接示范推广水肥一体智能灌溉系统300套以上，应用面积达3万余亩，有效提高了当地设施生产的智能化水平，取得了较好的示范带动成效。现代农业展示温室模式被省外多家县市农业园区参考借鉴。

第九章

苏州农村一二三产业融合发展经验

苏州农村一二三产业融合发展的当下特征和所取得的成绩并非一日之功，也不是一蹴而就的。由于苏州经济社会的率先发展和城乡一体综合配套改革的先行先试，农村一二三融合发展的外部环境和内部环境不断改善，早在2015年中央1号文件提出"推进农村一二三产业融合发展"之前，苏州农村一二三产业融合已经在探索前行了。如理论部分所述，产业融合是一种经济现象，只要"条件"具备，就会按照市场固有的规律发生，这是农村一二三产业融合发展的客观性。当然，由于农业是弱质产业，需要城市和工业的支持和反哺，所以这中间党委政府如何更好地发挥作用至关重要。苏州的发展模式造就了比较强盛的集体经济，因此，苏州农村一二三产业融合发展包含了苏州市委、市政府以人民为中心的发展理念，以及基层党员干部担当作为、创新开拓的精神。分析苏州农村一二三产业融合发展，我们认为以下几条经验和几个做法可供其他地方学习参考。一是坚持新发展理念，新理念引领新发展；二是坚持推动城乡融合发展，破除体制机制对农业农村发展的制约；三是坚持充分利用高科技产业发展带动改造传统农业产业；四是坚持农民的主体地位，积极培育新型农业经营主体；五是坚持党建引领，激发基层干部主动担当作为的精气神。

第一节　新理念引领现代农业新发展

2007年中央1号文件《关于积极发展现代农业扎实推进社会主义新农村建设的若干意见》首次聚焦现代农业，指出了现代农业是新农村建设的基础，同时对如何建设现代农业提出了"六个用"的举措，即用现代物质装备、用现代技术改造、用现代产业体系提升、用现代经营推进、用现代发展理念引领和用现代农民发展。这也是我国第一次提出"用现代发展理念引领现代农业发展"。

观念决定人的行为，理念引领制度变迁。自1955年美国普林斯顿大学教授刘易斯提出的把发展等同于经济增长、认为有了经济增长就有了一切的发展观在实践中受挫以后，人类对发展道路的反思不断走向深入。1962年莱切尔·卡逊的《寂静的春天》，1972年米都斯等人的《增长的极限》，认为人类一方面在创造高度文明，另一方面又在毁灭自己的文明。20世纪80年代以后，国外提出了种种新的发展观。1983年佩鲁发表《新发展观》，1991年世界自然保护联盟等三组织共同发表《保护地球——可持续生存战略》，诺贝尔奖获得者、印度学者阿玛蒂亚·森在1999年出版《以自由看待发展》。我国也顺应当今世界发展潮流，根据中国实践提出了反映当代世界最新发展理念的科学发展观。发展观的反思和转变，对GDP占比贡献减少的农业产生了重大影响。上世纪末形成了一系列新的农业发展理论，包括农业多功能性理论、农业经济外部性理论和农田生态系统服务价值理论。这些理论都包含着新的理念和新的政策含义，深刻地改变着我国农业的发展。

苏州是改革开放的前沿阵地，经济发展水平高，外向度高，新理念、新观念和新问题、新矛盾不断交错甚至交锋。经济的高速发展造成农业GDP占比和贡献减小，那么农业向哪里去？城镇化的高速推进，土地资源稀缺，地价上升，那么耕地保护怎么办？农业生产效率低，先进的生产要素不断由农村转向城市，那么农业农村怎么办？在工业反哺农业、城市支持农村"两个趋向"论断的指引下，苏州在农业现代化道路上统一了思想，做出了正确的选择，用新的发展理念布局了苏州农业农村发展的新格局。从现代农业来看，主要是做了三个方面影响深远的决策。一是以生态为第一功能的农业发展观引领现代农业新发展；二是以"鱼米之乡"的文化传承责任构建现代农业新布局；三是以工业园区发展模式开创现代农业新路径。

一、以生态为第一功能的农业发展观引领现代农业新发展

上世纪90年代末，随着社会主义市场经济制度的逐步确立，农业计划的统购统销被逐步打破，粮食连年丰收后出现了非常棘手的卖粮难问题。苏州在全市范围内推动农业结构调整，农业发展由专注于农业生产向生产、生活、生态、生物的"四生"农业转变。"四生农业"的源头实际上是中国台湾地区的"三生"农业，加上生物代表着以生物科技为代表的高科技农业。所以，苏州农业的结构调整一开始就以农业的多功能性和技术的引入为基础和方向。进入新世纪，苏州农业在全国较早地提出了推动农业内部一二三产业发展的思路，就是从农业生产逐步向加工、销售、休闲发展，拉长农业产业链。当时发展从生态、生活角度出发的休闲农业还是比较前沿的做法。在2006年中央1号文件提出新农村建设以后，农业的生态、生活功能得到了进一步的强化。笔者在2008年由苏州市科技局资助开展了苏州都市农业环境生态功能评价体系研究——稻田环境生态效益测评研究，以水稻生态价值评估为依据提出了农业生态补偿的观点。其部分成果《苏州水稻生态系统服务价值研究》被收入当年《中国苏州发展报告（中国苏州蓝皮书）》（古吴轩出版社出版）。这份报告引起了苏州社会各界和政府部门同志的广泛关注。2008年10月31日《苏州日报》发表方人也的评论文章《生态补偿拉长农业"短腿"》，文章说："水稻生态系统价值调研报告的出炉，用数字说明了生态补偿的可行性。建立生态补偿机制，其前提条件当是建立生态价值理念。"市委农村办公室新闻发言人在采访中说："这份全国首例《苏州水稻生态系统服务价值研究》调研报告，将为这一补偿机制提供极为宝贵的数据参考。我们将对此报告进行论证，并全力谋划着建立一个公平公正的农业生态补偿机制。"这份报告之所以得到广泛关注，实际上是苏州市委、市政府对农业的生态功能和外部性有了比较深入的理解，农业生态补偿已经在酝酿之中，笔者的调研报告只是起到了一个催化剂的作用。

所谓生态补偿，是指以保护生态环境、促进人与自然和谐为目的，主要通过财政转移支付方式，对因承担生态环境保护责任使经济发展受到一定限制的区域内的有关组织和个人给予补偿的活动。实施生态补偿是调动各方积极性、保护好生态环境的重要手段，是生态文明制度建设的重要内容。2010年苏州市委、市政府下发《关于建立生态补偿机制的意见（试行）》（苏发〔2010〕35号），建立生态补偿机制。2013年印发《关于调整完善生态补偿政策的意见》（苏发〔2013〕12号）调高补偿标准。2014年《苏州市生态补偿条例》经市人大大会表决通过，农业生态补偿成功立法，苏州成为农业生态补偿领域全国最早立法的地级市。2015年市政府制定实施细则，下发《市政府关于印发苏州市生态补偿条例实施细则的通知》（苏府规字〔2015〕3号），2016年继续调高补偿标准，下发《市政府印发关于调整生态补偿政策的意见的通知》（苏府〔2016〕114号）。苏州不仅在全国率先实施了农作物生态补偿机制，而且这项对农业发展至关重要的制度在实践中不断地被完善，不仅是水稻，还有湿地，以及其他对苏州生态具有贡献的绿化建设，都得到了生态补偿。

生态补偿政策实施以来，苏州市不断完善政策体制机制，加强水稻田、生态公益林、重要湿地、水源地、风景名胜区保护，开展水环境区域双向补偿和生活垃圾处置横向补偿，加大自然生态系统和环境保护力度，逐步建立公平公正、积极有效的多元化生态补偿政策格局。从水稻生态补偿来看，为充分发挥全市最大人工湿地——水稻田的生态功能，苏州市水稻田生态补偿政策经过两次提档升级，对经县级以上农林部门认定的实际种植水稻田，按420元/亩予以生态补偿。水稻田生态补偿政策实施以来成效显著，扭转了水稻种植面积快速下滑的趋势，近年来水稻种植面积基本保持稳定且有增加趋势，促进了农田设施完善和农村环境提升。截至2018年底，9年来市、县（市）区两级政府已累计投入生态补偿资金85亿元，用于对乡镇、村的生态补偿，共103.88万亩水稻田、29.24万亩生态公益林、165个湿地村、64个水源地村、8.97万亩风景名胜区得到了补偿。生态补偿资金主要用于四个方面，其中生态环境建设支出占36%，生态环境保护支出占13%，用于发展镇、村公益事业和村级经济占26%，补贴农户占23%，其他支出占2%，资金使用结构合理、范围合规，相关镇、村生态环境得到改善，村级经济发展水平有效提升。

除了生态补偿外,苏州还推出政策性农业保险,构建起了国险、省险、市险、县险四级体系,农业担保方面成立了扶持"三农"发展的国有专业性担保公司,为农业发展保驾护航。

二、以"鱼米之乡"的文化传承责任构建现代农业新布局

苏州的农耕文明远远早于古城 2 500 年的历史。苏州市工业园区唯亭草鞋山遗址中发现了 6 000 年前马家浜文化水稻田灌溉系统,是中国发现最早有灌溉系统的古稻田。繁体的"蘇"字,由鱼和秧苗组成。"鱼"和"米"不仅代表了苏州农业文化,而且也是苏州文化的起源,"鱼米之乡"是苏州的代名词。然而 2 500 年后的苏州已然是高度工业化的现代化城市。跨入新世纪以来,苏州经济社会飞速发展,工业化、城市化、国际化步伐加快推进,各类社会生产要素加快向优势行业、优势产业、优势区域集聚,农业赖以发展的土地、人才、资金等生产资料和生产要素加速向二、三产业和城市转移,"非农化"趋势日益明显,但是农业的功能更趋多元,竞争日趋激烈。在这样的背景下,农业固有的和潜在的矛盾和问题日益凸显,主要表现为:对农业的地位和作用存在认识偏差,基础性投入不足和环境污染的压力更加突出;劳动力素质下降和分散经营体制双重制约。传统的"鱼米"文化要不要传承,面临历史性的抉择。所以,苏州农业"四个百万亩"布局及其建设的提出是具有深刻的历史背景和社会发展背景的。2006 年市政府办公室印发了市农林局制定的《苏州市农业布局规划》(苏府办〔2006〕128 号),提出到 2010 年形成"四个百万亩"的主导产业格局,即百万亩优质水稻,百万亩园艺(蔬菜),百万亩生态林地,百万亩特色水产。

《苏州市"十二五"现代农业发展规划》对前阶段"四个百万亩"的实施情况进行了总结。规划指出,全市粮食总播种面积 232 万亩,其中水稻面积 128 万亩,单产达到 604 公斤,创出历史新高。水产养殖面积 117 万亩(池塘面积 62 万亩、湖河养殖 55 万亩),实现渔业产值 80 亿元。园艺面积 74 万亩,其中:常年菜地面积 33 万亩(设施蔬菜基地 18.4 万亩),果茶面积 19.5 万亩、花木 16.7 万亩、蚕桑面积 4.8 万亩。生态林地面积 78 万亩(不含 31 万亩山地及城镇绿化用地、花果茶种植用地、蚕桑养殖用地)。出栏生猪 118 万头、家禽 4 000 万羽,存栏奶牛 2.3 万头。

全市高效农（渔）业面积总计187万亩，占种养面积55%，设施农业面积35万亩。

2010年市政府又下发了《关于下达永久性保护100万亩水稻面积的通知》。党的十八大以后，苏州市委将有效保护"四个百万亩"，提升到推进生态文明建设，实现经济社会可持续发展的高度，并相应出台了《关于进一步保护和发展农业"四个百万亩"的实施意见》《关于农业"四个百万亩"落地上图实施方案》（苏办发〔2012〕128号）。到2012年底，"鱼米之乡"的布局基本形成：优质水稻面积125万亩，渔业养殖总面积115万亩，蔬菜播种面积149万亩次，花果茶总面积38万亩，生态林地136万亩，陆地森林覆盖率达到27.76%。

苏州农业"四个百万亩"保护是苏州现代化进程中十分明智而且十分重要的战略举措。苏州农业的经济贡献率越来越低，2018年只占全市GDP的1.2%，但是农业的生态功能、文化功能、社会功能和政治功能不断凸显，对保持完整协调的乡村产业体系具有重要的贡献。

三、以工业园区发展模式开创现代农业新路径

通过"三集中""三置换"等城乡一体的农村土地高效配置方法，耕地向农业园区集中，走适度规模经营的农业发展路子。农业园区化是苏州工业经济发展成功模式运用于农业而形成的具有苏州地方特色的现代农业发展新路径。

苏州现代农业园区建设已经有20多年时间，发端于上世纪末，快速发展在最近5年。在这20年时间里，苏州现代农业园区大致经历过四个发展阶段。第一阶段，是上世纪末至本世纪初，农业园区的初创阶段，主要目的为解决科技进入农业，所以当时园区的名称一般为"农业科技园区"或"农业科技示范园区"，主推部门是科技部门联合农业部门。第二阶段，是进入新世纪后，中共中央、国务院联合发文，制定了国家农业科技园区发展规划。农业园区建设真正进入政府视野，地方政府开始成为推进农业园区建设的主角。但有相当部分政府的动力来自获得政策、资金上的扶持，不少园区带有窗口型、启示型和展示型的意义。2004年苏州把现代农业示范区建设作为新阶段农业发展的有效载体。2007年启动"百万亩规模化示范区"建设，按照集中连片、规模经营的要求，使得规模经营和园区建设

同步推行。第三阶段，自 2010 年以后，城镇化步伐加快，城乡一体化大力推进，农业现代化面临一系列新问题，为了有效地保护耕地，为了解决农田细碎化问题，为了改变"家庭经营"的小农生产方式，各地纷纷进行了农业园区的实践。2011 年苏州市委办公室和市政府办公室下发《关于进一步加快推进现代农业园区建设发展的意见》（苏办发〔2011〕92 号），明确发展现代农业园区是加快农业转型升级、实现农业现代化的重要路径。2012 年将"农业产业园区建设拓展工程"列为苏州率先基本实现农业现代化十项重点工程之一，使苏州农业园区成为现代农业发展的主要模式。第四阶段，进入"十二五"，围绕基本实现农业现代化，各级政府都加大了推进农业园区建设力度。2015 年苏州市政府还专门发布《关于印发〈苏州现代农业园区建设规范（试行）的通知〉》（苏市农办〔2015〕55 号），重点解决农业园区的规范和管理问题，赋予农业园区更多的功能，不仅仅是科技示范区，还是耕地保护区、农业资源优化配置区和生态涵养区。苏州现代农业进入规范发展阶段，现代农业园区实现了"布局集中、产业集聚、用地集约、资源节约"的农业适度规模经营，保证了现代农业发展的稳定性和可持续性。苏州成为江苏省国家级和省级农业产业（示范）园区最为密集的地区之一。

实践证明，农业园区发展建设突出规划设计、基础投入、招商引资、管理服务、利益协调等方面的地位和作用，实现了"布局集中、产业集聚、用地集约、资源节约"的农业适度规模经营，大大强化了农业基础设施建设，促进了农业科技进步、成果转化和人才、资金集聚，提升了农业产业竞争力，保证了现代农业发展的稳定性和可持续性。

第二节　城乡一体化综合配套改革创造新环境

2008 年 9 月，江苏省委、省政府将苏州确定为全省唯一的城乡一体化发展综合配套改革试点区。十多年来，苏州始终高举城乡发展一体化旗帜，持续推进城乡发展一体化战略，勇于实践，敢于创新，不断深化对城乡发展一体化规律的认识，以共同富裕的指导思想为统领，全面推进城乡发展一体化综合配套改革，一步一个脚印，着力破除城乡二元结构，有效缩小城乡差距。2009年8月,苏州被国家发展改革委确定为中澳管理项目"消除城乡一体化的体制障碍,促进农民富裕与城乡统筹发展"四个主题试点城市之一。2010年8月,国家发展改革委列苏州为城乡一体化发展综合配套改革联系点。2011年12月,农业部将苏州列为全国农村改革试验区,具体承担"城乡发展一体化改革"试点任务。2014年3月,国家发展改革委将苏州列为国家城乡发展一体化综合改革试点市。成为国家试点以后,苏州承担了更多国家试点任务,2015年5月,经中央深改组、国务院同意,苏州吴中区承担农村集体资产股份权能改革试点任务。2016年8月,经全国农村改革试验区工作联席会议第四次会议审议通过,苏州又新增四项农村改革试验任务,具体是"土地承包经营权有偿退出试点""重要农产品收入保险试点""政府购买农业公益性服务机制创新试点""以农村社区为基本单位的村民自治试点"。2008—2011年,苏州创造性开展了"三集中""三置换""三大合作"等城乡发展一体化改革实践,并取得显著成效。2013年1月,苏州在全省率先实现城乡低保、基本养老、医疗保险"三大并轨"。2014年以后开展"八个示范区"建设,即新型城镇化发展示范区、共同富裕示范区、"四化"同步发展示范区、公共服务均等化示范区、和谐社会示范区、生态文明示范区、土地节约集约利用示范区、城乡金融改革创新示范区。农业适度规模经营、农业专业合作、密切联结机制、基础(交通)设施强化、农村环境改善(生态和投融资)、农村改革创新的动力不断释放。从全省唯一的城乡一体化发展综合配套改革试点区,到全国城乡发展一体化综合改革试点城市,城乡发展一体化已成为苏州的特色、品牌和亮点,是解决苏州"三农"问题的根本途径。数据显示,2010年到2016年,苏州农业现代化指数水平连续6年位居全省前列。截至2018年底,苏州农村集体总资产达1970亿元,村均年稳定性收入850万元,农村居民年人均可支配收入3.24万元,城乡居民收入比缩小为1.96∶1,是全国城乡居民收入比最小的地区之一。苏州通过城乡发展一体化改革的实践创新,为构建乡村产业体系奠定了制度基础,积极探索了一条以共同富裕为核心价值,具有时代特征、中国特色和苏州特点的城乡发展一体化之路。

一、城乡规划引领,新型城镇化展现水乡特色

苏州确定"1450"新型城镇化布局:1个中心城市、4个副中心城市、

50个中心镇。推动大中小城市和小城镇协调发展，产业和城镇融合发展，城镇化和新农村建设协调推进。一是坚持以规划为引领。遵循城乡历史发展规律，严守耕地保护、开发强度、生态保护三条红线；统一规划布局全市域重大基础设施、重大产业和重大社会发展项目；科学确定村庄的"拆、建、留"，切实保护好古镇古村、古迹古韵、田园风光、鱼米之乡等特有资源，彰显江南水乡独特风貌。二是坚持全域一体和多规融合。始终把城市和乡村作为一个整体，通盘考虑、统筹谋划、一体设计，打破传统产业规划、城镇规划、土地利用规划和环境保护规划相互分割的局限，实现"四规融合"。按照主体功能区的不同，统筹规划工业与农业、城镇与农村的空间布局，实现城乡规划全覆盖。三是坚持小城镇支撑就地城镇化。苏州50个建制镇平均建成区面积为8.5平方公里，平均户籍人口8.66万人，常住人口9.57万人，全部50个小城镇总人口达到393万人，占苏州市总人口的大约1/3，国内生产总值占全市的42%，50个小城镇对苏州经济社会发展起着重要支撑，成为就地城镇化的节点和城乡发展一体化的组织中心。四是坚持凸显苏式水乡特色。苏州将全市14 253个村庄规划调整为3 358个保留村（重点村、特色村）和10 859个一般村，并完成了1 268个重点村、295个特色村村庄规划编制。苏州把美丽乡村建设列入政府实事工程，截至2016年底，累计建成16个美丽示范镇、100个美丽村庄示范点、690个三星级康居乡村，建成各类农业休闲观光基地（点）1 065家。活力、富足、宜居和美丽的苏式水乡与"繁华都市"交相辉映。

二、生态保护加力，生态文明建设跨入新阶段

苏州以绿色、宜居为导向，深入实施生态环境保护系列重点工程。村庄环境专项整治、美丽镇村建设、农村生活污水治理等工程的实施，完善了苏州的基础设施，提升了人居环境质量，打造了农村发展新格局。一是加强政府推动，调动群众参与，逐步实现农村垃圾减量化、资源化、无害化处理。积极组织农村生活垃圾分类处理试点工作，4个市级、11个区（县）级试点村已逐步开展试运行。持续推进规模畜禽养殖场综合治理，探索农作物秸秆原料化、燃料化、饲料化、肥料化等综合利用新途径。二是推进水环境综合治理。通过实施长江、太湖、阳澄湖、大运河以及流域

区域河道综合治理，加强水系连通，注重调水引流，加强轮浚养护，消除黑臭河道，使城乡水更活、更清、更净、更美。持续推进以重点村、特色村为主的农村生活污水治理。三是建成国家级和省级森林公园8个、湿地公园21个，其中国家湿地公园6个，数量居全国地级市第一。全市自然湿地保护率从2010年的8%提高到2016年的53.8%，列江苏全省第一，农村陆地森林覆盖率达到29.4%。苏州山地、湖泊、岛屿、河流、耕地、景点、古村、古镇等交织镶嵌，自然生态与吴文化传统交融，为美丽经济发展提供了优越条件。苏州大力发展生态、高效、精致农业，推进风景田园建设，积极培育乡村旅游、民宿经济、养生养老、农村电商、田园综合体等新兴产业和新业态，美丽经济产业展现出巨大潜力。

三、土地制度改革不断深化，土地节约集约利用不断创新

苏州按照"保护资源、节约集约、维护权益、改革创新"总思路，深入推进"三集中""土地增减挂钩""三优三保"政策，实现土地利用的空间节约、土地价值的空间转移以及土地规模的空间集中，促进土地要素的空间流动，破除土地稀缺对经济发展的制约。苏州全市工业的园区集中率接近100%，136万人实现了市民化，全市土地流转率90%以上，每年用于土地流转补贴的财政资金超过3亿元，农业适度规模经营比重达到90%以上。通过优化农用地结构和布局、优化建设用地布局和优化镇村居住用地布局，做到保护资源更加严格、保障发展更加有力、保护权益更加有效，成为破解规划建设空间和基本农田"两个碎片化"问题的重要抓手。苏州初步建成了"三优三保"管理信息系统，颁布了系列实施细则，推进土地资源利用合理高效。坚持把"四个百万亩"作为保护战略生态资源的关键举措，全市已完成"四个百万亩"上图落地面积412.7万亩，优质水稻最低保有量稳定在110万亩以上，高标准农田占比达到68%。制定"四个百万亩"占用报批、"先补后占"的管理流程；利用遥感手段监测"四个百万亩"地类变化、复垦情况；及时更新"四个百万亩"数据库，确保数量不减少、质量有提高。持续加大城乡存量建设用地盘活力度，对工业用地项目的产出效益、资源节约、环境保护等制定准入标准，实行建设项目节地评价论证，合理确定用地规模。完善工业企业资源集约利用平台功能，建立以"亩产论英雄"与"创新论英雄"相结合、以全要素生产

率提高为导向的综合评价机制，倒逼企业转型升级。

四、公共服务供给标准不断提升，公共服务均等化迈上新台阶

苏州始终坚持公共服务普惠性原则，确保公共服务的公益性、普惠性；确保公共服务的资金投入有保障、资金来源可持续；完善公共服务均等化供给机制，提高所有社会成员共享公共服务的水平，城乡一体的公共服务机制更加均衡。社会保障体系不断健全。苏州在率先实现城乡低保、基本养老、医疗保险"三大并轨"基础上，逐年提高社保补助标准。2018年7月1日起，城乡低保标准提高至945元，特困人员供养、孤儿养育、重点优抚对象抚恤补助等标准同步调整，使发展成果更多更公平地惠及全体人民。城乡医疗、教育体系更加齐全。苏州全市90%的乡镇卫生院完成新一轮改造，乡镇卫生院达90家，农村卫生服务人口覆盖率达到了100%。全市共组建健康管理团队588个，农村居民电子健康档案建档率达90%。公共文化服务体系初步形成。大力推动教育、文化、卫生、体育等各项社会事业和公共服务设施向农村覆盖，努力打造城乡"十分钟文化圈""十分钟运动圈""15分钟健康服务圈"等公共服务体系，城乡服务均等化水平实现新跨越。城乡客运网络实现全覆盖。在实现行政村公交通达率100%的基础上，进一步优化了农村客运站亭布局和衔接，形成了由15个二级以上客运站、89个农村站、5787个公交候车亭组成的基础设施体系。行政村候车亭（牌）覆盖率已达到100%。实施积极就业创业扶持政策。全面建立了城乡劳动力就业政策统一、就业服务共享、就业机会公平和就业条件平等的机制，扶持农村劳动力就业和创业。

近年来，苏州市还紧紧围绕习近平总书记对"四好农村路"建设的重要指示精神，坚持以人民为中心，全面推动农村公路高质量发展。截至2018年底，苏州全市农村公路里程的10362公里，占全市公路里程的85%；县道优良路率99%，乡村道优良路率90%；全市城乡道路客运一体化发展水平保持5A级，镇村公交实现全覆盖，新能源公交车占比达到40%；77个乡镇建有专门的农村物流场站，覆盖率达到93%。在"建好、管好、护好、运营好"农村公路的总体目标上，苏州自加压力，聚力建设"乡韵文化路"，重点打造"一核四片"苏州农村公路品牌集群。"一核"即

"吴风雅韵"的现代农路新样板。"四片"即东部环湖农路,打造"经纬阳澄湖"品牌;南部水乡农路,打造"水乡珍珠链"品牌;西部山水农路,打造"太湖风景线"品牌;北部生态农路,打造"沿江生态圈"品牌。苏州市公路处还联合市委农办开展"四好农村路"示范镇、示范路及"海棠花红路"建设工作,打造完成"四好农村路"示范镇19个、"四好农村路"示范路47条245.8公里、"海棠花红路"20条80公里。一条条独具特色的"乡韵文化路",现已成为展示地域传统文化、社会主义核心价值观、乡规民约、邻里和睦的重要阵地,苏州山水、历史、人文特色也借助农村公路进一步展示给八方游客,以农旅融合助推苏州全域旅游发展。依托发达的农路路网,苏州乡村旅游资源得到了充分开发,全市共开发乡村旅游精品线路11条;在已建成的美丽乡村中,共开办农家乐839家、中高档民宿180家,带动当地从业人员5 000余人,实现年营业收入7.24亿元,有效促进了地方旅游业转型升级、农业发展、农村振兴、农民增收,切实提升了农村地区群众的幸福感和获得感。2019年苏州还将重点打造环太湖文化公路省级示范工程,该条公路总里程约270.6公里,穿越相城区、高新区、吴中区和吴江区,沿线经过西京湾、光福、西山、东山和太湖国家旅游度假区等景区,将通过有机融入红色文化、历史文化、旅游文化等要素,串联出"山水林田湖、城镇乡村景、畅安舒美绿"的乡村振兴宏图。

五、财金支农机制持续完善,城乡金融改革创新取得新成效

苏州市各级财政部门加大"三农"投入,有力支撑和保障了苏州城乡发展一体的改革。2010年到2018年全市财政支农累计投入突破了1 000亿元。同时,充分发挥财政政策导向功能和财政资金杠杆作用,积极创新投融资机制,深化跨领域金融合作,鼓励和支持更多银行、社会资本投入"三农"领域。一是将财政资金与金融资本相结合,苏州率先设立全国首支城乡一体化建设引导基金,针对城乡一体化基层建设项目给予低成本融资支持。城乡一体化建设引导基金由农发集团作为出资主体,向市财政借入5亿元,母基金为5.05亿元,目前已发起设立8只子基金,累计为城乡一体化建设融入资金40亿元。目前还成立了乡村振兴发展基金。二是加强与国开行、农发行等国有政策性银行的金融合作,充分发挥其支持力度

强、融资规模大、贷款利率低的优势。国开行 2018 年上半年已发放城乡一体化项目贷款 94 亿元，累计发放贷款 1 900 亿元。农发行累计发放各类"三农"贷款 86 亿元，支持涉农企业流动资金贷款 7.5 亿元。三是支持新型农业经营主体发展。与有关金融机构合作，采取"免担保、低利率"的优惠政策，持续加大对新型农业经营主体的信贷支持力度。截至目前，苏州银行机构共向 1 510 户新型农业经营主体提供授信。四是完善政策性农业保险制度。全市各级财政累计补贴保费 6.79 亿元，投保农户达 488 万户次，承担风险保障 232 亿元。启动了重要农产品收入保险国家级改革试点，目前在常熟市试点推出生猪价格指数保险，累计承保生猪 1.02 万头。在张家港市试点推出水稻收入保险，累计承保水稻 1.85 万亩。五是加快构建由政府、金融机构、专业担保公司三方合作的农业担保网络体系，通过批量授信，撬动银行、社会资本投向农业农村。目前，农业担保网络体系已实现全覆盖，担保公司相继推出的"农发通""农贷通""农利丰"等融资担保产品，累计为农户、农村经济合作组织、农业企业等提供金融服务总额达 168 亿元，惠及农户 2 280 户。

六、长效富民机制不断稳固，共同富裕呈现新亮点

苏州的城乡发展一体化，始终坚持以人民为中心的发展思路，按照确权、赋能、增利的改革要求，通过一系列改革举措，在实现"农民富"上探索了一条新路，引领迈向共同富裕的崭新实践。一是深化"股份合作制"改革。按照"资源资产化、资产资本化、资本股份化"思路，大力发展农村社区股份合作、土地股份合作、农民专业合作、物业合作、劳务合作、民宿合作等新型合作经济组织，合作领域从农业向农村、产品向资本、存量向增量等方面拓展。2016 年，全市各类合作社股金分红达 39.83 亿元。二是推进土地承包经营权确权和农村社区股权固化改革。目前已完成土地承包经营权证发放的村有 576 个，占应确权村总数的 92%；全市 1 285 个村共组建 1 311 家社区股份合作社，涉及 122 万户农户、净资产 467 亿元，社区股份合作社股权固化改革完成率超过 95%，实现了全市农村社区股权固化全覆盖。三是实施促进村级集体经济发展的"一村二楼宇"政策，通过引导，采取联合、抱团、异地发展模式，拓展集体经济发展路径。四是强化经济薄弱村帮扶机制。苏州对村集体经济收入不满 250

万元的村，市、县（区）两级机关部门和企事业单位挂钩帮扶，建立了集体经济薄弱村村级公共服务支出财政转移保障机制，每个村落实40万元财政补贴，专项用于薄弱村公共服务开支。五是引导集体经济抱团发展，探索新发展模式。以平台经济推动发展主体升级。苏州全市各镇普遍建设村村联合的统筹发展平台，从单村发展、村村联建升级到镇级统筹平台和区级统筹平台。主动适应经济新常态，从原来的建设标准厂房、商业店面和打工集宿楼租赁为主转向城镇综合体、社会事业、环保处理等项目。

第三节　信息化拓展农业农村新空间

信息技术正在改变人的认知，正在全球范围内演绎着一场深刻的信息革命，互联网、大数据、云技术、物联网、人工智能、智能制造等正在改变着人类的生活和生产，信息社会已然来到。我们已经看到信息技术对传统农业改造的丰硕成果，互联网+现代农业、智慧农业、物联网农业等不仅已经改变了传统农业的产业链、价值链、供应链，而且改变了农业的传统生产方式、组织方式、管理方式。苏州农村一二三产业率先融合发展、互联网+现代农业的率先发展，实际上得益于苏州经济社会的率先发展，得益于苏州信息产业的率先发展。因为，技术的应用和产业的发展一样是有梯度的。

一、苏州信息化水平位居国内大中城市前列

上世纪90年代中后期，经济发达的长三角地区，以上海为龙头，连接苏州、杭州、宁波、无锡等10多个城市，吸收了大量的外资，初步形成了一条清晰的IT产业链。2003年苏州电子信息产业产值已经突破1 500亿元。2003年9月28日，苏州被国家信息产业部列入首批国家信息产业九大基地之一。根据《苏州市信息化"十二五"规划》，2010年，苏州市电子信息产业实现产值9 079亿元，占全市规模以上工业总量的39%，占江苏省的52%，占全国的12%以上，已成为国内规模大、门类齐、水平高、配套强的电子信息产品研发、设计、生产重镇，信息化指数达到84.7，名列全省第一，信息化整体水平位居国内大中城市前列。宽带IP城域网实现

了五市七区的全覆盖。传输骨干网带宽达到400G，城域网出口带宽超过600G。到2010年底，全市宽带用户数已达202.77万户，接入率达96.82%。全市移动电话用户达到1 300多万户，固定电话用户超过390万户，有线电视用户超过200万户。各级党政机关和社区（村）上网率达到100%，全市有线数字电视普及率达到100%。从电子政务建设看，建成省辖市第一个覆盖全市各级党政机关和社会团体的电子政务外网，第一个连接全市所有社区居委会和行政村的社区网；率先建设了"五大基础数据库"（人口数据库、法人数据库、宏观经济数据库、政务信息数据库和空间地理信息数据库）、"四大中心"（市级政务网络管理中心、政务数据中心、数字认证中心和公共信用信息中心）和"两大平台"（数据交换平台、协同工作平台）。开通了"中国苏州"WAP网站，建成了全市公文交换系统、公务邮件系统、提案建议管理系统、电子认证服务等十大系统，实施了劳动和社会保障四级网络和信息系统、计划生育信息系统、城乡最低生活保障系统、数字档案馆系统等近百个政府信息化应用项目。国税纳税户电子申报率达到99.5%，地税纳税户电子申报率达到99.1%。从企业信息化看，苏州建立了两化融合工作协调机制和工作网络，发布了《苏州市企业两化融合考评指标体系（试行）》。遵循"政府引导、企业为主、社会参与"的原则，重点实施了信息化技术改造、信息化推动、信息化创新、信息化服务四大工程。2010年4月，苏州工业园区成为江苏省首批两化融合示范区，IP融合通信成为全省第一个两化融合示范基地。昆山经济技术开发区被评为江苏省第二批两化融合示范区，常熟经济技术开发区被评为江苏省两化融合试验区。至2010年底，苏州已创建完成省级两化融合示范区2家，试验区1家，示范企业3家，试点企业28家。苏州市还设立了企业信息化服务中心，充分利用SaaS（软件即服务）技术，整合软件、通信等技术和服务资源，实施"万家企业信息化推广应用计划"，把加快企业信息化应用和对传统产业的改造作为推进两化融合的突破口。全市以行业龙头为主体建立的电子商务平台逐步吸纳各类配套企业加入，形成了比较完整的供应链平台。依托现有各大专业市场建立的电子商务平台成为苏州市电子商务的重要组成。在教育信息化方面，全市574所农村中心小学以上建制学校全部实现10M以上光纤接入，基本实现"班班通"。建成苏州市教育门户网、苏州市教育局电子政务网、苏州教育资源网、苏州市网上家长学校、苏州市网上教师学校等五大教育信息化平台。在医疗卫生信息化方面，苏州卫生城域网建成，120急救系统与110接警系统实现并网运行，医疗一卡通工程已上线运行，"健康苏州网"为市民提供了医疗卫生信息服务。在社会保障信息化方面，苏州在全省率先建成了覆盖全市范围的社会保险广域网络，社保基金中心已和全市260家定点医疗机构、定点药店以及各区社保经办机构、市财政进行了实时联网。"五险合一"的社会保险管理系统已投入运行。

二、苏州农村信息化发展迅速

"十一五"期间，苏州农村信息化发展迅速，建成开通农业（农林、水产）门户网站9个、市级专业网站3个，实现农业信息网络"镇镇通"，并且大部分上网乡镇都达到农业部规定的乡镇农业信息服务站"五个一"标准。大力推进"信息进村入户"工程，实现了"新农村建设带动农村信息化、农村信息化促进新农村建设"的双向互动，取得了显著的经济效益和社会效益。2008年，在首批省级农村信息化建设先进村镇评选中，苏州市有12个镇荣获三星级省级农村信息化建设先进镇称号，有36个镇荣获二星级省级农村信息化建设先进镇称号，有10个镇荣获一星级省级农村信息化建设先进镇称号，有5个村荣获三星级省级农村信息化建设先进村称号，有40个村荣获二星级省级农村信息化建设先进村称号。

2011年6月22日，苏州市农村信息化建设启动会召开。农村信息化被苏州市政府列为2011年"'感知中国'应用中心——苏州"项目八大领域之一，苏州移动历时3个月，走访调研53个乡镇，形成新农村信息化建设的规划和设想：以"农村通信网"为基础，打造"农村营销网"和"农村信息网"，全方位满足农村基层管理、企业发展、日常生活等方面的通信与信息需求。在农村管理信息化方面，大力推广政务通，加快建设农村政务平台，满足各乡、镇、村在信息发布、电话会议、政务公开、基层党建等方面的需求；在农村生产信息化方面，创新运用3G、物联网、云计算等新技术，在精准施肥、智能灌溉、安全监控等领域实现对农业生产过程的信息化管理。在农村民生信息化方面，深度整合涉农资源，发展农信通、社保通、求职通等特色业务，满足农民"医、食、住、行、文、购、闲"等方面的信息需求。在农村商务信息化方面，搭建电子商务平台，为农村商贸流通、名特优农产品展示和销售提供条件。

近年来，苏州市以"农业生产智能化、特色产业电商化、行业监管精准化、信息服务便捷化、资源保护可视化、决策支持数字化"为发展目标，积极推动数字农业农村发展。截至2018年底，村务公开"e阳光"行动实现行政村全覆盖，全市共建成776个村级信息服务站（益农信息社），构建微信公众号、"网上村委会"、公共服务平台、智能电视等多屏联动的"互联网+"服务，推动党务、村务、财务等"多屏"公开和政策服务、技术服务、便民服务、培训服务、电子商务服务等"一站式"服务。创建国家级农业信息化示范单位1个，省级33个，"一村一品一店"示范村34个，认定市级"智慧农业"示范基地49个，全市农业信息化覆盖率达66.7%，电子商务"淘宝村"90个，农产品电子商务年销售额达33.4亿元。2017年11月10日，全国信息进村入户工程交流会在苏州国际博览中心召开，2019年5月，农业农村部信息中心公布了2018年度全国县域数字农业农村发展水平评价先进县名单，苏州的昆山市、常熟市、吴中区、吴江区四地获评先进县，此外，常熟市"农村集体资金管理数字平台建设创新项目"和吴江区"内河渔船信息化监管系统的建设和在渔船管理中的应用项目"，入选2018年度全国县域数字农业农村发展水平评价创新项目。县域数字农业农村发展水平评价指标分为发展环境、基础支撑、信息消费、生产信息化、经营信息化、乡村治理信息化、服务信息化等7个一级指标，全国共有2 364个县（市、区）填报了数据，经综合测算分析，并适当考虑地区发展差异，共确定100个县（市、区）为2018年度全国县域数字农业农村发展水平评价先进县，江苏省共9个县（市、区）获评先进县，苏州市占44.4%。

三、苏州现代农业信息化加快推进

苏州不断促进信息化与农业现代化同步发展，推进互联网与现代农业深度融合。目前，农业信息化覆盖率已经达到60%，位居全省前列，"互联网+现代农业"焕发出强大活力。2014年苏州实施《现代农业信息化三年行动计划（2014—2016）》，重点建设一个平台、两个中心和七大系统。一个平台是农业信息化服务平台，集展示、办公、管理、服务、应用五大功能于一体。两个中心：一个是现代农业数据中心，形成农业地理信息类、农业资源类、农业生产经营类、农业监管类、农情信息类等数据库;另一个是市级中控中心,建设一个集多信号集成、多画面显示和智能化控制于一体的大屏幕信息显示系统,全面展现苏州农业发展成果,开展各领域的统一监管和公共服务,为生产管理决策提供科学依据。七大系统则包括:(1)农业地理信息系统。充分利用"四个百万亩"落地上图成果,围绕农业资源管理、土壤环境监测、产业布局监管等重点,建成农业专用地图,通过二维或三维等形式展示,提高综合管理、协调、控制能力。(2)农产品质量监管系统。针对粮食作物、蔬菜园艺、水产品和畜禽产品等主要农产品生产流程,重点开发建设农产品质量控制、农产品质量监管、农产品质量追溯等三个子系统,实现质量有效监管和可追溯。(3)农产品产销对接系统。重点开发建设集信息交互、辅助分析、产销对接于一体的农产品产销对接平台,引进和开发农产品第三方电商交易平台,改善生产经营主体、市场主体、消费者之间信息不对称状况。(4)现代农业执法管理系统。重点进行移动执法功能模块的开发,建设移动执法数据库,并逐步向渔政执法、林业执法等执法领域扩展,最终形成现代农业综合执法管理系统。(5)农业物联网应用示范系统,重点在现代农业园区、规模种养基地等推广温室大棚自动化生产、水产养殖智能化调控、大田作物精确栽培、畜禽养殖生态化处理等技术,实现环境远程监测、生产自动调控、疫病高效防控等功能。(6)信息服务综合管理系统。把分散在各个条线、各个部门的信息服务资源整合起来,进一步优化提升功能。推广"一点通"信息屏、12316农业信息服务平台、农业政务业务微博、农业专家在线服务等平台载体。(7)农业辅助决策支持系统。重点围绕数据利用、生产应急指挥、生产决策调控的开发,在前述六大系统应用推广、全面覆盖的基础上,初步形成苏州现代农业大数据。

2016年苏州成功举办全国"互联网+"现代农业大会,2017年成功举办首届全国新农民新技术创业创新博览会,获得了中央和部省领导的充分肯定。苏州智慧农业和农业信息化工作进展表现在以下几个方面:一是智慧农业新技术应用全面推进。全市建成智能化设施种养基地94个,应用面积6.2万亩,规模设施农业物联网技术应用占比达25.6%。创建省级农业信息化示范单位11个,认定市级"智慧农业"物联网技术应用型示范基地(企业)21个,全市信息技术应用面积超过18万亩。二是现代农业新业态不断涌现。打造了吴江三港农副产品配送有限公司等一批优质农副产品现代物流配送新型经营主体,每天为全市近200所学校的约20万名学生配送粮油产品超50吨、畜水产品21吨以及其他副食品。精心打造"一村一品"示范村,年接待游客超1 200万人次,实现农业旅游收入18亿元,带动农产品销售超过25亿元。促进了阳澄湖大闸蟹、碧螺春茶叶、枇杷、杨梅等地产优质农产品品牌影响力和产品竞争力的进一步提升。目前,全市从事农产品的电商企业达2 100多个,2017年网络销售额达到30.3亿元,创建省、市级农产品电子商务单位分别达到13个、19个,成功入选省级电子商务示范乡镇(村)13个、省级"一村一品一店"示范村2个。三是信息服务新模式快速拓展。全力推进774个村级信息服务站(益农信息社)建设,启动了"乐惠农业"栏目建设,"12316"农业信息平台年发送为农服务短信40多万条,解答咨询电话3 100多个。四是保障工作新举措不断完善。2017年市政府出台《关于加快推进"互联网+"现代农业发展的意见》(苏府办〔2017〕276号),市级财政累计投入3 500余万元推动市级现代农业综合管理平台建设。

"互联网+"现代农业发展的总体目标是围绕全市现代农业发展需要,促进互联网技术在农业生产、管理、营销和服务等环节的广泛应用,全面构建农业大数据,提升农业辅助决策、信息为农服务、智能装备应用和行业监管水平。到2020年,力争全市农业信息化覆盖率达到70%,农业电子商务年交易额达到45亿元,规模设施农业物联网技术应用面积提升到22%以上,实现各市、区农业信息进村入户、农业行政管理网络化、农业经营主体信息服务"三个全覆盖",使"互联网+"成为促进苏州市现代农业迈上新台阶的重要支撑力量。主要做到以下几个方面:一是推动农业生产智能化。加快推进农业生产设施装备与信息技术的融合,提高农业自动化、精准化、智能化水平,到2020年,实现省级以上现代农业示范园区农业物联网应用全覆盖。创建省级以上智能农业示范基地15个、市级智能农业示范基地30个。二是推动特色产业电商化。积极引导农业市场主体发展电子商务,做大做强农业特色产业,强化农业龙头企业与知名电商嫁接,促进产销对接,实现线上线下一体化销售,到2020年,形成1个年电商交易额超10亿元、4个年电商交易额超1亿元的农业特色产业,重点培育5个年电商交易额超1亿元、10个年电商交易额超1 000万元的农业电商品牌,创建省级农业电子商务示范基地20个、市级农业电子商务示范基地30个。三是推动行业监管精准化。推动农业行政管理业务系统建设,利用移动互联网、物联网、云计算等技术,强化行业监管信息资源综合应用,构建市、市(区)一体的实时化、网络化、智能化农业综合管理平台,提升农业政务信息化水平,到2020年,建成市、市(区)两级信息化管理体系,基本实现农业管理规范化、科学化。四是推动信息服务便捷化。把信息进村入户作为"互联网+"现代农业的惠民工程,整合资源要素,加强"益农信息社"建设,整体推进信息进村入户工作,不断拓展为农服务方式和渠道,广泛依托电脑、智能手机、有线电视等开展远程信息服务,到2020年,信息进村入户覆盖全市所有涉农行政村。推动资源保护可视化。大力推广"3S"(遥感技术、地理信息系统、全球定位系统的统称)技术应用,整合政府各部门技术成果,形成全市农业资源保护"一张图",结合视频监控网络系统,实现对农业资源的全方位保护,到2020年,各类农业资源全部落地上图,实现电子档案管理,各市、区农业视频监控体系建立健全。五是推动决策支持数字化。建立农业大数据,加强对各类农业数据的挖掘、分析和利用,为农业决策提供数据支撑,到2020年,基本建成省、市、市(区)互联互通的农业大数据体系。

第四节 积极培育农业经营新主体

　　苏州在现代农业建设、乡村产业体系构建、乡村振兴战略实施中始终坚持农民主体,坚持市场在资源配置中的决定性作用,更好地发挥政府的作用,始终把培养和造就一支"懂农业、爱农村、爱农民"的"三农"工作队伍、培育培训新型职业农民和新型农业经营主体作为现代农业发展,推动一二三产业的融合的首要任务。从新型职业农民、家庭农场、农民专业合作社、农业龙头企业到农业产业化联合体的培育,苏州做出了积极的实践探索,也为农业一二三产业融合发展积累了人力资源。

一、加强新型职业农民培育

　　苏州不断探索新型职业农民培育新举措,加快推进新型职业农民培育体系建设，坚持"政府引导、产业导向、市场运作、农民自愿"的原则，突出目标引领、多元培育、认定管理、基地建设、典型宣传、政策扶持等手段，提高农民、扶持农民、富裕农民，努力培养一支有知识、懂技术、会经营、善管理的苏州新型职业农民队伍。一是强化目标引领。明确到2020年，基本建成一支与苏州市现代农业产业需求相适应的"专业层次分明、年龄结构合理、技能领先实用、从业领域明晰"的高素质现代农业生产经营和社会服务队伍。二是丰富培育模式。通过与涉农高等院校联合办班、委托或定向培养等方式，积极推动新型职业农民学历教育、继续教育、在职培训。市农委与苏州农业职业技术学院联合创办了苏州新型职业农民学院，累计培育新型职业农民14 488名。通过扬州大学、苏州农业职业技术学院等院校委托或定向培养的方式培养本地户籍优秀初高中毕业生611名，他们成为新型职业农民的后备力量。三是注重资格认定。2016、2017、2018年共认定新型职业农民4 011名，其中大专及以上学历占比35.7%，45岁及以下占比62.2%。四是建立实训基地。以一批具有代表性、较强影响力和辐射带动力的示范基地作为实训基地，加强实训基地在"培育场所、师资团队、管理制度、典型示范"等方面的建设，做到学员操作训练有场地、学习观摩有典型、难题疑问有指导、创新创业有帮扶，切实提高办学质量，推动新型职业农民培育与农业产业发展深度融合。五是加强典型宣传。始终把努力营造新型职业农民培育的良好氛围作为一项基础工作来抓。市农委会同苏州日报社、广电集团等主流新闻媒体开设"对话苏州新农民"大型新闻活动，新型职业农民典型应用现代科技、发展绿色生态高效农业的事迹和致富经验，激励全市有志投身农业的青年积极进取，增强了他们从事农业创业创新的信心，营造了新型职业农民创新创业的良好氛围，努力让农业成为有奔头的产业、农民成为有吸引力的职业。六是完善扶持政策。先后出台《关于进一步加强新型职业农民培育的意见》《关于加快推进新型职业农民认定管理工作的通知》《苏州市新型职业农民社会保险补贴办法》，先后共下达新型职业农民培育专项资金486万元。开展新型职业农民社会保险补贴，在全国首创将新型职业农民纳入社保体系。2017年度全市已发放新型职业农民社会保险补贴约205万元。同时，着力细化、落实如"土地优先承包权""创业扶持"等各类配套扶持政策。

2019年4月,苏州又出台《苏州市新型职业农民教育培训基地建设管理实施意见》,对职业农民培育的针对性和实效性提出要求。新型职业农民教育培训基地根据功能定位分为"培训中心"和"实训基地",培训中心要求有稳定的教育培训场所、现代化的教学仪器设备、良好的后勤保障设施,能够满足职业农民培训需求。实训基地要求有固定的实践实训场所,能够为职业农民提供新品种、新技术、新模式、新工艺、新材料、新装备的示范展示、观摩学习和实际操作。按照目标,至2020年底,全市将认定培训中心和实训基地20个,力争实现各市(区)农业重点乡镇和产业集中区域全覆盖,促进职业农民能力提升,扶持职业农民创业致富。新型职业农民教育培训基地建设,将立足苏州市现代农业发展实际和不同区域农业产业特色,科学谋划培训中心和实训基地布局,促进新型职业农民培育与农业产业发展深度融合。职业农民满意度将成为培训中心和实训基地的重点考核指标,将建立完善培训实践、跟踪服务、绩效考核和满意度评价等管理制度,并做到制度上墙,不断提高培训教学质量和效果水平。

二、积极稳妥发展家庭农场

2013年,苏州为贯彻落实中央和省市1号文件以及省农委《关于积极稳妥发展家庭农场的通知》要求,在全省率先出台《关于培育发展示范性家庭农场的通知》,明确了家庭农场"八有"的认定标准,为促进家庭农场规范、有序、健康发展奠定了基础。一是有资质。从业人员具有苏州市本地农村户籍;以家庭成员为主要劳动力(不少于2人),无常年雇工或常年雇工数不超过家庭劳动力数;经工商登记有营业执照,有规范名称,注册资金不少于10万元;有与生产经营相适应的固定场所,有财务核算管理,收支记录规范;符合苏州市及当地农业区域布局和产业发展规划。二是有技能。农场主实际专业从事农业生产经营3年以上,具备从事农业生产经营必备的资质和条件;家庭从业人员均接受过农业技能培训,至少有1人持有职业农民资格证书;采用先进生产技术,先进科技应用面达到90%以上。三是有规模。经营土地的流转年限至少在5年以上,并签订规范的流转合同,流转期限内无转包行为;经营土地的规模与家庭成员为主要劳动力相适应,与农场收入作为家庭人均纯收入相匹配;从事粮食作物的，土地经营面积达到 200 亩以上；从事园艺种植的，露天生产 50 亩以上，设施栽培 30 亩以上；从事畜牧水产养殖的，生猪年出栏 2 000 头以上，肉禽年出栏 20 000 羽以上，蛋禽年饲养量 5 000 羽以上，水产养殖 100 亩以上；从事种养结合的，主要产业规模达到上述标准下限的 70% 以上；从事休闲观光农业的，经营面积 100 亩以上，配套设施齐全。四是有设施。生产设施装备基本配套，具备防灾抗灾能力，拥有必要的农业机械，农业生产主要环节基本实现机械化，或接受较高的社会化配套服务。五是有标准。实行标准化生产，生产管理制度健全，生产过程中有详细记录，并形成记录档案；产品质量可追溯。六是有品牌。有稳定的销售渠道，销售记录完善；有自身注册商标，或有可供长期使用的品牌。七是有效益。土地、劳力、资本要素配置合理，土地产出率、劳动生产率、经济效益（亩均效益）高于当地同行业平均水平 20% 以上。农场收益是家庭收入的主要来源，所占比重达 80% 以上，成员人均收入高于当地农民人均纯收入 50% 以上。八是有信誉。遵守国家产业政策和禁止行为规定，生产经营活动诚信、守法；对一般家庭农场和当地农业产业发展起示范引领和典型带动作用。由合作社、基地、农业龙头企业等组织、实体翻牌或重复注册成立的"家庭农场"，一律不予认定。示范性家庭农场实行申报制，每年组织一次。

2017 年，全市共有 346 家家庭农场列入省级名录，其中粮食类 165 家，园艺类 90 家，水产类 23 家，种养结合类 54 家，其他类 14 家。2018 年 5 月，苏州市首次开展家庭农场运营情况进行动态监测，分析全市家庭农场发展的总体情况和样本家庭农场的运行质态，掌握各市区在培育扶持家庭农场方面所做的工作，了解影响家庭农场发展的主要因素、存在的困难问题和工作设想建议等，为全市家庭农场的指导服务提供参考。

2018 年，为适应农业农村形势的变化，特别是农村融合发展新发展，江苏对 2014 年制定的省级示范家庭农场认定条件进行修订并印发《江苏省省级示范家庭农场认定管理试行办法》，试行办法有四个显著特点：一是更加适应城乡融合发展的要求，取消了对家庭农场主户籍的限制。二是符合供给侧结构性改革的需要，顾及新产业新业态和农业结构调整的要求。三是展现生产力和生产关系的发展进步，提高了经营规模上限。四是体现绿色生态的农业发展导向，体现绿色生态的发展导向。这对苏州家庭农场的发展起到了积极的推动作用。

三、高质量推进农民专业合作社发展

苏州农民合作社呈现主体多元、类型多样、服务全方位的发展特点，已经成为苏州现代农业和乡村振兴的主力军，成为带动农民致富增收的重要载体。

2001年，苏州组建第一家农民专业合作社，2005年吴中区衙用里碧螺春茶业专业合作社成为全国首家工商注册的农民专业合作社。至2018年底，全市依法登记的各类农民合作社共有3 772家。其中，农民专业合作社1 311家，拥有成员14.2万人，经营行业以种植业、农机服务业、渔业等为主，2018年，全市农民专业合作社分红总额约33亿元。社区股份合作社1 309家，已基本覆盖到苏州市全部村和涉农社区，拥有成员126.9万户，量化经营性资产总额467亿元；土地股份合作社552家，拥有成员109万个，入股土地面积104.46万亩；富民合作社237家，拥有入社成员6.13万，股金总额71.5亿元；劳务合作社363家，入社成员1.7万人，为成员提供岗位1.1万个。2016年，苏州被列为全省农民合作社规范化建设整体推进市，常熟市、吴中区被列入全省农民专业合作社综合社建设试点单位。2018年10月，全国农民专业合作社质量提升整县推进试点现场会在苏州召开。

苏州市通过规范提升、创新发展、优化服务等，高质量推进农民专业合作社发展。一是在全省率先确立农民合作社法人地位，在全市范围内建立农民专业合作社管理监督体系，实现市县镇三级指导部门与合作社信息互联互通，建立健全异常运行合作社名录，实现常态化监测与年报公示率、优先扶持名录有机结合。二是大力推动农民合作社示范创建，全市农民合作社拥有"三品一标"论证数量超过1 200个。至2019年6月，全市共有示范合作社407家，其中，国家级27家，省级140家，苏州星级合作社240家。三是打响合作社公用品牌。全市农民合作社发展坚持城乡融合理念，跳出农业发展农业，走一二三产业融合发展道路，打响"太湖农耕"合作社公共品牌，探索组建农房合作社等。市县两级财政每年安排3 500万元专项资金，从项目、人才、保险、品牌建设等方面形成了支持农民合作社发展的立体化、可持续的政策"组合拳"。

四、大力支持农业龙头企业发展

在推进现代农业发展过程中,农业龙头企业做出了积极贡献。苏州深入贯彻落实《国务院关于支持农业产业化龙头企业发展的意见》(国发〔2012〕10号)、《江苏省政府关于加快发展农业产业化龙头企业的意见》(苏政发〔2002〕47号),出台了一系列培育农业龙头企业的扶持政策,包括建立专项发展资金、提供贷款贴息补助等,通过"抓龙头、建基地、带农户、拓市场、促销售"和"公司+基地+农户"等经营模式,农业产业化发展水平取得了新的突破。2015年2月11日,苏州市农业产业化龙头企业协会成立,标志着苏州农业产业化发展迈入新阶段。

《苏州市"十三五"现代农业发展规划》明确要求做大做强农业龙头企业。具体的举措:一是加大财政扶持、信贷支持、税收优惠力度,鼓励大型涉农企业朝着农业全产业链转型或上市,"十三五"期间新增省级以上农业龙头企业10家左右。二是加强农产品加工集聚区建设,大力发展特色农产品产地精深加工,到"十三五"末,主要农产品精深加工比例达到50%以上。三是加大农产品冷链物流基础设施建设,加快农产品批发市场转型升级,合理配置农贸市场、生鲜超市、便民平价菜店、农产品连锁销售网点,创新"农批零对接""农超对接""农社对接"产销对接模式。四是加快农产品电子商务发展,鼓励农民和新型农业经营主体创办农产品电子商务企业,开展网上营销、配送直供等新型营销方式,到2020年,农产品电子商务销售额超过35亿元。

在农业龙头企业的培育上,苏州坚持挖掘一批、培育一批、发展一批、晋升一批的思路,2018年底全市拥有319家县级以上农业龙头企业,其中国家级4家、省级57家、市级110家,实现年销售收入1 300多亿元,带动农户250万户。"2019农业产业化龙头企业500强"名单中,江苏省有131家企业入围,数量居全国第一。苏州南环桥市场营业收入278.3亿元,列全国第18名。此次评选主要以农业龙头企业2017年度销售(交易)额为依据,体现年度运营质量和经营规模。

五、加快推进农业产业化联合体发展

农业产业化联合体是龙头企业、农民专业合作社和家庭农场等新型农业经营主体以分工协作为前提、以规模经营为依托、以利益联结为纽带的一体化农业经营组织联盟。为认真贯彻党的十九大精神和 2018 年中央 1 号文件精神，加快落实农业部、国家发改委等《关于促进农业产业化联合体发展的意见》（农经发〔2017〕9 号）和省农委《关于加快推进农业产业化省级示范联合体建设的通知》（苏农产〔2018〕5 号）部署要求，2018 年苏州启动了农业产业化联合体培育工作，专门下发《关于加快推进全市农业产业化联合体发展工作的通知》（苏市农产〔2018〕16 号），计划发展 50 个市级农业产业化联合体，其中省级示范联合体有 10 个；到 2020 年，全市要发展 100 个左右市级农业产业化联合体和 30 个以上省级示范联合体。并明确强化政策扶持，通过聚焦农村新产业新业态新模式、一二三产业融合发展、现代农业转型升级、农业供给侧结构性改革等工作重点，突出联农带农、富民增收、农业高质量发展为导向，整合现有的各级各类专项扶持资金，适度向农业产业化联合体倾斜。要求农业部门主动与财政、银行、保险、担保等部门对接，推动"农发通""惠农贷""政策性农业保险"等信贷保险产品在联合体内的经营主体有效落地。要积极为发展农业产业化联合体所涉及的税收、用地、用水、用电等争取部门支持，提供便利高效服务。

2019 年，《关于公布第一批苏州市级农业产业化联合体名录的通知》（苏市农产〔2019〕2 号）公布了第一批 37 家苏州市级农业产业化联合体名录。

第五节　党建引领基层干部新作为

党的领导是全面的领导，只有把农村基层党组织的战斗堡垒和党员的先锋模范作用充分发挥出来，才能把美丽中国和乡村振兴的宏伟蓝图率先在苏州大地化为生动实践。一直以来，苏州始终高度重视农村基层党建工作，将基层党建与产业发展结合起来，积极推进"三级联创"先锋工程，创造了"乡情工作法"、家庭农场党建等一批鲜活经验，又培育涌现了常德盛、吴栋材、钱月宝等一批优秀农村基层党组织带头人。党的十八大以来，面对全面建成小康社会、开启现代化新征程的新形势新任务和组织形式日益多样、社会阶层多元、人口流动频繁给农村基层党建带来的新情况新问题，苏州出台了《关于进一步加强全市农村基层党建工作的实施意见》，在强化引领、强村富民、队伍建设、乡村治理、基础保障、党建责任等方面提出了具体实施意见，着力强化党对农村工作的领导，全面实施固本强基先锋工程，持续深化农村党建"六强六在前"和"富民先锋行动"，推进"海棠花红"党建品牌阵地建设。苏州各地创造了许多新经验、新做法，如乡村振兴的常熟路径、昆山答卷、吴中区"四联"工作法、吴江区的融入工作法、张家港的"红堡"工程、太仓的"党建体检"等，在实施乡村振兴战略中和推进农村一二三产业融合发展中起到了决定性的引领作用。

一、党建引领乡村振兴的"昆山答卷"

2018年《昆山市党建引领乡村振兴实施方案》出台，通过"头雁工程""党群服务""行动支部""党建联盟""乡土人才""乡风文明"六个引领，指明了党建引领乡村振兴的实施路径。

一是通"经络"，亮品牌，三级阵地拥有"磁石般"凝聚力。党建引领乡村振兴，关键在于基层组织体系的建设，重点是增强基层党组织的政治引领和服务群众功能，实现党的工作与群众需求的对接，更加彰显党建阵地的吸引力、服务力。昆山市委组织部在试点基础上，经过深入调研，制定了《加强"海棠花红"三级党群服务体系建设的实施方案》。目前，全市已建成党群服务中心4家、服务站164家、服务点57个，计划在两年内实现党群服务阵地建设的全覆盖。"金华摆渡人·老汤工作室"是张浦镇金华村党群服务站里最聚人气的地方。2017年从金华村党委书记的工作岗位上退休后，汤仁青把40多年与老百姓打交道的经验浓缩成"三请三到三访三知晓"工作法，通过"老汤工作室"开展"红色接力"，让"老支书"经验得到传承，形成"经验有人传、工作有人帮、成长有人带"的良好局面。改建挂牌半年多来，村里各项工作、服务都通过村党群服务站这一平台发布、实施。作为村级党建阵地，金华村党群服务站已经成为党员、干部、群众最爱来的"办事""求助""取经""充电"之处，党员过组织生活、组织关系接转、村里事务协调、矛盾化解等，都能在服务站完成。群众有所呼，党组织有所应。陆家镇启发广场由于人员密集，各类矛盾比较集中，信访投诉量居高不下。邹家角社区党总支深入走访调研，设立党群服务点，力求实现党群直通站、邻里互助站、民情集结站三大功能定位。在服务点"红色管家"支部的凝聚引领下，陆续开设了红聚点、微课堂、约活动等体验式、互动式服务，举办廉政文化、信息联络、安全巡查、结对帮扶等"项目认领会"。满满的服务项目排班表、行之有效的"一核四元"工程，促进了党建网格化与社会治理网格化两网融合，真正让党员找得到组织、让群众找得到党员，在提高党组织凝聚力的同时，极大地增强了群众的认同感。采用逐级布局的网络架构，把党建工作重心持续向基层、向农村社区、向居民小区下沉，与社会治理网格化有机融合，不断强化党建引领社会治理。以需求为导向，把阵地建在群众家门口，把服务的触角延伸到百姓身边，面对面、零距离倾听意见，收集诉求，及时响应和解决群众困难，打通党建引领和服务保障的"最后一公里"，使三级阵地成为传播党的声音、传递党的温暖的优质载体。

二是谋出路，强产业，"行动支部"带领农民走致富路。在昆山，流传着这样一句话："农村富不富，关键看支部。"以往，支部仅仅按照就近的原则，对党员进行简单划分。在党建引领乡村振兴的过程中，昆山要求支部更好地发挥主体作用，聚焦中心工作和重点任务，把支部建在民生项目上、建到一线工程中，把党员的示范带头作用在具体工作中显现出来。支部每年确定重要的工作目标，根据党员各自的特长、意愿，让他们负责社会治理、经济发展、技术指导、环境保护等不同领域。"根据不同任务命名的行动支部，代表着这个支部的行动方向，他们把党的组织力量与推动发展、解决实际问题紧紧结合在一起，实现党建与中心工作的深度融合。""乡村要振兴，产业是支撑。"淀山湖镇永新村党总支书记陆志斌深谙产业在农村的重要性。2017年，永新村党总支在六如墩自然村成立"产业振兴"先锋支部，重点在特色葫芦养殖产业、民宿农家乐上下功夫。六如墩有两个近似圆形的湖相连，从空中俯瞰很像一个"葫芦"，独特的地形地貌，激发了陆志斌的灵感，他发现，葫芦产业在江浙沪地区是一个空白。在镇党委的支持下，永新村党总支与中国葫芦第一村——山东聊城路庄村达成合作意向，由对方收购托底，永新村建立200亩葫芦基地。如今，育苗大棚里4万多棵葫芦苗长势良好，预计每亩收益将达5 000元。"过去，组织上习惯把综合素质较强的干部配到经济、招商第一线。现在，我们按照高质量发展的要求,把政治过硬、本领高强的干部优先培养选拔到基层。"昆山市委组织部副部长陈青林说,对基层干部建立综合评价"一人一档",实行备案管理,对在环境保护、安全生产等方面失责的基层干部实施责任追究,促进"能者上,庸者下"。目前,"书记带头,干部带头,党员带头"的"三带头"工作法在昆山新农村建设中得到了充分体现,各类"行动支部"如雨后春笋般涌现。巴城镇东阳澄湖村位于物产丰饶的阳澄湖东岸,80%的村民从事阳澄湖大闸蟹的养殖销售产业。为此,该村党总支专门成立了"先锋湖畔—三产支部",以党员经营户带头,以省级农村电子商务村为载体,积极帮助村民达成与电商平台的合作。2017年,"澄大"阳澄湖大闸蟹等5家本土蟹商网上销售额达3 942万元,占全村电商总销售额的60.65%,形成了规模和品牌效应,确立了线下体验线上销售的良性循环经营模式。支部力量下沉到最前沿,"263"先锋、"市容尖兵""蜜蜂战队"等行动支部,在"美丽昆山"、安全生产、防污攻坚、产业致富等乡村振兴的各项工作中,成为最亮丽的"红色风景线",也推动了矛盾问题在一线解决、党员干部作风在一线转变、党群干群关系在一线融洽,为实现乡村振兴提供了有力保证。

三是"吃讲茶",建讲习所,乡风文明在泥土里生根开花。乡村要振兴,乡风要文明。如何引导老百姓在"富口袋"的同时"富脑袋"?昆山市把党建与优秀传统文化结合,通过开办乡村振兴讲习所,强化人才培育、经验传承,鼓励乡贤、乡土人才传递正能量。"你这么翻建房屋,影响了邻居出行,以后你的邻居翻建房屋,也跟你一样扩建,让你没路走,你会怎么想?""抬头不见低头见,邻居之间需要相互帮衬的时候多着呢。"2018年5月的一天,位于周庄镇三珠浜老年活动中心的"吃讲茶能量站"内,一场调解农房翻建纠纷的"吃讲茶"活动正在进行。祁浜村一户村民进行农房翻建扩建,将与邻居之间的通行弄堂变小,影响了邻居的日常出行。经过村干部、党员代表、村民代表、老娘舅工作室成员的共同调解,一桩邻里纠纷得到了圆满解决。在周庄,人们有"吃讲茶"的传统。江南人习惯把"喝"茶说成"吃"茶,是因为在品茶时都喜欢配一些腌菜、兰花豆、糖果等茶点。2012年7月,周庄在南湖街恢复了"吃讲茶"场所,成立了民间自发组织的"吃讲茶"协会,并在祁浜村、龙凤村成立了"吃讲茶"分会,成为乡村振兴讲习所的一大特色。"党群服务要接地气,才会有人气。"周庄镇党委书记张峰在实践中摸索出了经验。周庄镇党委为民间的这种聊天方式赋予了新的要求和内涵，组建以老党员、老干部、老模范、"田秀才"、大学生村官、基层干部为主要力量的志愿队伍参与"吃讲茶"，除了解决邻里纠纷、介绍身边的好人好事外，还要向群众宣讲党的政策和精神，议村里的大事小事，既弘扬社会主义核心价值观，也便于党组织及时了解民情民意，有针对性地改进和推动工作。祁浜村党总支书记吴洪生说，这里将建设昆山市乡村振兴南部讲习所。从规划设计图上看，位于祁浜村的南部讲习所内，还保留了"吃讲茶"的场地和习俗。据悉，昆山在区域南部周庄镇和北部周市镇各规划建设一个乡村振兴讲习所，旨在使其成为乡村振兴的人才培育基地、探索乡村振兴路径的创新研发中心、展示乡村振兴成果和交流探讨经验的平台。探索设立乡村振兴讲习所，主要是组织乡村振兴现场教学、人员培训和实践指导，其中，昆山对乡土人才的引领作用寄予很大期望。2018年3月，昆山市委组织部公布了29位2017年度乡土人才，他们是一批在倡导文明新风、带动群众致富、调解社会矛盾、参与社会治理等方面发挥榜样作用，深受群众认可的贤德人士。当前，昆山正在推动设立一批"田秀才"工作室、"土专家"加油坊等乡土人才特色工作载体，进一步推动乡土人才在乡村振兴中发挥示范引领作用。随着农村的发展势头变好，2017年至今，从城里回迁昆山农村的年轻人越来越多，避免了"空心村"现象，在保持江南水乡风貌的基础上激活了村庄。2018年初，青年沈芳从城市回到家乡祁浜村开办工艺工作室，尝试第一次创业。她说："在现有的制度优势下，乡村发展的机会变多了，农村变得更美了，农民更富了，乡风更文明了。推开门窗，树木成荫，绿水环绕；村里的各种产业正在蓬勃兴起，有的已经形成了品牌和规模效应。这样的农村，谁不愿意扎根呢？"

二、坚持抓党建促乡村振兴的"常熟路径"

常熟切实把党建优势转化为发展优势，把党建资源转化为发展资源，把党建成果转化为发展成果，以组织振兴推动乡村产业振兴、人才振兴、文化振兴、生态振兴，走出了一条坚持抓党建促乡村振兴的"常熟路径"。

一是突出党的领导，把牢发展"定盘星"。坚持以先进理论武装头脑。坚持把学习贯彻习近平新时代中国特色社会主义思想，作为农村领域党建工作的首要政治任务。扎实开展农村基层党组织书记学习贯彻党的十九大精神集中轮训工作，依托党员冬训、"统一活动日""开放式主题党日"等载体，广泛开展领导干部授课辅导、"百姓名嘴"串讲、远程教育等宣讲活动，系统学习宣传习近平总书记"三农"思想，增强"四个意识"，坚定"四个自信"。坚持以科学机制抓镇促村。发挥市委抓农村党建"一线指挥部"作用，在全省率先实施"定标、网控、问责"党委管党责任机制，明确乡镇党委抓党建工作的10项刚性措施，以及党委书记、副书记、组织委员及班子其他成员4份任务清单。开发"党建GPS"——常熟市全面从严治党信息平台，对乡镇党委抓农村党建工作实行"全程网控"、实时监督，并作为乡镇党委书记抓基层党建工作责任述职评议的重要依据。坚持以严实举措强化政治功能。严格落实"三会一课"、组织生活会、谈心谈话、民主评议党员等基本制度，精准实施农村党组织分类定级管理，创新开展组织生活会督听，2018年上半年累计派出督听员1 926人，督听基层党支部4 614个。全面加强和规范村级党组织阵地建设，打造"海棠花红"先锋阵地群，实施"红色元素"激活行动，构建镇（街道）便民服务中心、村（涉农社区）党群服务中心、网格红色先锋站体系，2018年底建成红色先锋站256个。

二是建强"三农"队伍，培养振兴"领头雁"。选优配强基层党组织"带头人"。以镇、村领导班子换届为契机，大力选拔党性原则强、熟悉农村情况、既善抓党建又懂经济的乡镇干部，全市50%以上的乡镇党委书记有党务工作任职经历，25%的班子成员担任过村书记；全市214名村党组织书记中，45岁以下占53.6%，大专以上文化超过95%。深入实施"新时代新接力"优秀村党组织书记选树培育工程，开展分类储备和动态培养，建立市级备案管理制度，持续加强正向激励，积极打通优秀村书记进入事业单位、公务员队伍渠道。培养壮大干事创业"先锋队"。实施农村发展党员"源泉"工程，坚持把政治标准放在首位，加大从致富能手、复退军人、返乡创业就业人员中发展党员力度，丰富拓展实境课堂、专家辅导、行为清单、卡片辅助、积分考核等党员教育管理手段，全面打造走在前列的党员先锋队伍。回引培优强村富民"田秀才"。通过政策宣传、选聘下派、组织引导、前景引领等途径，将优秀人才吸引到农村广阔天地。同时，抓实新型职业农民培训培育工程，依托农村党员干部科技素质教育示范基地,探索"涉农院校+职业高校""集中教育+继续教育"等培训模式,3年累计培训骨干型职业农民900多人。

三是创新组织设置,找准兴旺"金钥匙"。创新"党支部+新型农业"。大力推广"1+4"工作法,围绕"一社一策",积极把党支部建在新型农业产业链上,打造"党支部+农业园+合作社""党组织+产业园+党建联盟""党组织+产业协会+党建联盟""党组织+龙头公司+家庭农场"等运行模式,把一家一户小规模生产连接起来,形成上联行业、下联农户新格局。创新"党支部+电子商务"。围绕"一村一品",积极把党支部建在特色电商产业上,统一开展品牌推广、信息共享、创业培训、订单服务、技术指导等,让党支部成为电子商务发展的"红色驱动"。同时,大力开展党员电商户亮身份、亮承诺活动,统一悬挂"党员电商户"标识,带头签订诚信经营公约,全面打造"党员电商户"先锋品牌。仅2017年,全市电子商务农产品销售额超过2.5亿元。创新"党支部+乡村旅游"。围绕"一域一景",把党支部建在乡村旅游产业链上,充分挖掘乡土风情资源,打造农家乐、休闲体验、采摘观光等特色旅游项目,将"零星散种"的乡村旅游项目编织成网。苏州沙家浜旅游发展有限公司党支部深入挖掘苏南东路抗战红色文化资源,融合爱国主义教育、国防教育、廉政教育、生态湿地宣教等功能,打造红色品牌影响力,2018年年均接待党性教育培训团队1 458批次、8万多人次,营业收入达560万元。

四是落实攻坚责任,同走康庄"共富路"。壮大集体经济强服务。全面制定村党组织"村级经济增长行动计划",重点围绕置业、合作、盘活三大举措,通过建设生产经营性用房发展物业经济、成立"三大合作组织"发展现代农业、投资优质项目,提高村集体资产经营效益,做大做强村集体经济,为村党组织服务群众提供坚强物质保障。党员示范引领带民富。深入开展农村党员"双带三评"活动,通过群众测评、党员互评、党组织考评的方式,在全市建立"双带"能人信息库,命名"双带"示范户,由农村党员领办创业项目,带头创业致富、带领群众致富。实施"党旗引领民富"工程,通过无职党员设岗定责、党员先锋岗、党员提案等形式,切实发挥党员致富表率作用。帮扶经济薄弱村促脱贫。深入推进抓党建促脱贫攻坚工作,细化农村党组织扶贫工作责任,把薄弱村脱贫转化工作纳入党组织书记抓基层党建工作述职中,用扶贫工作成果来检验党建工作成效。选派政治素质好、敢于担当、善于做群众工作的机关干部担任经济薄弱村"第一书记",实施市级机关部门与经济薄弱村结对帮扶行动,提升薄弱村发展动力。

五是打造核心引擎,建设美丽"新家园"。加强乡村治理。全面落实村级重大事务党组织决策机制,推广"四议两公开""党员议事组"等有效做法,不断完善村级治理体系建设。推动党建网格和治理网格"两网融合",全面实现"人在网中走,事在格中办"。建设文明乡风。以镇、村道德讲堂为主阵地,深入开展社会主义核心价值观教育,广泛开展读红书、忆红史、观红影等活动,大力宣传普及文明礼仪、道德法治,引导农民群众移风易俗、除旧布新。持续开展党员中心户、星级文明户、文明家庭等评比创建活动,用身边事感染、带动身边人,使文明有礼、崇德向善成为农民群众的行动自觉。打造宜居村庄。突出党组织对村庄建设的领导,充分发挥统筹作用,按照自然环境、产业基础、区位优势、人脉文化资源等特点,科学编制建设规划,避免抓发展与抓环境治理"两张皮"现象。进一步完善基础设施和公共服务设施配套,深入开展农村环境整治,至2018年底,全市已有784个自然村庄完成整治,3万多户农户受益。

三、太仓建强组织体系解乡村振兴难题

近年来,太仓市牢固树立问题导向,以党建为抓手,通过开展"党建体检"、实施"头雁工程"、培养"定制村干"等手段,进一步建强农村基层组织、打造过硬书记队伍、补齐乡村人才短板,为推进乡村振兴提供坚强组织保证。

一是以"党建体检"为重点,组建了由34家市委直属党(工)委为成员单位的5个党建体检小组,从2018年2月开始,在8个月内,分五轮对全市农村党组织开展党建体检工作,确保每一轮体检时间在半个月以上,每一轮实地调研在半个月以上,每一轮访谈汇报在半个月以上,真实、全面、详细地掌握各地农村党建工作情况。制定农村基层党建责任落实、"三会一课"制度执行和组织生活制度落实情况等38项体检清单,5个体检小组对照清单明细内容,采取"四个一"方式进行集中体检,即听取一次党建工作全面汇报,开展一次实地调研重点查看农村党建阵地建设、制度上墙等情况,进行一次个别访谈了解"五个基本"落实情况,听

取群众对村党组织的评价,随机挑选党员进行一次应知应会党建知识测试,要求村书记必须参加测试。针对党建体检中发现的共性问题,要求各村党组织逐条对照,建立问题整改责任清单,并分别明确各镇区和村党组织负责人的整改责任,促进问题整改落到实处。将党建体检情况作为基层党建"强基工程"考核重要内容,对于整改落实不到位、"回头看"发现问题的基层党组织负责人进行问责。

二是以"头雁工程"为重点,抓实书记队伍建设。打破身份、资历、地域等界限,采取"两推一选""公推直选、竞岗承诺""无候选人一票直选"等方式,注重从机关事业单位干部、致富带富能人、大学生村官、退役军人和企业经营管理人员中培养选拔村书记。制定出台《关于建立村党组织书记备案管理制度的通知》,要求镇(区、街道)党(工)委在届中动议调整有关村党组织书记或在换届期间提名推荐有关村党组织书记人选前,要向市委组织部书面报告拟动议调整以及提名推荐方案,未经上报的,一律不同意。市委组织部常态化组织开展"小班化"的村党组织书记"头雁工程"培训班,坚持每年对所有村书记集中脱产培训一遍。启动实施"村党组织书记后备干部三年培养计划",开展"后备干部能力提升年"活动,通过定时培训、定人帮带、定期谈话、定点锻炼"四定"培养方式,促进村书记后备干部快速成长。目前,全市53名村书记后备干部中已有3名选拔成为村党组织书记。建立考核管理和述职评议制度,年初明确目标任务、年中进行检查、年底结合群众评议实施百分制考核,考核结果与报酬、评优、任用挂钩。对市委巡察、基层党建体检中发现问题较为严重且整改不力的,或在"263""331"专项行动等中心工作中履职不力的村(社区)书记严肃问责,并及时进行岗位调整。

三是强化乡村人才支撑,以"定制村干"为重点,通过严格的标准、规范的程序,公费选派青年学生,赴江苏农林职业技术学院、苏州农业职业技术学院和江苏农牧科技学院三所省内农业类院校进行3年全日制大专学习。实行"1+2"导师帮带制,乡镇党政领导干部为"组织导师",每月定期谈话,给"定制村干"把方向、解疑惑;村(社区)党组织书记为"工作导师",定期交任务、传方法、讲经验、做示范,引导其参与村级事务,熟悉了解村情民意。围绕乡村振兴5个方面,为"定制村干"量身定制了基层党建、农业产业、生态环境、社会治理、乡村文化5大类20个实践锻炼岗位，不断提高"定制村干"分析、判断和解决问题的能力。实施"双培"计划，把思想正、能力强的"定制村干"培养成党员。同时，把"定制村干"纳入后备干部进行培养，把政治坚定、实绩明显、群众公认的"定制村干"推上村"两委"岗位；把农业技术强、农村业务精的选聘到市镇农技推广机构；对表现特别突出、符合条件的作为村党组织书记后备干部重点培养。围绕思想政治建设、联系服务群众、推动中心工作等方面设置"成长积分"，制定日常行为积分、组织考评积分、正向激励加分、负面清单扣分"四张清单"，以积分的形式进行动态管理。采用日常考核、年度考核和聘期考核相结合的方式，对"定制村干"进行专项考核，考核结果作为收入待遇、职位提拔的重要依据，让"定制村干"在经济上有"甜头"，政治上有"奔头"。

四、吴中"四联"党建工作法引领乡村抱团发展

苏州市吴中区近年来以强弱组织联姻、富民项目联建、生态环境联保、乡风文明联育的"四联"工作法推进"环太湖党建带"建设，以党建引领乡村发展，助力乡镇振兴。

一是强弱组织联姻。吴中区推进先锋村与薄弱村党组织联建、农村与机关党组织联建、领导与薄弱村党组织挂钩，通过强村带弱村、机关带农村、先进促后进，实现优势互补，携手共同发展。目前已完成四轮薄弱村帮扶工作，持续推动集体经济薄弱村脱贫转化，拉长乡村发展短板。通过租金反哺、联动帮扶、政策倾斜等综合措施，扶持集体经济薄弱村增强发展能力。到2017年底，富民工业园租金反哺薄弱村累计近1.25亿元，区级薄弱村基本完成稳定收入300万元的脱贫任务，个别村甚至迈入超千万元村行列，薄弱村经济发展和公共服务水平得到明显提升。2018年，吴中区启动第五轮集体经济相对薄弱村精准帮扶工作，创新"四个一"帮扶模式，将企业商会纳入帮扶团队，探索社会资本如何参与集体经济相对薄弱村的脱贫帮困。

二是富民项目联建。吴中区基层党组织因地制宜地开展项目联建，既注重镇村之间抱团联合发展，也鼓励发挥村级主观能动，持续提高资产收益。全区14个镇级集团公司共建成优质载体187万平方米，年度合同租金2.52亿元。临湖镇采莲村、前塘村、灵湖村成立众村集团公司，依托

各自禀赋开展联合发展，实现优势互补、互利共赢。吴中高新区富民联社、木渎镇香溪社区等既具有经济实力又受限资源瓶颈的集体经济组织，开展跨区域收购项目载体，为集体经济增添发展后劲拓展路径。目前全区异地收购项目55个，载体面积近77.7万平方米，年收益达1.49亿元。

三是生态环境联保。吴中区推广"行动支部"工作法，加快"263"专项行动推进，解决了一批累积多年的环境顽疾，城乡环境大为改观。党员干部带头常态化开展太湖水环境"五位一体"综合管理，每年将财力的10%~20%用于太湖保护治理。从2015年起开展全区美丽乡村建设两个三年行动计划，投入近50亿元用于解决村容村貌、交通道路、生活污水、休闲娱乐等生产生活短板问题。目前全区行政村生活污水治理实现全覆盖，开展美丽村庄、康居村庄、二类康居村庄建设667个，建成市级三星级康居村庄294个，占苏州市总量的25.8%。

四是乡风文明联育。吴中区创建基层红色阵地，建成党员服务中心、书记工作室、区域化党建工作站、党员实境课堂等6类党建阵地267个。推进党建标识可视化系统建设，将党建阵地建成宣传党的主张、贯彻党的决定、领导基层治理、团结动员群众、推动改革发展的坚强战斗堡垒。开展选树"党员示范户"、寻访"最美家庭"、创建"文明标兵户"等活动，修订村规民约，推进农村基层移风易俗。加大道德模范选树力度，在镇村两级设立道德模范推荐站，引领基层向上向善的乡村文明新风尚。以农村青少年为重点，普及优秀传统文化，在学校开展品读经典主题活动，推进戏曲、音乐、书画、非遗项目等进学校，进村庄，用优秀传统文化涵养农民群众的精神气质。

五、吴江以"融入式党建"夯实基层工作

吴江"融入式党建"创新工程以"四个融入"为核心理念，即党建融入发展、融入民生、融入区域、融入群众。党建融入发展，就是要正确处理好"最大政绩"和"第一要务"之间的关系，坚持党建与发展紧密联动，助推改革任务完成和经济社会发展。党建融入民生，关键在于推进基层服务型党组织建设，建立健全区域统筹的基层党组织体系，着力构建主体明确、层次清晰的服务体系和城乡统筹、全面覆盖的服务网络，形成上级党组织服务下级党组织、党组织服务党员、各级党组织和党员服务群众

的机制和格局。党建融入区域，必须实现三个转变，才能变基层党建"独角戏"为党群"大合唱"。一是从上层着力向基层着力转变，推动重心下移、力量下沉、权力下放；二是从局部推进向整体推进转变，把社区党建、机关党建、"两新"党建统揽起来，统筹推进；三是从自我封闭向开放融入转变，确立以党组织为核心，政社互动共同参与的基层治理架构。做好群众工作，是打牢执政基础的重要途径。无论资讯多么发达、技术多么先进，"键对键"永远代替不了"面对面"。只有用脚步丈量民情，才能永葆与群众的血肉联系。

一是党建融入发展，充分发挥党组织"把方向、管大局、保落实"的作用。开展党代会常任制试点工作。吴江在2003年被江苏省委确定为全省首批两个党代会常任制试点县市之一。吴江在常任制试点工作中创设党代表"行权三票制"：第一票是"选举票"，通过党代表民主投票选举产生区委委员；第二票是"信任票"，区委委员任职届中，通过党代表民主投票对区委委员是否胜任做出民主评议；第三票是"满意票"，区委委员任职届末，通过党代表民主投票对区委委员任期履职情况出评价。同时制定出台党代表闭会期间活动规定、列席区委全委会和常委会、基层接待日、巡视、述职评议等制度，拓宽党代表闭会期间发挥作用的途径方式，畅通党代表知晓情况、参与议事的渠道。建立健全科学发展的考核评价体系。丝绸纺织是吴江的传统产业，也是支柱产业之一。纺织行情好的时候，几乎三分之一以上的家庭都有几台织机。不成规模的无序发展造成产业附加值低、抗风险能力差的局面，乱排放则对环境造成严重危害。因此，早在2008年，吴江市委、市政府就启动开了"两竞赛一赶超"活动，即开展经济发展和环境建设两大竞赛，"学习先进赶超先进"活动。在全球经济不景气的大背景下，顶着经济下行的压力，毅然决然把环境建设放到跟经济发展同等重要的地位，作为考核领导干部政绩的参考，下大力气调结构、促转型、保环境。考核是指挥棒。近年来，区委不断健全完善科学发展考核评价体系。实践证明，建立健全政绩考核评价体系，能够引导各级领导班子和领导干部树立正确政绩观，自觉践行科学发展。推动法治型党组织建设。从2014年起，按照苏州市委的部署要求，吴江坚持以依法执政和依规管党为核心任务，扎实推进法治型党组织建设，大力营造干部清正、政府清廉、政治清明的良好环境。出台了《关于实施"双百双千双万"工程推进基层法治型党组织建设的意见》,旨在推动全区基层党组织在全面推进依法治区中充分发挥战斗堡垒作用,并以此为抓手全面增强基层干部法治观念、法治为民意识,提高依法办事能力,大力推进基层治理法治化、现代化,为经济社会发展营造更好的法治环境。

二是党建融入民生,全面提高公共服务共建能力和共享水平,打造群众满意工程。项目引领,提升城市整体功能。近年来,吴江城市建设很重要的一条经验,就是把民生优先放到更加突出的位置,以重大民生实事项目建设为引领,提升城市的功能和品位,增强居民对城市的认同感和归属感。从2013年起,区委、区政府启动实施"1058"工程建设,在全区范围内推进10项民生实事工程、5项重大交通工程、8项生态文明建设工程。"1058"工程总投资约450亿元,目前已基本完成,有力改善了城市功能,提升了便民惠民利民的公共服务水平,为发展打下了坚实的基础。同时,区委、区政府围绕江苏省党代会提出的"两聚一高"(聚力创新、聚焦富民,高水平全面建成小康社会)总要求,启动实施"555计划",即在产业提升方面,以"经济强"为目标,建设苏州湾科技城、新型半导体产业园、纺织循环经济产业园、智能装备产业园、物流科技园等5大平台;在民生改善方面,以"百姓富"为目标,实施富民增收、公共服务、美丽镇村、重大交通、平安法治等5项工程;在环境优化方面,以"环境美、社会文明程度高"为目标,打造生态文明、智慧城市、创新创业、人文休闲、政务服务等5大高地。实施"555计划"就是要认真贯彻落实习近平总书记视察江苏重要讲话精神,推进"强富美高"新吴江建设。功能提升,健全公共服务体系。吴江大力推进以"五个一"为目标的关键环节改革,即一张蓝图管发展、一枚公章管审批、一个号码管服务、一支队伍管执法、一项政策促转型。其中,一枚公章管审批和一个号码管服务是吴江推进公共服务均等化和标准化的主要手段。先介绍"一枚公章管审批"。2002年,吴江在全省率先设立区级行政服务局,将区级相关职能部门审批事项较多、审批频率较高、与经济建设及群众生活密切相关的审批服务事项集中起来办理,实行"一站式"办公、"一条龙"服务。目前,吴江已建立起以区政务服务中心为主体、镇区便民服务大厅为纽带、村(社区)便民服务室为延伸,上下联动、运行高效、协调统一的三级便民服务体系。尤其是覆盖249个村、66个社区的便民服务室,全面推行为民服务全程代理,切实打通了联系服务群众的"最后一公里"。"一枚公章管审批"就是在此基础上,实施以一个窗口受理、相关部门同步审批、限时办结,一个窗口回复为重点的流程再造。以优化企业设立登记"一窗联办"工作为例,将各项评估由串联方式调整为并联方式进行,加强整合优化,实行一个窗口受理、同时评审、同步审批的服务新模式。下一步,吴江还将对市场准入类和投资建设类的行政审批事项实行"一个窗口受理、一个系统审批、一个窗口回复"的审批新模式。资源整合,提升社会治理水平。如果说"一枚公章管审批"是强化服务手段的话,那么同属全省首创的"一个号码管服务"则标志着吴江城市综合治理迈入联动服务时代。过去老百姓要反映一个问题,可能要花很大的精力找到相关职能部门。吴江创建了区城市综合治理联动指挥中心("大联动"中心),全面整合24条政府服务热线到"12345"一个号,把问题分拣、派发、督办的任务交给一个号码,老百姓只要记住"12345"就行了。"12345"扮演着"神经中枢"的作用,它会将接收到的问题派发至相关区镇"大联动"分中心,再由分中心派发至村(社区)工作站或职能部门,根据先期处置和专业处置相结合的原则进行快速有效处置,而其处置结果将被纳入各地各部门的绩效考核。"12345"还统一受理区长信箱、寒山闻钟论坛、中国吴江(公众监督)、东太湖论坛(发言人在线)、领导交办以及其他来源等12种城市综合治理的问题,加大对相关职能部门的督促和约束力度。在整合各部门服务热线和网络问政等多种被动受理来源基础上,"大联动"中心还组建了一支528人的区、镇两级巡查队。这些巡查队员对应全区26 423个单元网格,就像是城市的"啄木鸟",把工作触角深入到村(社区)的角角落落,主动发现城市存在的各种"病虫害"。

三是党建融入区域,大力推行"区域党建"。打破行政隶属壁垒,推动党建融合。80年前,费孝通先生以家乡七都镇开弦弓村为起点,写下了著名的《江村经济》。上世纪80年代,费老又以家乡为原型,提出小城镇发展的"苏南模式"。可以说,在新型城镇化道路中,吴江一直走在全国前列。在推进城镇化、统筹城乡一体发展的过程中,吴江打破行政壁垒,采取"局村挂钩、扶持薄弱村""局企结对、携手共建""局社结对、一联双管""村企结对、共建新农村""国企民企、统筹共建"等方式,大力统筹城乡党建资源,为吴江城乡一体化推进提供了坚强的组织保证。打破常规设置模式,建立区域组织。近年来,按照区域统筹理念,吴江围绕地域分布、产业发展和服务功能优化党组织设置,探索形成了园区统筹、片区统筹、村企统筹、村居统筹、商圈统筹、市场统筹、行业统筹、产业统筹等8种区域党组织设置模式。陆续建成22个区域党建工作站,全部配备专职党务工作者,协调区域内现有的各类组织开展统筹共建,并对区域内"两新"党组织和党员进行兜底管理服务。打破单一隶属关系,实行双向管理。随着城乡一体化的持续加快,土地向规模经营集中、工业项目向园区集中、农民向社区集中,统筹城乡"三集中"深刻改变了传统的城乡面貌,新型农村社区如雨后春笋般出现。吴江开发区山湖花园社区是一个拥有1.2万人口的大型农民动迁小区,由23个村拆迁而来,管理难度较大,但区内实现了没有一处违章建筑、没有一条黑色广告、没有一方环境破坏、没有一处消防隐患、没有一人越级上访的"五个没有"。2008年社区成立之初,大部分党员组织关系还在村里,参加组织生活时各回各村,在参与社区自治、服务群众等方面很难有所作为。因此,2011年,吴江在苏州市率先建立"村转社区党委+动迁村党支部+楼宇党小组+党员中心户"四级党建网络,采取党员组织关系双向挂靠、活动双向参加、表现双向考核、干部双向兼职、作用双向发挥、经费双向保障"六个双向"的办法进行管理,并逐步开展党组织、居委会、业主委员会、物业管理公司"四位一体"建设,通过党组织示范带动,为新型农村社区形成治理合力、提升服务实效。

四是党建融入群众。党员干部进万家。2010年创先争优活动时,吴江启动开展"党员干部进万家"活动,建立联系服务群众四个"全覆盖"机制,即村(社区)结对挂钩全覆盖、联系服务群众全覆盖、困难家庭结对全覆盖、信访地区领导包案全覆盖。党的群众路线教育实践活动结束后,"党员干部进万家"活动作为党员干部直接联系服务群众的制度,常态化、长效化地坚持了下来。"两代表一委员"联合接待群众。2010年,在全区所有行政村、社区推行"两代表一委员"联合接待群众工作,每月5日和25日由代表、委员在镇(开发区)、村(社区)固定接待点接待。为什么组织"两代表一委员"联合接访?由于这三个群体地位、作用比较特殊,可以根据履职的需要,对群众反映的问题,通过事前调查分析,同党委、人大、政协及有关部门取得沟通联系,提出自己的意见、建议和要求,既能提高参政议政能力水平，又能督促"一府两院"更好地为群众服务，而且三者联动还可以减少有关部门办理人大代表、党代表、政协委员意见和建议的重复劳动。"两代表一委员"联合接待群众制度推行9年多来，全面发挥了"联络员""代言人""信访员""监督员"和"巡视员"作用，促进了全区社会和谐稳定。党代表联系党员群众。作为省党代会常任制试点地区，2006年，吴江在全省率先探索党代表直选制，改变传统的区县一级党代表由下一级党代会间接选举模式，以农村、社区、"两新"组织和机关企事业单位为选区，将党代表的推荐、选举权交给全体党员。2016年，建立党代表联系党员群众制度，市、区、镇三级党代表每人联系选区5名党员群众，每季度至少联系一次。实践证明，党代表只有"接地气"，履行职责才会更有"底气"。共产党员关爱帮扶生活困难群众。2010年，在苏州市委统一部署下，开展共产党员帮扶生活困难群众行动，并成立党员关爱基金，所募款项全部用于帮扶困难群众。为了解决持久帮扶所需的大量资金，关爱基金借鉴商业基金市场化运作机制，委托资质好、经营效益好、社会责任好的亨通集团管理运作，增强基金"造血"功能，不断做大基金盘子，让困难群众得到更多帮扶。

对策篇

第十章

加快农村一二三产业融合发展的若干建议

农村一二三产业融合发展是我国"三农"政策的理论创新，是实施乡村振兴战略的重要抓手。加快农村一二三产业融合发展对转变农业发展方式，构建乡村产业体系，拓宽农民就业渠道，增加农民收入具有重要的意义。从2014年中央农村工作会议以来，党中央、国务院就推进农村一二三产业融合发展与时俱进提出了一系列新部署新指示新要求，形成了农村一二三产业融合发展的顶层设计。国务院和各部委紧紧围绕中央的决策部署出台了指导意见、配套政策和工作举措，形成了加快推进农村一二三产业融合发展的政策体系。理论研究表明，农村一二三产业融合发展具有一定的自身演变发展规律。苏州的具体实践表明，推进农村一二三产业融合发展既有客观的条件，也有主观能动的因素，是产业融合环境与主动作为对接推动的双重结果。当前，我国正处于全面建成小康社会的关键时期，加快推进农村一二三产业融合发展，以产业振兴引领乡村全面振兴非常迫切。因此，加快推进农村一二三产业融合发展要在因地制宜、充分考虑自然资源禀赋的基础上，从树理念、夯基础、抓关键和强落实等四个方面入手，不断提高认识、把握正确方向、主动担当作为，为深入实施乡村振兴战略，全面建成小康社会做出应有贡献。

第一节　坚持树牢新发展理念

理念是行动的先导，什么样的发展理念从根本上决定着什么样的发展结果，苏州农村一二三产业融合发展的成绩和做法也充分说明了这一点。党的十八大以来，我国农业农村进行了一系列改革，取得了一系列成就，农业农村正发生着深刻的变革。"知其事而不度其时，则败。"简单沿袭原来的发展观念、发展路子，显然已经行不通。《关于推进农村一二三产业融合发展的指导意见》强调，要牢固树立创新、协调、绿色、开放、共享的发展理念，主动适应经济发展新常态，以市场需求为导向，以完善利益联结机制为核心，以制度、技术和商业模式创新为动力，以新型城镇化为依托，推进农业供给侧结构性改革，着力构建农业与二三产业交叉融合的现代产业体系，形成城乡一体化的农村发展新格局，促进农业增效、农民增收和农村繁荣，为国民经济持续健康发展和全面建成小康社会提供重要支撑。《关于实施农村一二三产业融合发展推进行动的通知》重申，实施推进行动，要以习近平总书记"三农"思想为指引，坚持"基在农业、惠在农村、利在农民"原则，以农民分享产业链增值收益为核心，以延长产业链、提升价值链、完善利益链为关键，以改革创新为动力，加强农业与加工流通、休闲旅游、文化体育、科技教育、健康养生和电子商务等产业的深度融合，增强"产加销消"的互联互通性，形成多业态打造、多主体参与、多机制联结、多要素发力、多模式推进的农村产业融合发展体系，努力助推乡村产业兴旺，切实增强农业农村经济发展新动能。加快推进农村一二三产业融合发展，首先必须坚持贯彻新发展理念、树牢新发展理念，用新发展理念引领农村产业新的发展。

一、坚持创新发展，发展动力

"创新是第一动力。"创新立足传统、突破传统，依托现实、推动变革。创新就是要主动破除过时的思维定式、路径依赖和工作惯性。长期以来，在我国现代农业发展和农业政策体系中，农业产业化具有重要地位。农村一二三产业融合发展与农业产业化一脉相承，但相对于传统农业产业化又有丰富的创新内容和创新价值。农业产业化是农村一二三产业融合发展的源头和重要内容，农村一二三产业融合发展是农业产业化的升级版和拓展版。如农村一二三产业融合发展包括延伸产业链、发展农业产业化集群等农业产业化形式。休闲农业和乡村旅游等农村一二三产业融合形式倡导农业生产、生活、生态功能的结合，丰富了农业农村发展的环保、科技、教育、文化、体验等内涵，已经超出了传统农业产业化的边界。服务业引领或平台经济带动的农村一二三产业融合发展形式，大大拓展了农业产业化的内涵。因此，推进农村一二三产业融合发展更应该创新办法，必须树立和坚持创新发展理念。

坚持创新发展理念推动农村一二三农产业融合发展首先必须树立大农业观。什么是大农业呢？习近平总书记指出，大农业是朝着多功能、开放式、综合性方向发展的立体农业。它区别于传统的、主要集中在耕地经营的、单一的、平面的小农业。习近平总书记的大农业观包含了最前沿的现代农业发展理念。坚持创新发展首先要破除思维定式，解放思想。加快推进农村一二三产业融合发展就要牢固树立起大农业观，以新理念引领农业向广度、深度进军，在坚定不移抓好粮食生产的基础上，追求"粮经饲"统筹、"种养加"一体、农林牧渔结合和一二三产业融合。

坚持创新发展理念推动农村一二三产业融合发展必须强化对科技创新的认识。习近平总书记指出："谁牵住了科技创新这个牛鼻子，谁走好了科技创新这步先手棋，谁就能占领先机、赢得优势。"创新能否成为引领发展的第一动力，关键在科技创新；创新能否解决当前需求无限性与资源有限性的矛盾，持续增加要素有效供给并形成高效组合，不断提高生产力，关键也在科技创新。农村一二三产业融合发展是科技创新的必然结果，也必须依靠科技创新这个牛鼻子。科技改变人们对传统农业的认知。随着科技的发展，人们对农业生产的认知正在逐步改变。人工智能科技结合大数据、云计算、5G应用等现代科技为农业赋能，数千年的"锄禾日当午，汗滴禾下土"的产业，已经发生根本变化，农民可以"洗脚上田"，在空调房里"种田"了。老一辈农民想都不敢想的事情，今天已经成为现实。传统农业的"苦、穷、脏"——劳动强度大、环境差、收益低，让许多农村新生代视为畏途，宁愿进厂打工也不愿意接过父辈的锄头，导致农民老龄化日益严重。智慧农业颠覆了面朝黄土背朝天的传统农业耕作方式，也刷新了农民的职业形象，让农民成为令人羡慕的职业，这对于吸引外部人才进入、农村青年回流，解决农业发展人才不足、缓解农村"空心化"问题都大有裨益。科技不仅改变人的认知，改变着人们的生产方式和生活方式，同时由于人们对科技创新认识的提升，也加快了科技改造传统产业的步伐。

坚持创新发展理念推动农村一二三产业融合发展必须高度重视制度创新。农村一二三产业融合发展是将产业链、价值链的组织管理方式引入现代农业发展，通过产业重组、交叉和渗透等形式产生新产业、新业态和新模式的过程。这个过程涉及生产要素的集聚、管理方式和组织方式的创新、利益的分配，没有体制机制的创新是不可能完成的任务。从这个意义上看，农村一二三产业融合发展的过程正是乡村产业体系制度变迁和制度逐步完善的过程。

坚持创新发展理念推动农村一二三产业融合发展必须培育创新主体。弄清楚谁是推动农村一二三产业融合发展的创新主体对坚持创新发展至关重要。党的十八大提出企业是创新的主体，这意味着农村一二三产业融合发展的新型农业经营主体是创新的主体，包括职业农民、家庭农场、农民专业合作组织、农业龙头企业、农业产业化联合体，以及其他参与农村产业经营的新型组织。很长时间内，我国是政府替代企业成为主体，这在农业产业上表现得特别明显。让市场主体成为创新主体，最好的办法是让市场主体回归市场，正确处理政府与市场的关系，让市场在资源配置中起决定作用，更好地发挥政府的作用。

二、坚持协调发展，发现问题所在

和声美妙，关键在于协调。习近平总书记将协调发展形象地比作"制胜要诀"。协调之所以能够成为"制胜要诀"，就在于事物的普遍联系性。加快推进农村一二三产业融合发展需要坚持协调发展的理念，必须因地制宜，不能一哄而上，必须统筹兼顾，不能片面发展。要以问题为导向，补齐农业农村发展和农村一二三产业融合发展的短板。

坚持协调发展是农村一二三产业融合发展的内在要求。事物是普遍联系的，这是事物发展的客观规律。人类社会是包括经济、政治、文化、社会、生态等各种活动在内的统一有机体，形成了一系列的重大关系，这些关系处理不好就会出现不平衡、不协调的状态，影响社会健康发展，供给体系和需求体系就会脱节，供求关系就会失衡。农村的经济建设、政治建设、文化建设、社会建设和生态文明建设也要遵循以上规律，如果农村的经济建设与其他各方面建设不协调，那么整个农村经济社会的发展就不协调。农村一产、二产和三产之间也是如此。俗话说"无工不富，无农不稳"。只有农业一产，没有二产、三产，农业的附加值无法提高，农民的收入和就业容量有限；只有二产，没有一产，农村就不像农村，国家的粮食安全就会受到影响。没有一产和二产，三产的发展也就失去了有效的支撑。所以，推进农村一二三产业融合发展，通过一产、延伸二产、发展三产，通过二产、带动一产、促进三产，使得农村一产、二产、三产协同发展、整体发展，符合农村产业发展规律。

坚持协调发展是农村一二三产业融合发展的评价指标。既然协调发展是农村一二三产业融合发展的内在要求，那么一二三产业协调不协调就可以成为农村一二三产业融合发展的评价指标。协调既是发展的手段，又是发展的目标，同时也是发展的标准和标尺。所以，评判农村一二三产业融合发展好不好，就看农业一二三产业发展是不是协调、是不是平衡。当然平衡和协调是相对的，不平衡、不协调是绝对的。协调发展是一个长期的、历史的动态过程。就当前来说，农村一二三产业融合发展中有许多不平衡、不协调的问题，比如农村一二三产业之间，农业内部各行业一二三产业之间。造成这些不协调、不平衡的原因很多，但主要还是资源和要素配置不合理、不协调。长期以来，土地、资本、人才等各要素单向地由农村流向城市，导致农村农业农民问题，导致乡村产业的凋敝。所以，农村一二三产业融合发展从更深层次来看是资源配置的协调性问题。

坚持协调发展，认准农村一二三产业融合发展补短板，是推动农村一二三融合发展的潜力所在。农村资源配置不合理、不协调，农村产业单一，农业产业链延伸不够，农业多功能挖掘不充分，农村就业容量不足，农业附加值不高，农民收入增长缓慢，农业现代化与新型工业化、新型城镇化和信息化不同步等，是当前农业农村和产业发展中存在的不足和短板，如何解决这些问题、补齐当前的短板是农村一二三产业融合发展迫切需要解决的难题。所以要以问题为导向，把不平衡、不协调的问题解决，就能加快推进农村一二三产业融合发展。

三、坚持绿色发展，切实转变方式

绿色发展是发展观的一次深刻革命。绿色发展就是要坚持人与自然和谐共生，实践绿水青山就是金山银山的理论。贯彻绿色发展，首先要理解经济发展与生态保护的辩证关系。习总书记把经济增长和生态保护关系形象地类比为"金山银山"与"绿水青山"的关系，"宁要绿水青山，不要金山银山，而且绿水青山就是金山银山"，这是对经济发展和环境保护二者关系最好的诠释。破坏生态的发展是片面畸形的发展，不是真正的发展；真正的发展是实现经济增长和生态环境保护双赢的绿色发展。习总书记强调，要克服把保护生态与发展生产力对立起来的冲突思维，更加自觉地推动绿色发展，决不以牺牲环境、浪费资源为代价，换取一时的经济增长，为子孙后代留下可持续发展的"绿色银行"。

坚持绿色发展必须深刻领会贯彻习近平总书记生态文明思想。这一思想的主要内涵包括了六项原则：一是人与自然是生命共同体的科学自然观。人类必须尊重自然、顺应自然、保护自然，才能有效防止在开发利用上走弯路。人类对大自然的伤害最终会伤及人类自身，这是无法抗拒的规律。二是绿水青山就是金山银山的绿色发展观。"绿水青山就是金山银山"，深刻揭示了发展与保护的本质关系，更新了关于自然资源的传统认识，打破了发展与保护对立的思维束缚。三是满足人民日益增长的优美生态环境需要的基本民生观。坚持以人民为中心的发展思想，坚决打好污染防治攻坚战，提供更多优质生态产品供给，满足人民群众对良好生态环境新期待，提升人民群众获得感、幸福感。四是统筹山水林田湖草系统治理的整体系统观。按照生态系统的整体性、系统性及其内在规律，统筹考虑自然生态各要素、山上山下、地上地下、陆地海洋以及流域上下游，实行整体保护、宏观管控、综合治理，增强生态系统循环能力，维护生态平衡。五是实行最严格生态环境保护制度的严密法治观。对破坏生态环境的行为，不能手软，不能下不为例。必须按照源头严防、过程严管、后果严惩的思路，构建产权清晰、多元参与、激励约束并重且系统完整的生态文明制度体系，建立有效约束开发行为和促进绿色发展、循环发展、低碳发展的生态文明法律体系。六是胸怀建设洁净美丽世界的全球观。生态危机、环境危机成为全球挑战，没有哪个国家、哪个地区、哪个人可以置身事外，独善其身。这六大观念是一个严密的整体，是指导全国、全世界生态治理的价值观。

推进农村一二三产业融合发展必须是绿色发展，只有深刻领会习近平总书记生态文明思想和"绿水青山就是金山银山"的绿色发展观，才能高质量地延伸农业产业链，使乡村产业高质量发展。

四、坚持开放发展，统筹利用各方资源

经济全球化是社会生产力发展的客观要求和科技进步的必然结果，是谋划发展所要面对的时代潮流。随着社会化大生产在世界范围广泛展开，世界各国经济日益融合，全球供应链、产业链紧密联系，生产要素全球流动，各国日益形成利益共同体、责任共同体、命运共同体，世界经济已经连接成一片大海。农村产业的发展和农村产业间的融合也不是孤岛，也不可能是孤岛，要树立开放发展的理念，打好开放牌，统筹利用城市和农村两种资源、两个市场，助力乡村产业发展。

坚持开放发展就是要承接城市的理念、资金、技术和人才等各种资源要素推动农村一二三产业融合发展。从当前来看，加快推进农村一二三产业融合发展存在一定瓶颈，特别是资源和要素上比较缺乏。长期以来，农村资金、年轻劳动力和优秀人才不断流向城市，导致农村凋敝和空心化，而城市拥有的先进理念、资金、技术和人才等生产要素难以城乡互动，这可能是"三农"问题的症结所在。推动农村一二三产业融合发展必须以海纳百川的胸怀，主动吸引资源要素从城市流向农村。

坚持开放发展就是要满足城市居民对美好生活的向往，为城市居民提供绿色高质量的生态产品，拓宽乡村产业发展空间。乡村产业的发展既需要优质的资源和生产要素，也需要广阔的市场，没有市场，产业就难以为继。我国城镇化率已经超过了50%，更多的人口集聚在城市，城市是乡村产业的消费市场。农村要利用山水林湖田的田园风貌优势、特色农村文化优势和乡土情怀气息不断吸引城市不同的消费群体来旅游、休闲、度假，甚至来创业。

坚持开放发展就是要让城市和农村美美与共，各美其美，城乡融合。城市与乡村融合发展，不是城市与乡村一个样，而是城市有城市的模样，农村有农村的形态。城市各种资源集聚度高，公共服务、公共设施比较健

全，但是生活节奏快，工作压力大；而农村生态环境比较好，生活节奏比较慢，农副产品比较新鲜，适合旅游休闲。通过乡村产业的开放发展，乡村的公共设施不断健全、乡村特色不断挖掘、农业质量不断提高，在乡村也能享受到和城市一样高质量的生活水平，而城市居民也能享受到农村优质的农副产品，人们可以自由选择自己的美好生活，这也是乡村振兴推动农业农村现代化的意义所在。

五、坚持共享发展，服务全体人民

坚持以人民为中心，人民对美好生活的向往就是我们的奋斗目标，全面小康一个也不能少，共同富裕一个都不能掉队，这是我们党对人民的庄严承诺。加快推进农村一二三产业融合发展要按照"基在农业，利在农民，惠在农村"的总要求，把劳动就业嵌入全产业链，将家庭经济融入全价值链，使农民收入体现在全利益链上。

坚持共享发展是推进农村一二三产业融合发展的初心。2014年中央农村工作会议提出要把产业链、价值链管理方式引入农业产业，推动一二三产业融合互动，虽然有农村产业发展的要求，但最初目的和着力点就是增加农民收入。随后的中央1号文件和其他相关文件，一直把增加农民收入放在推进农村一二三产业融合发展的首位。党的十九大报告中提出，"促进农村一二三产业融合发展，支持和鼓励农民就业创业，拓宽农民增收渠道"。党中央念念不忘初心使命。因此，推进农村一二三产业融合发展始终要把产业发展与农民分享产业发展红利放在一起，决不能忘记这个工作初心。

坚持共享发展是推进农村一二三产业融合发展的要求。正是这个初心，才有了"基在农业，利在农民，惠及农村"的总要求。实现这个总要求就要从产业链、价值链和利益链上找方法。要不断延伸产业链，拓宽农民的就业渠道，让更多的农民得到工资收入和经营收入；要不断提升价值链，使得更多农民提高工资收入和经营收入；要不断完善利益链，让更多的收益向农民和农村倾斜，提升分配的份额和途径。延伸产业链、提升价值链、完善利益链是推进农村一二三产业融合发展的基本工作要求。

坚持共享发展必须密切关注利益分配，完善利益连接机制。利益链的完善最能体现共享发展理念，也是农村一二三产业融合发展的核心。关注利益分配就要关注经营主体与农民的联结机制，要让小农户和现代农业相衔接，让农民与市场主体采用更加紧密的连接机制。

坚持共享发展就是要让城市与农村共享共建。要让更多的城市资源和财政资金投向农村，共同建设社会主义新农村，实现乡村繁荣兴旺，要让城市居民和农村居民共同享受新农村建设的成果，共同繁荣乡村产业。

第二节　夯实农村产业融合发展基础

农村一二三产业融合发展是一个长期性、系统性、全局性、动态性的农村产业发展战略，同时，农村一二三产业融合发展也有一定的发生条件，不可能一蹴而就，需要不断夯实发展基础，久久为功、厚积薄发。苏州之所以在农村一二三产业融合发展方面走在前列，是因为改革开放以来，苏州从"苏南模式"到城乡一体化发展改革创新不断打下坚实基础。从当前来看，农村一二三产业融合发展亟须夯实的基础主要包括五个方面：一是现代农业的发展基础，二是农村生态环境基础，三是乡土文化延续基础，四是乡风文明的营商基础，五是基础设施硬件基础。这五个基础如果得不到夯实，或者基础不牢，农村一二三产业融合发展就失去了支撑。

一、发展现代农业，夯实融合发展的产业之基

农村之所以还是农村，是因为农村有农业。农村一二三产业融合发展如果失去了一产，那么一二三产业融合发展就失去了根基。充分挖掘农业多功能，可是如果农业生产过程都没有了，那么农业的多种功能还会有吗？皮之不存，毛将焉附？所以，农业是农村一二三产业融合发展的核心基础。在这一点上，我们要有充分的认识。我们不仅仅是搞农村旅游，而是要发展农旅融合；我们不仅仅是搞农村休闲，而是要发展休闲农业。所以，我们在谈农村一二三产业融合发展的路径和模式时，没有哪一种模式是离开农业的。产城融合，农业是基础产业；重组融合，发生在农业产业内部各行业；延伸融合，延伸的是农业产业链；渗透融合，是高科技改造传统农业；多态融合，是农业产业的集聚效应。所以，加快推进农村一二

三产业融合发展与发展现代农业、推动农业现代化是一脉相承的,而且加快推进农村一二三产业融合发展,必须夯实现代农业的发展之基,那就是建立现代农业产业体系、生产体系、经营体系,这也是实现农业农村现代化的目标。

构建现代农业生产体系,推进农村一二三产业融合发展。现代农业生产体系是先进科学技术与生产过程的有机结合,是衡量现代农业生产力发展水平的主要标志。主要是通过实施良种化、延长产业链、储藏包装、流通和销售等环节的有机结合,提升产业的价值链,发展高层次农产品,壮大农业新产业和新业态,提高农业质量效益和整体竞争力。构建现代农业生产体系,就是要转变农业要素投入方式,用现代物质装备武装农业,用现代科学技术服务农业,用现代生产方式改造农业,提高农业良种化、机械化、科技化、信息化、标准化水平。加快构建现代农业生产体系,一是要发展龙头企业、家庭农场、家庭牧场、农民专业合作社等,创新农业经济的微观经济基础。二是要加快培育有文化知识、技能水平高、创新创业能力强的新型职业农民,同时支持农民工、职业院校毕业生等人员加入新型职业农民队伍。三是要加快培育标准化生产基地,以农产品基地、合作社、服务公司等为主要平台,全面实行标准化和组织化。四是要坚持实施适度规模化经营战略,积极加强生产、供销、信用、电商的合作关系。

构建现代农业经营体系,推进农村一二三产业融合发展。现代农业经营体系是新型农业经营主体、新型职业农民与农业社会化服务体系的有机组合,是衡量现代农业组织化、社会化、市场化程度的重要标志。主要涉及专业大户、家庭农场、家庭牧场、农民合作社、龙头企业等。当前构建现代农业经营体系要集中解决好一系列问题,如农民要向职业化方向发展、坚持适度规模经营、建立社会化服务体系等。加快构建现代农业经营体系,一是要创新"公司+农户"模式,在"公司+基地+农户""超市+基地+农户""科技公司+基地+合作社"等方面做更多的尝试。二是要培育新型市场经营体系,提升农产品的国内和出口层次。特别是"一带一路"沿线的省区市农村,要把外向发展和经营作为新的战略重点,按照国际农产品市场的需要和特点,打造出口型现代农业高新技术产业园区、出口基地、出口加工区、出口贸易区等。三是加快培育农业社会化服务体系。培育金融、信息、农机和技术服务等服务主体,推进农业社会化服务体系的专业化发展，大力发展公益性农业服务机构，加强新型生产经营或服务主体之间的合作，提高农业社会化服务的综合效益。

构建现代农业产业体系，推进农村一二三产业融合发展。现代农业产业体系是集食物保障、原料供给、资源开发、生态保护、经济发展、文化传承、市场服务等于一体的综合系统，是多层次、复合型的产业体系。现代农业产业体系是衡量现代农业整体素质和竞争力的主要标志，解决的是农业资源的市场配置和农产品的有效供给问题。构建现代农业产业体系，就是要以市场需求为导向，充分发挥各区域的资源比较优势，以粮经饲统筹、农牧渔结合、种养加一体为手段，通过对农业结构的优化调整，提高农业资源在空间和时间上的配置效率。加快构建现代农业产业体系，需要培育特色优势产业。特色主要是指资源和产品的品质，而优势则是指市场份额、消费信誉、品牌影响和出口能力。一方面，必须深入挖掘各地农村农业资源的发展潜力，在现有农村产业的基础上做好优选和结构优化工作，使产业优势能够充分反映资源优势。要认真做好生产力空间布局工作，高效配置资源；关注农村产业培育与生态环境的协调发展问题，做好生态红线和耕地红线的划定和管理。另一方面，必须创新产业发展战略，着力培育有市场需求、有出口能力、产业链条长、产业互补性强、产品品质高的产业体系。各地选择主导产业应坚持差异性、互补性、循环性的原则，尽量避免结构雷同。同时，要加快培育创新体系，加强农村技能培训。为了引领产业成长，还需要培育一大批农业企业家。

二、保护农村生态环境，夯实融合发展的生态之基

改革开放以来，工业化迅猛发展，为农村的全面进步创造了重要条件。但由于发展方式过于粗放，在一定程度上也导致了工业和城市污染向农村转移，造成乡村环境的严重污染。与此同时，农业的发展方式没有根本转变，化肥、农药、农膜和各种生长调节剂过度施用，农业面源污染愈加严重。农村生活水平提高带来生活垃圾与日俱增、种类复杂。这三种污染在农村交织叠加，使得农村成为美丽中国建设的短腿，成为"中国要美"要解决的最大课题。农村一二三产业融合发展必须遵循绿色发展理念，没有绿水青山就没有金山银山，没有人与自然和谐共生的绿色发展就没有产业发展的未来，没有山清水秀，"乡愁"也只能是遥不可及的记忆。

因此，乡村生态环境的保护治理对加快推进农村一二三产业融合发展至关重要。筑牢农村一二三产业融合发展的生态基础，推广好"浙江千村示范万村整治工程"的经验，必须在思想建设、法治保障、技术路径、发展方式和治理体系等方面形成更加严密的工作体系。

内化理念，将思想建设挺在生态环境保护的前面。要将习近平生态文明思想按照态度转变规律内化为我们的价值观，使得生态保护成为全社会的一致行动。党校、干部学院要把习近平生态文明思想常态化列入党员干部培训课程，深入学习研讨，增强认知信念，提升担当作为的自觉性；深入农村、社区开展生态环境保护科学普及工作，让基层群众了解生态保护基础知识和环境污染的危害性，增强情感依赖，自觉抵制生态不文明行为；加大环境法律法规教育，强化打击处置案例宣传力度，增强生态保护外界压力，营造不敢破坏生态环境的社会氛围。各乡村振兴讲习所、学堂、研究中心要加大生态环境保护科学知识、技能的传播，提升全市生态振兴的意识和认知；利用信息化、网络化、智能化平台和工具增强环保举报、反馈信息渠道的便捷化水平，最终形成不敢、不能破坏生态环境的天罗地网，直到建立人人保护生态、爱护生态的价值体系。

立法行法，将制度建设和制度落实贯穿生态保护全过程。所谓"立法行法"，一方面要"立"，要在国家立法的基础上，根据地方实践，不断完善具有苏州地方特点的生态保护法律法规，加强制度建设；另一方面要"行"，必须违法必究，执法必严，这一点尤其重要。生态保护强大的外界压力关键来自法之必行。因此，要把制度建设和实施贯穿生态环境保护的全过程。2015年新修正的《立法法》赋予地方立法机关更多的开展环境保护立法的权限，这对环境保护的地方立法而言既是机遇，也是挑战。加快推进地方立法，要以解决生态环境领域的突出问题为着眼点，将实践中成熟的经验做法及时凝练并上升为法律制度，通过立法实现生态环境保护"源头严防，过程严管，后果严惩"。要明确规定政府在生态环境保护中的责任，构建政府为主导、企业为主体、社会组织和公众共同参与的环境治理体系。要建立健全环境治理和生态保护市场体系，培育发展环境治理和生态保护市场主体，建立健全环境权益交易制度，构建绿色金融体系。要大力倡导节约适度、绿色低碳、文明健康、绿色增长、共建共享的生活方式、生产方式和消费模式，培育生态文化，使生态文明成为全社会的主流价值观。同时，积极探索统一权威的生态环境监管执法体制。法之不行，丧失的必然是法律的威严。统一权威的监管执法体制要从加快推动执法监管全覆盖、严厉打击各类环境违法行为、严格规范环境保护执法行为、明确环境保护职责、提升环境监管执法能力五个方面做出探索。法院、检察院、公安要成立专门的执法司法机构，有序整合不同领域、部门、层次的监督力量，建立权威统一的环境执法体制，充实执法队伍。同时有序推进跨区域、跨流域环境联合执法、交叉执法。

首末兼攻，以问题导向对生态保护精准发力。当前污染攻坚面临两大难题：一是控制污染的增量，是"首"；二是减少污染的存量，是"末"。污染攻坚战必须采用"首末兼攻"的技术路径，在主要控制增量的同时，想方设法减少存量，直至生态平衡。没有源头治理，末端治理难治其本；没有末端治理，源头治理难显其表。首末兼攻重点是"首"，难点在"末"。一是狠抓源头治理，拒绝"先污染后治理"。农村环境污染的源头主要集中在农村工业企业、市场主体违规排放"三废"，生活污水、垃圾，农业面源污染以及周边区域污染影响等四大领域，必须通过建立工业"三废"污染处理体系和市场机制，强化农村环保公共设施，应用生态循环农业生产模式，建立生态环境保护协同治理平台进行分类施策。二是突出末端治理问题，畅通资金、技术、机制渠道。生态环境污染的末端治理突出表现在资金不足、技术不行和机制不活三个方面。要着力通过推进多元化投融资体系建设，加大环保修复技术的研究应用，总结、完善、推广各地在污染防治中的经验举措，积极推行第三方治理模式。

绿色发展，将良好生态转化为经济发展的核心竞争力。保护生态不是不要发展，而是要转方式、换动能，实现高质量发展，这是习近平总书记"两山理论"的核心要义。绿水青山与金山银山要有机统一、互相转化。必须摆脱发展路径依赖，把转变发展方式作为生态保护的根本之策，大力发展生态经济，把绿色发展打造为乡村高质量发展的鲜明特色。一是要强化农村生态经济公共基础设施建设。包括高标准厕所、互联网光纤、智能化设施、免费WiFi覆盖、乡村指示标识、游客公共服务大厅、应急医疗卫生设施、体育健身设施、娱乐休闲步道，以及垃圾分类箱、生活污水处理设施等。当然，这些公共设施设备的建设和存在要对环境容量进行科学测算和评估，不能造成新的生态压力。二是"形""魂"结合，高质量推进美丽镇村建设。美丽是"形",生态是"魂"。在继续推进特色田园乡村、美丽乡村、特色小镇建设的同时,必须强化生态观念和生态意识,"形""魂"结合,把生态指标抓好抓实。要转变项目验收方式,通过生态环境激发乡愁意蕴,从而使美丽乡村为发展农村生态经济服务。三是提升绿色生态农副产品区域品牌影响力。要把苏州农业"四个百万亩"保护面积转化为优质生态产品的基地,农业部门要制定生产标准,加大生态循环农业发展模式指导,同时要将生态产品的生产列入生态补偿范围,激发家庭农场、合作社和农业企业转变生产方式的积极性。四是加快推进农村一二三产业融合发展。要发掘农村文化、旅游资源,实现"现代农业+"或者"互联网+现代农业",不断延伸农业产业链,使农民得到绿色产业链收益。要充分利用农村其他闲置资源,深化农村"三块地"改革,凭借乡村生态资源,开启"逆城市化"进程。

　　合作共治,构建权责相等的生态保护治理体系。构建政府主导、企业主体、社会组织和公众共同参与的环境治理体系是党的十九大报告提出的要求。生态保护及其治理问题比较特殊,表现为政府、公众、企业、环保组织各主体不是单纯的服务主体,也不是单纯的享受主体,往往同时是诉求的表达者、服务的提供者和服务的享受者,每个人的行为习惯对生态环境都有或多或少的影响。所以,各主体基于"共识"下的参与、互动、协作就显得十分迫切。合作治理理论在生态环境保护领域运用是适得其所。当前来看,政府迫切需要做的是强化农村社区在生态环境保护中的主体性作用,构建社区生态保护参与支持机制,以有效突破当前农村生态环境保护的困局。当前,农村社区及其居民的作用并不突出,原因比较复杂,但关键还在于农村社区生态环境保护的组织化程度偏低,很多农村社区并不重视其环保职能的发挥。因此,应该在农村自治框架内,发动社区中党员、社会精英、知识分子、乡贤等,通过引导成立"微自治组织",比如社区环境保护委员会,并赋予其职能,行使环保权利和义务。这些职能主要包括:制定生态环境保护乡规民约,监督社区成员遵守;协调社区内部、社区与成员、成员与成员之间的利益,确保各个成员的环境权益不受侵犯;合理开发、使用本村自然资源,确保资源开发不破坏本村生态环境;及时发现生态环境保护中的各种问题,采取措施化解各种生态环境污染问题。

三、挖掘传承优秀乡土文化，夯实融合发展的文化之基

文化是一个民族的生活方式，文化必须在生活中不断传承和发展，不断增进认同，方能形成自觉，进而成为坚定的自信。乡土文化是乡村的遗传密码、历史记忆和传承足迹，是中华民族得以繁衍发展的精神寄托和智慧结晶，是民族凝聚力和进取心的真正动因。乡土文化包含民俗风情、传说故事、古建遗存、名人传记、村规民约、家族族谱、民间技艺、饮食文化等诸多方面，无论是物质的还是非物质的，都是不可替代的无价之宝，是推动农村一二三产业融合发展的灵魂所在和乡愁元素。现代人可以通过休闲农业，重温老祖宗的生存手段，感受博大、久远、丰富的乡土文化，同时也可将之作为营销创意的亮点吸引游客。

挖掘传承优秀乡土文化，凸显乡村独特的人文价值。乡土文化具有人文价值，而且每个地方的特质不同，具有地缘性。这催生了人们对家乡的认同感，并塑造人们的价值观。乡土文化是一个精神原乡，呼唤着人们深情归依。常言道，"老乡见老乡，两眼泪汪汪"，地缘性使我们与同乡有着天然的亲近感；有诗云，"最是江南秋八月，鸡头米赛蚌珠圆"，独特性使我们对家乡的一景一物都饱含深切的缅怀。乡土文化也是一种优秀的基因，引领人们的道德观念和行为。它告诉我们，何为修身养性、取义舍利的人生观，何为道法自然、天人合一的生态观。它用秩序构建起人类生活的尺规，让我们感受到人文的力量——即使城市化的浪潮来势汹涌，无数人远离故土拼搏，但那植根于内心的乡愁恰如黑暗中的光，指引我们踏上寻根的路。

挖掘传承优秀乡土文化，凸显乡村丰富的审美价值。乡土文化的人文价值中蕴含着审美价值。乡土文化中丰富的美学价值，能够满足现代人多样化的审美需求，给予人美好的视觉享受和精神体验。一方面，古镇、古村落、古民居是乡土文化的物质载体，它们凝聚着当地人共同的生活经验和审美经验，是当地人与自然和谐共生的体现和中国文化的根脉所在，漫步其中，那古香古色的建筑群，给予人视觉的愉悦感和心灵的宁静感。另一方面，植根于乡土文化的民俗活动、节庆仪式、传统手工艺、民间艺术等总能呼唤起人们对于过去生活状态的美好想象。懂得并领略乡土文化的文化美、艺术美、风情美，我们会更有信心和动力去创造积极的、美的

生活。

挖掘传承优秀乡土文化，凸显乡村持续的经济价值。除了人文价值、审美价值外，乡土文化还能够化身资本，推动乡村文化产业发展，提高乡民的生活水平，创造丰盈的物质财富，带来经济价值。在现代化进程中，乡土文化通过与资本和市场的结合，逐渐解放和发展了乡村社会的生产力。近年来，乡土文化已经成为乡村经济和社会发展的重要增长点，在推进农村一二三产业融合发展、助力乡村振兴中取得了不俗的成绩。例如，周庄古镇、同里古镇等不少兼顾历史传承和文化艺术交流的特色小镇闻名遐迩，各地乡村旅游发展如火如荼，很多农产品、工艺品摇身一变成了特色纪念品。借助乡土文化的东风，我们看见，农村文化产业得以发展，优秀传统文化得以普及，村民脱贫致富也成为现实。

当然，传承乡土文化，既要继承传统的东西，也要适应现代生活需求创造新的东西；既要保护好原生态乡土文化，又要创造新生态乡土文化。既要延承乡土文化的"文脉"，也要有选择地沿承作为乡土文化载体的"人脉"；既要延承乡土文化的物质表象，也要注意延承乡土文化的精神内涵。我们要加大对乡土文化的保护和传承，让乡村中有形的物质文化遗产和无形的非物质文化遗产都重新焕发生机。在持续投入人力、物力、财力，加强对古村落、历史街巷、传统民居的修缮力度，让人们的乡愁有来源和依靠的同时，也要树立文化自信，提高保护意识，依托民风民俗、传统节日等文化母体进行开发保护，切忌瞎编乱造的雷同性开发建设，必须保持乡土文化的原真性和遗传性。

四、保持彰显乡风文明，夯实融合发展的营商之基

产业要发展，必须有一个好的产业发展环境，这个环境一个是生态环境，另一个是营商环境。乡村振兴，产业要发展，必须吸引更多的人才、更多的资本、更多的游客到农村去，实现生产要素的互动配置。在这个过程中，"亲商"非常重要，乡风文明是构建现代农村产业体系的良好基础。

坚持思想引领。乡风文明是乡村振兴的思想保证和精神动力，是社会文明程度的重要标志和社会价值导向的集中体现。培育乡风文明，首先要从思想上充分认识乡风文明建设的重要性，要积极引导广大群众自觉进行观念转变，在建设社会主义新农村过程中牢固树立"三种观念"。一是正

确的价值观。将社会主义核心价值观与老百姓的生活结合起来，真正落地落实，落小落细。二是新的发展观。牢固树立科学发展观，正确处理经济发展与乡风文明建设之间的辩证关系，坚持两手抓、两手硬、两促进，把乡风文明建设放到与经济建设同等重要的位置上。三是文明的生活观。大力倡导文明生态理念，倡导健康生活方式，开展"洁美农家""五星级农户"等创建评比活动，真正让干净整洁成为习惯，让习惯成为自然，让自然成为风景。

坚持实践养成。乡风文明是乡村良好社会风气、生活习俗、思维观念和行为方式等的总和。培育文明风尚、文明习惯，重在实践养成。一是活动养成。要结合实际，组织开展"核心价值观进农家""优秀传统文化进农家""科学知识进农家""文明风尚进农家""法律法规进农家"等"五大行动"，把好的理念、作风、习惯转化为农民群众自身的需求，使之真正内化于心、外化于行，深入骨髓、形成自觉。二是制度约束。将村规民约用起来，坚持遵守法律法规、传承优良家风、规范村民言行的原则，结合村民生产生活实际，指导村社修订完善通俗易懂、群众认可、易于执行的村规民约。三是文化养成。坚持走乡村文化兴盛之路，以农村群众的文化需要为导向，大力开展文化进基层活动，采取歌曲舞蹈、诗歌朗诵、器乐表演、绘画书法等多样的艺术形式，组织文艺展演、文化演出、文艺培训和送文化下乡、送电影下乡、送图书下乡等文艺志愿服务活动，丰富农民群众的精神文化生活。

坚决扫黑除恶。农村因为地处偏僻，导致一部分人在农村横行霸道，经常做损坏农民群众利益的事情，大家敢怒不敢言，这些人不管是对农民还是对社会都有极大的危害性，对营商环境是极大的破坏。2018 年开始，国家部门展开联合打黑除恶专项行动，扫除黑恶势力，深挖保护伞。我们要坚决扫除操纵选举、渗透基层政权的农村黑恶势力，抢占集体资源、侵害村民利益的农村黑恶势力，侵占挪用集体财产、欺上瞒下的农村黑恶势力，欺行霸市、非法收费的农村黑恶势力，农村"黄赌毒"黑恶势力，垄断乡村经济建设的农村黑恶势力，各种黑恶势力的"保护伞"和其他群众长期反映强烈的农村黑恶势力。这些黑恶势力和保护伞不扫不除，农村产业难以健康发展，农民的收入增长很难保证。

坚持统筹推进。乡风文明建设是一个综合的、全方位的、系统性的工程，需要汇聚政府、社会组织、村民自身等多方的力量。一是机制促动。要充分调动职能单位、党政有关部门、群团组织和社会各界的积极性，细化任务，压实责任，用好各项政策，提高综合效益。二是组织联动。在推进过程中，要与农村改革、绿色发展、乡村治理、乡村文化兴盛等工作有机结合起来，整合各方力量，形成工作合力，共同推进工作开展。三是示范带动。要注重典型引导，用榜样的力量激发向上向善向美的力量。同时，牢固树立精品意识和品牌意识，要规范标准和要求，着力打造乡村文明建设示范点，让乡村居民享受到经济社会发展成果，提升生产生活质量，体会到获得感、幸福感、安全感。

五、完善公共基础设施，夯实融合发展的硬件之基

要致富先修路。农村公共基础设施建设是农村一二三产业融合发展的重要保障。农村基础设施建设的内容很多，如道路交通建设、农田灌溉水利建设、农村电力和农村能源设施建设、高标准农田建设和农业产业基地建设、水流域治理、垃圾处理设施建设、污水处理建设、文化设施建设、体育运动场所建设、乡村卫生院建设、乡村小学建设、农村广播电视建设、农事村办服务点建设以及互联网等信息化基础设施建设等。党的十八大以来，聚焦农业农村基础设施建设和公共服务对农村经济社会发展产生了巨大的直接效应和间接效应，成为推动农业农村发展的动力引擎，为农村一二三产业融合发展打下了很好的基础，但是城乡之间的差距还是十分巨大，离高质量发展还要很大的距离。从当前来看，我们必须从三个方面把握农村基础设施建设方向，即建设好高标准农田、建设"四好农村路"、发动"厕所革命"。

一是实现从"有"向"优"、由"少"到"多"的转变。当前，农村基础设施和公共服务的数量、质量远低于城镇，农村地区的基础设施和公共服务既有总量不足的问题，也有质量不高的问题。今后，农村基础设施和公共服务供给将围绕钱的问题和体制机制矛盾，逐步解决基础设施、公共服务等欠账较多，供给和管护机制不健全的问题，从根本上改变供给不足、质量不高、管护不力的状况，最后向更加全面、更加优质的路径演进。

二是从城乡二元逐渐向均等化、一体化迈进。党的十九大报告和乡村

振兴规划均提出了进一步推进城乡公共服务均等化，这意味着我们在今后的经济工作中，公共资源配置和政策安排要优先向"三农"倾斜，城乡基础设施和公共服务供给投入将彻底改变"重城市轻农村、重市民轻农民"的倾向，推动基础设施和公共服务重点向农村延伸、倾斜，解决农村基础设施薄弱问题，大幅度提高农业农村的公共服务供给水平，最终在学有所教、劳有所得、病有所医、老有所养、住有所居等方面全面实现城乡公共服务均等化。

三是要从供给导向转到需求导向。目前，有相当部分的农业农村基础设施和公共服务并不是根据农民和市场的需求提供的，而是根据各级政府部门的意愿和能力来决定的。农民对生产生活基础设施和公共服务的需要还不能完全反映在供给决策中。今后，农业农村基础设施建设和公共服务要更加注重农民的主体需求、乡村产业发展的需求，提高农民参与决策的主动性和积极性，提升基础设施和公共服务供给的民主化、科学化水平，让基础设施和公共服务供给在农业农村现代化中发挥更大效用。

完善公共设施建设还要破除体制机制障碍，特别是在公共设施建设用地的安排上。在国土资源部、国家发展改革委联合印发的《关于深入推进农业供给侧结构性改革做好农村产业融合发展用地保障的通知》中，就做好农村一二三产业融合发展的用地保障，做出了一系列具体部署，包括发挥土地利用总体规划的引领作用，优先安排农村基础设施和公共服务用地，做好农业产业园、科技园、创业园用地安排。各地应按照意见要求认真落实，切实把党的好政策用到完善公共基础设施的建设中去，保障农村一二三产业融合发展的硬件基础。

第三节　抓住农村产业融合发展关键

农村一二三产业融合发展工作抓什么？怎么抓？作为基层干部的确非常犯难。2018年农业部印发的《关于实施农村一二三产业融合发展推进行动的通知》进一步明确了推进行动的目标任务，提出了"五个融合"的推进路径，包括落实政策引导融合、创业创新促进融合、发展产业支撑融合、完善机制带动融合、加强服务推动融合。但从工作层面上如何去判断？如何去实施？我们认为还是要抓住推进农村一二三产业融合发展的关键点。关于政策落实，本章在第四节专门论述，这里从发展产业、创新创业、完善机制和加强服务四个方面和农村一二三产业发展的概念特征，以及苏州推进农村一二三产业融合发展的实践经验出发，笔者认为以下五个方面是加快推进农村一二三产业融合发展的关键点。

一、开发农业多功能，扎实推进农村一二三产业融合发展

农业多功能的挖掘和开发是推进农村一二三产业融合发展的重要抓手。我们在前文详细述及了农业具有包括政治功能、经济功能、社会功能、文化功能和生态功能在内的多种功能，围绕农业的不同功能进行挖掘、设计、开发，一方面能够不断夯实农业生产基础，另一方面能够进入农村一二三产业融合发展的大部分领域，不断延伸农业产业链，提升农业价值链，这也是发展农业六次产业的基本理念。

开发农业经济功能，推动农业产业链延伸融合。农业的经济功能是多功能的基本功能。以农业生产为中心向前向后延伸产业链，将种子、农药、肥料供应与农业生产连接起来，或将农产品加工、销售与农产品生产连接起来，或组建农业产供销一条龙。包含农业生产性服务业的发展，产地初加工、深加工及特色加工业的发展，农产品冷链物流体系的建设和发展，农超、农企对接、社区直销等农产品营销体系的构建等。产业链延伸融合是农业产业内部一二三产业融合类型，属于纵向路径，催生了农业生产性服务业、农产品加工业、"互联网＋农业"等新业态、新商业模式，内化农业收益，增加农民就业。

开发农业政治功能，推动农业行业内部重组融合。政治功能的保障，必须保持和提升农业生产能力，将饭碗牢牢地控制在自己手里，同时又要增加农民收入，所以通过农业行业内部重组比较合适。比如，农牧结合、农林结合、农渔结合、种植与养殖业相结合。这种融合是一些新型农业经营主体，以农业优势资源为依托，将种植业、养殖业的某些环节甚至整个环节连接在一起，使得农业内部紧密协作、循环利用、一体化发展，形成绿色农业、循环农业等经营方式。

开发农业社会功能，推动产城融合。将农村产业融合发展与新型城镇化建设有机结合，引导农村一二三产业向县城、重点乡镇、村庄及产业园

区等集中。在加强规划引导和市场开发的前提下,培育农产品加工、商贸物流业,形成新的农村组织形式。比如,传统的、新兴的、农业的产业特色小镇、特色田园乡村、农业风情小镇,这些小镇依托优势产业,政府搭台、企业唱戏,实现"产、城、人、文"的有机结合。

开发农业的文化功能,推动跨界融合。农业与其他产业交叉型融合,主要是横向路径。比如,农业与文化、观光旅游业的融合,农田艺术景观、阳台农艺等创意农业都属于这一类。农业与生态、文化、旅游、教育等元素结合起来,打造休闲农业,大大创新和拓展了农业原来的功能,使农业从过去只卖产品转化到还卖农田风景观赏,卖感受参与,卖绿色健康。

开发农业的生态功能,推动城乡融合。生态产品和生态环境是城市居民对美好生活的向往,有着城市居民的乡愁记忆。一方面,通过城乡规划,守住耕地红线,释放农业对城市的气候调节功能,同时通过农业产业化示范基地和现代农业示范区,通过完善配套服务体系,形成农产品集散中心、物流配送中心和展销中心,将生态产品输送到城市;另一方面,通过农家乐、农村民宿等载体,吸引城市居民走向农村、留宿农村,切实感受农村的良好生态。

农业多功能开发应该注重六个突出:一是突出人本。只有提高从业人员素质,才能实现农业多功能开发的可持续性。二是突出绿色。提倡生态农业、有机农业、自然农业和无公害的绿色产业,以保障人体健康,增强市场竞争力。三是突出环保。就广大农村而言,保护生态环境就是保护生产力,改善生态环境就是发展生产力。四是突出循环。农业循环经济发展要按照"无害化、低排放、零破坏、高效益、可持续、环境优美"的思路,以资源的高效利用和循环利用为核心,统筹规划农业各产业发展,找准我国农业循环经济的突破口。五是突出休闲。利用农业和农村自然环境、田园景观、农业设施、农耕文化、农家生活等旅游资源,使第一产业和第三产业相结合。六是突出文化。农业多功能的开发,就是要发挥传承作用,成为挖掘和延续农耕文明、民族传统文化、地方特色文化的重要载体。

二、强化高新技术对传统农业的渗透改造,加快推动农村一二三产业融合发展

我们必须充分认识科学技术是第一生产力的重要作用,要有科技创新和应用的强烈意识与迫切愿望。现代农业的建设和发展成果主要得益于科学技术的发展和在农业领域的应用。互联网、大数据等信息化技术及转基因等生命科学技术和农业机械化等工业技术在农业产业的应用成果有目共睹,这些技术正在深刻地改变着农业的生产方式、组织方式和管理方式。加快推进农村一二三产业融合发展必须抓住现代科技的创新和应用,这是融合发展快速取得实效的关键。当前加快应用高新技术对农业的改造主要要着力"三化"。

一是加快推进农业信息化。信息革命势不可挡,虽然农业农村的信息化水平与城市和工业的信息化水平差距依然很大,但信息技术对农业产业的渗透改造已经显现出强大的生命力,形成许多新产业、新业态和新模式。2019年5月16日,中共中央办公厅、国务院办公厅印发了《数字乡村发展战略纲要》(以下简称《战略纲要》)。《战略纲要》提出了数字乡村发展的近期和中远期目标,并详细部署了加快乡村信息基础设施建设、发展农村数字经济、强化农业农村科技创新供给等十项重点任务。农村信息基础设施建设将迎来爆发期,仅2018至2020年间,农村互联网建设相关投入预计将超过1 000亿元。未来几年仍将保持较快增长。一旦农村5G建设展开,规模将更为庞大。农村信息基础设施建设是有效推进农村数字经济发展的物质基础,加快移动互联网和下一代互联网在农村落地,加快乡村基础设施数字化转型,将为智慧农业等创造发展平台。在发展农村数字经济方面,将加快推广云计算、大数据、物联网、人工智能在农业生产经营管理中的运用,促进新一代信息技术与种植业、种业、畜牧业、渔业、农产品加工业全面深度融合应用,打造科技农业、智慧农业、品牌农业。在激发乡村振兴内生动力方面,将实施"互联网+小农户"计划,提升小农户发展能力。因地制宜发展数字农业、智慧旅游业、智慧产业园区,促进农业农村信息社会化服务体系建设,以信息流带动资金流、技术流、人才流、物资流。在统筹推动城乡信息化融合发展方面,鼓励有条件的小城镇规划先行,因地制宜发展"互联网+"特色主导产业,打造感知

体验、智慧应用、要素集聚、融合创新的"互联网+"产业生态圈，辐射和带动乡村创业创新。在加快乡村信息基础设施建设方面，《战略纲要》提出，大幅提升乡村网络设施水平。加强基础设施共建共享，加快农村宽带通信网、移动互联网、数字电视网和下一代互联网发展。加快推动农村地区水利、公路、电力、冷链物流、农业生产加工等基础设施的数字化、智能化转型，推进智慧水利、智慧交通、智能电网、智慧农业、智慧物流建设。数字乡村是乡村振兴中的重要一环，数字技术将支撑农业现代化发展，提升农村信息化应用水平，推进农村新型发展方式转变。数字技术适应新一代农民的需求，数字化手段将打通农产品生产、销售各环节。同时，数字乡村有利于城乡一体化发展，缩小城市居民和农村居民间的发展差距。

二是加快推进农业生物化。近年来，以基因技术为代表的农业生物技术飞速发展，并在世界范围内得到了广泛应用。快速发展的生物产业已作为新的经济增长点被世界各国积极利用来应对经济危机，未来生物产业将有可能成为主导世界经济发展的新产业，并对世界经济格局及各国综合国力产生重大影响。农业生物技术是指将生物技术推广应用于农业生产领域中的技术，包括运用基因工程、发酵工程、细胞工程、酶工程以及分子育种等生物技术，改良动植物及微生物品种生产性状，培育动植物及微生物新品种，生产生物农药、兽药与疫苗等。当前，世界气候变化剧烈，能源危机突出，环境污染加重，同时人口激增、老龄化问题凸显，各国高度重视世界粮食安全与农业可持续发展问题。农业生物技术能够大幅提高作物产量和品质，对于保证农业可持续发展、维护世界粮食安全做出重要贡献。我国是农业大国和人口大国，对粮食安全问题始终不能掉以轻心，同时如何解决农业面源污染问题也十分迫切，这些问题需要通过推动生物技术发展和应用生物技术来解决。我们一要通过应用生物技术提高作物产量和品质，保障粮食安全。从目前自然科学的发展状况和趋势来判断，农业生物技术能够培育出一批具有良好农艺性状的高产、优质、抗病、抗逆的作物及畜禽新品种，进一步提高生物资源利用率和育种效率，从而提高作物产量和品质，满足市场对高质量农副产品的需求。二要通过应用生物技术，保护生态环境，保证农业可持续发展。随着全球气候的变化，气候灾害变得更为频繁且严重，这将极大影响农作物产量。而农业生物技术可培育出高抗逆性作物,能够应对干旱、洪涝以及其他气候灾害,保证作物产量。相较传统农业生产,生物技术的使用显著减少了农药使用量,对于节约矿物燃料、降低环境污染有巨大贡献。另外,一些转基因作物的种植可以减少土地耕作,从而降低温室气体排放量。通过培育优良农作物品种,能更加有效利用水、土壤、森林、草地等自然资源,在目前有限的可耕地上获得更高的生产率,防止森林砍伐,保护生物多样性。三要通过应用生物技术减少贫困饥饿现象,增加经济效益,促进经济发展方式转变。农业生物技术极大地提高了农产品产量,增加了农民收益。

三是加快推进农业机械化、智能化。随着人口老龄化的加剧和农业劳动力的不足,加快农业机械化势在必行。农业机械化和农机装备是转变农业发展方式、提高农村生产力的重要基础,是实施乡村振兴战略和推进农村一二三产业融合发展的重要支撑。没有农业机械化,就没有农业农村现代化。习近平总书记指出,要大力推进农业机械化、智能化,给农业现代化插上科技的翅膀。党的十八大以来,我国农业机械化和农机装备产业保持较快发展态势。2017 年全国农机总动力达到 9.88 亿千瓦时,全国农作物耕种收综合机械化率超过 66%,规模以上农机企业发展到 2 500 多家。我国已成为世界第一农机生产大国和使用大国,农业生产方式实现了从主要依靠人力畜力到主要依靠机械动力的历史性转变。当前,实施乡村振兴战略,推进农业农村现代化,对农业机械化提出了新的更高要求,但从总体上看,农业机械化和农机装备产业发展还不平衡、不充分,一些深层次的矛盾和问题亟待解决:一是农机装备有效供给不足,缺门断档和中低端产品产能过剩并存,机具的可靠性、适用性有待进一步提升。二是农机和农艺融合不够,品种选育、栽培制度、种养方式、产后加工与机械化生产的适应性有待加强。三是适宜机械化的基础条件建设滞后,存在农机"下田难""作业难""存放难"问题。要破解这些矛盾和问题,需要加大工作力度,出台更多务实管用的政策措施。2018 年 12 月 21 日,国务院印发《关于加快推进农业机械化和农机装备产业转型升级的指导意见》(国发〔2018〕42 号),对加快推进农业机械化和农机装备产业转型升级进行部署。到 2020 年,全国农作物耕种收综合机械化率要达到 70%,小麦、水稻、玉米等主要粮食作物基本实现生产全程机械化,棉油糖、果菜茶等大宗经济作物全程机械化生产体系基本建立,设施农业、畜牧养殖、水产养殖和农产品初加工机械化取得明显进展。所以，各级政府要充分认识加快推进农业机械化和农机装备产业转型升级的重要性、紧迫性，将其作为推进农业农村现代化的重要内容，纳入本地区经济社会发展规划和议事日程，结合实际制定实施意见。深入贯彻落实《中华人民共和国农业机械化促进法》等法律法规，完善粮食安全省长责任制等政府目标考核中的农业机械化内容，建立协同推进机制，落实部门责任，加强经费保障，形成工作合力。同时充分尊重农民意愿，从根本上依靠市场力量和农民的创造性，及时发现和总结推广典型做法，因地制宜推进农业机械化发展。更好地发挥政府在推进农业机械化中的引导作用，重点在公共服务等方面提供支持，为市场创造更多发展空间。深入推进农机装备产业和农业机械化管理领域简政放权、放管结合，优化服务改革，推进政务信息公开，加强规划政策引导，优化鉴定推广服务，保障农机安全生产，切实调动各类市场主体的积极性、主动性和创造性。充分发挥行业协会在行业自律、信息交流、教育培训等方面的作用，服务引导行业转型升级。加强舆论引导，推介典型经验，宣传表彰先进，努力营造加快推进农业机械化和农机装备产业转型升级的良好氛围。

三、重点关注联结机制这一关节点，有效推动农村一二三产业融合发展

推动农村一二三产业融合发展是否有成效，外在的呈现形式是新产业、新业态和新模式，内部的核心是产业链、价值链、利益链的联结机制和方式。农业产业链的组织形式由生产者驱动，对不同农产品链在产业间的物流链、信息链、价值链、组织链等方面进行管理，侧重农业产业链中的人、财、物以及信息、技术等要素管理。价值链主要由消费者驱动，品牌、科技、销售渠道、市场运作、供应链管理能力等无形资产都对农业价值链提升起积极作用。利益链要紧密，不仅"老板""老乡"要受益，而且要优先保障农民分享产业融合增值收益。

大力促进小农户与现代农业的有机衔接。2019年2月21日，中共中央办公厅、国务院办公厅印发《关于促进小农户和现代农业发展有机衔接的意见》（以下简称《意见》）。小农户是家庭承包经营的基本单元。以家庭承包经营为基础、统分结合的双层经营体制，是我国农村的基本经营制

度，需要长期坚持并不断完善。扶持小农户，在坚持家庭经营基础性地位的同时，促进小农户之间、小农户与新型农业经营主体之间开展合作和联合，有利于激发农村基本经营制度的内在活力，是夯实现代农业经营体系的根基。小农户是我国农业生产的基本组织形式，对保障国家粮食安全和重要农产品有效供给具有重要作用。农业农村现代化离不开小农户的现代化。扶持小农户，引入现代生产要素改造小农户，提升农业经营集约化、标准化、绿色化水平，有利于小农户适应和容纳不同生产力水平，在农业现代化过程中不掉队。小农户是乡村发展和治理的基础，亿万农民群众是实施乡村振兴战略的主体。精耕细作的小农生产和稳定有序的乡村社会，构成了我国农村独特的生产生活方式。扶持小农户，更好地发挥其在稳定农村就业、传承农耕文化、塑造乡村社会结构、保护农村生态环境等方面的重要作用，有利于发挥农业的多种功能，体现乡村的多重价值，为实施乡村振兴战略汇聚起雄厚的群众力量。小农户是党的重要依靠力量和群众基础。党始终把维护农民群众根本利益、促进农民共同富裕作为出发点和落脚点。扶持小农户，提升小农户生产经营水平，拓宽小农户增收渠道，让党的农村政策的阳光雨露惠及广大小农户，有利于实现好、维护好、发展好广大农民的根本利益，让广大农民群众的获得感、幸福感、安全感更加充实，更有保障，更可持续。《意见》要求通过提升小农户发展能力、提高小农户组织化程度、拓展小农户增收空间、健全面向小农户的社会化服务体系和完善小农户扶持政策，推动小农户与现代农业的有机衔接。

拓展农民创业就业渠道，增加农民收入是推进农村一二三产业融合发展的最终目的，让农民在产业融合中分享收益是坚持共享发展的重要体现。当前主要是以保底收购、保底分红、利润返还、合作制、股份合作制、股份制等为主要形式，引导企业和农户建立紧密的利益联结关系；鼓励支持企业将资金、设备、技术与农户的土地经营权等要素有机结合，推动价值分配向上游农户倾斜，打造风险共担、利益共享、命运与共的农村产业融合发展主体；支持企业为农户提供种养技术、产品营销、商品化处理等服务，带领农户发展新产业，增加农户参与产业融合的机会，提升小农户自我发展并与现代农业对接的能力；鼓励企业、科研院所、大专院校和农户成立产业联盟，通过共同研发、成果转化、共有品牌、统一营销等方式，实现信息互通、优势互补。

四、大力支持农村创新创业，有力推动农村一二三产业融合发展

推动农村创业创新是蓄积农业农村经济新动能的必然选择。随着资源要素驱动力逐步减弱，传统的农业发展方式越来越难以为继，传统农村面临着衰退、凋敝的危险。为确保农业不衰退、农村不凋敝、农民不破产，既需要继续向外转移农村富余劳动力，减少农民、增加市民，实现农业规模经营和农业合理的收益；同时也需要向外吸纳各种优质资源，推进各类群体以自身资金、技术和经验积累在农村开办新企业、开发新产品、开拓新市场，培育新产业、新业态、新模式，将现代科技、生产方式和经营理念引入农业，实现多要素发力、多产业融合、多经营主体培育，为农业农村经济发展不断培植新的增长点，不断注入新的动能和活力。推进农村创业创新是带动农民就近就业增收的重要举措。随着经济转型升级和去产能的推进，农民外出就业压力增大，结构性矛盾凸显，农民就业增收面临着政策、科技和投入等要素贡献边际效益递减的趋势，面临着价格天花板和成本地板双重挤压的压力。支持那些既懂城市又懂农村、有梦想、有意愿、有能力的人员在农村创业创新，使他们"如鱼得水"，施展才干，在充分实现他们的个人价值的同时，也从单纯打工的就业加法变为创业带就业的乘法，带动更多的农民就业增收，实现创新支持创业、创业带动就业的良性互动局面。推进农村创业创新是培育新型职业农民的迫切需要。目前，我国一些地方出现农业兼业化、农村空心化和农民老龄化现象，今后"谁来种地、谁来带动农民增收致富、谁来建设农村美好家园"的问题将尖锐地摆在面前。因此，推进那些具有较高文化知识水平、现代经营理念的各类人员到农村创业，向农村输送新生力量和新鲜血液，有利于储备和培养大量现代农业和农村经济各类人才，壮大新型职业农民队伍，构建农业农村经营体系，形成现在农业企业经营、合作经营和农户经营的三层架构，即12万大型加工流通企业以标准、品牌和资本为引领，促进270万个农民合作社等发展全产业链全价值链的农村产业融合项目，带动2.3亿农户社会化服务的规模化。推进农村创业创新是聚集农村资源要素的有效手段。发展现代农业，推进农村二三产业发展，越来越需要用工业化、信息化、城镇化成果支撑。推进各类人才到农村，放飞自己创业创新的梦想，

吸引工业和城市资源要素向农业和农村聚集，有利于发展新产业、新业态、新模式，推动"互联网+"现代农业和农村一二三产业融合发展，构建新型工农城乡关系，维护农村和谐稳定，开创新型工业化与农业现代化、新型城镇化与新农村建设协同推进和城乡一体化发展的新局面。

2016年11月21日，国务院办公厅下发《关于支持返乡下乡人员创业创新促进农村一二三产业融合发展的意见》（国办发〔2016〕84号），鼓励和引导返乡下乡人员结合自身优势和特长，根据市场需求和当地资源禀赋，利用新理念、新技术和新渠道，开发农业农村资源，发展优势特色产业，繁荣农村经济。重点发展规模种养业、特色农业、设施农业、林下经济、庭院经济等农业生产经营模式，烘干、贮藏、保鲜、净化、分等分级、包装等农产品加工业，农资配送、耕地修复治理、病虫害防治、农机作业服务、农产品流通、农业废弃物处理、农业信息咨询等生产性服务业，休闲农业和乡村旅游、民族风情旅游、传统手工艺、文化创意、养生养老、中央厨房、农村绿化美化、农村物业管理等生活性服务业，以及其他新产业、新业态、新模式。按照产业链、价值链的现代产业组织方式开展创业创新，建立合理稳定的利益联结机制，推进农村一二三产业融合发展，让农民分享二三产业增值收益。以农牧（农林、农渔）结合、循环发展为导向，发展优质高效绿色农业。实行产加销一体化运作，延长农业产业链条。推进农业与旅游、教育、文化、健康养老等产业深度融合，提升农业价值链。引导返乡下乡人员创业创新向特色小城镇和产业园区等集中，培育产业集群和产业融合先导区。

搭平台、建载体，大力培育融合主体。以返乡、下乡、本乡创业创新人员为重点，以科技人员、企业家、经营管理和职业技能人才等为重点，以农村创业创新项目创意大赛、农村创业创新成果展览展示等为载体，以农村创业创新园区（基地）为平台，为创业创新主体提供场所和高效便捷的服务。推进农产品加工流通、休闲旅游、电子商务、投资贸易、展示展销等平台建设，通过政府购买服务等方式为企业提供政策咨询、融资信息、人才对接等公共服务；加快制修订一批行业标准，规范行业管理和提升自律能力；完善统计制度和调查方法，开展行业运行监测分析，指导和推动农村产业融合有序发展；进一步加强与金融机构、产业投资基金的合作，加大农村产业融合发展信贷支持力度。

五、强化基层党的组织建设,保障农村一二三产业融合发展

2018年3月8日,习近平总书记在参加十三届全国人大一次会议山东代表团审议时强调,实施乡村振兴战略是一篇大文章,要推动乡村产业振兴、人才振兴、文化振兴、生态振兴、组织振兴,推动乡村振兴健康有序进行。组织振兴是乡村全面振兴的重要保障。2018年12月28日起实施的《中国共产党农村基层组织工作条例》(以下简称《条例》),对于加强党的农村基层组织建设,推动乡村振兴必将起到积极的作用。推动农村一二三产业融合发展是推动乡村产业振兴的重要抓手,充分发挥农村基层党组织战斗堡垒作用和党员先锋模范作用是将党中央决策部署转化为团结带领群众创造美好生活的生动实践。

坚持农村基层党组织的领导地位,为乡村产业振兴提供坚强政治保证。农村基层党组织是乡村振兴的具体组织者、实施者,担负着重要的职责和使命。必须坚持农村基层党组织的领导地位不动摇。针对一些农村基层党组织弱化、虚化、边缘化问题,《条例》鲜明提出坚持农村基层党组织的领导地位不动摇,并做出一系列规定,提出明确要求。总则第二条规定:"乡镇党的委员会和村党组织是党在农村的基层组织,是党在农村全部工作和战斗力的基础,全面领导乡镇、村的各类组织和各项工作。"进一步明确了农村基层党组织的领导地位。凡是农村的重要事项、重大问题都要由党组织研究讨论,实行"四议两公开"等。这些制度和具体措施,确保农村基层党组织的领导核心地位,为乡村振兴提供坚强政治保证。

抓好农村党支部建设,打造乡村产业振兴的坚强堡垒。"火车跑得快,全靠车头带。"在实现乡村产业振兴的过程中,基层党组织是"指挥所",更是"先锋队"。只有打造千千万万个坚强的农村基层党组织,并切实发挥好战斗堡垒作用,才能推进乡村振兴战略的顺利实施。《条例》明确了农村基层党组织的主要职责,突出强调了应加强对经济工作的领导并提出六项具体任务,带领群众合力打赢脱贫攻坚战并巩固发展脱贫攻坚成果、因地制宜推动发展壮大集体经济;对农村基层党组织设置、领导班子和干部队伍建设、党员队伍建设等也做出明确规定。农村党员要在社会主义物质文明和精神文明建设中发挥先锋模范作用,带头投身乡村振兴,带领群众共同致富。按照《条例》要求,要坚持党支部建在村上,实现对农村各

领域全覆盖。《条例》对乡镇、村党组织领导班子和干部队伍建设提出明确要求，突出强调选优配强乡镇、村党组织领导班子特别是党组织书记，分别对选拔标准、来源做出规定。对软弱涣散村党组织进行整顿，使每一个农村党支部都成为坚强的战斗堡垒，合力推动新时代乡村振兴。

夯实农村基层党建主体责任，提升发展和服务能力。《条例》要求各级党委特别是县级党委认真履行抓农村基层党组织建设的主体责任，加强队伍、活动、阵地、制度、保障建设，提升党组织服务群众的能力，并提出应把党的农村基层组织建设情况作为市、县、乡党委书记党建述职评议考核的重要内容，纳入巡视巡察根本任务内容，作为领导班子综合评价和领导干部选拔任用的重要依据。实施乡村振兴战略同样需要落实主体责任，即按照习近平总书记要求，坚持五级书记抓乡村振兴，让乡村振兴成为全党全社会的共同行动。

第四节　落实政策，加快推进农村产业融合

"抓落实"是"不忘初心，牢记使命"主题教育的总目标之一。农村一二三产业融合发展是我党"三农"政策的理论创新，党中央、国务院对推动农村一二三产业融合发展，构建乡村产业体系进行了顶层设计和全方位的部署，各部委按照工作要求配套了一系列的扶持推动政策。推动农村一二三产业融合发展，一方面要遵循市场在资源配置中的决定作用这一规律，以市场需求为导向，不断满足人民对美好生活的需要，另一方面就是要更好地发挥各级政府在推动农村一二三产业融合发展、构建农村一二三产业体系中的作用，深入贯彻落实党中央、国务院关于推进农村一二三产业融合发展，支持返乡下乡人员创业创新，进一步促进农产品加工业发展、休闲农业和乡村旅游发展的决策部署，积极推动财税、金融、保险、投资、科技、人才和用地用电等政策措施落地见效，引导各地以问题为导向，有针对性地细化实化工作举措。组织实施好支持农村产业融合发展项目，促进产业兴村强县和信息进村入户，扶持一批带动力强、影响力大、能让更多农民分享全产业链增值收益的融合发展主体。所以，推动农村一二三产业融合发展政策落地是个大问题，这中间干部担当作为起决定性

作用。

一、深刻领会党中央推进农村一二三产业融合发展的决策精神

深刻领会党中央推进农村一二三产业融合的决策精神可以以2015年以来的中央1号文件为蓝本。自2014年中央农村工作会议提出"一二三产融合互动"以来,从2015年中央1号文件开始,每年的中央1号文件对推动农村一二三产业融合发展都有相关的部署,深入学习,有利于学懂弄通农村一二三产业融合发展的理论脉络、推动路径和工作重点,为贯彻落实中央精神提供理论基础。

2015年中央1号文件《关于加大改革创新力度加快农业现代化建设的若干意见》把"推进农村一二三产业融合发展"作为"围绕促进农民增收,加大惠农政策力度"的一项重要举措。文件指出,"增加农民收入,必须延长农业产业链、提高农业附加值。立足资源优势,以市场需求为导向,大力发展特色种养业、农产品加工业、农村服务业,扶持发展一村一品、一乡(县)一业,壮大县域经济,带动农民就业致富。积极开发农业多种功能,挖掘乡村生态休闲、旅游观光、文化教育价值。扶持建设一批具有历史、地域、民族特点的特色景观旅游村镇,打造形式多样、特色鲜明的乡村旅游休闲产品。加大对乡村旅游休闲基础设施建设的投入,增强线上线下营销能力,提高管理水平和服务质量。研究制定促进乡村旅游休闲发展的用地、财政、金融等扶持政策,落实税收优惠政策。激活农村要素资源,增加农民财产性收入"。

2016年中央1号文件《关于落实发展新理念加快农业现代化实现全面小康目标的若干意见》把"推进农村产业融合,促进农民收入持续较快增长"作为文件的第三部分,文件指出,"大力推进农民奔小康,必须充分发挥农村的独特优势,深度挖掘农业的多种功能,培育壮大农村新产业新业态,推动产业融合发展成为农民增收的重要支撑,让农村成为可以大有作为的广阔天地"。同时对如何推进农村产业融合提出四条举措:一是推动农产品加工业转型升级。二是加强农产品流通设施和市场建设。三是大力发展休闲农业和乡村旅游。四是完善农业产业链与农民的利益联结机制。

2017年中央1号文件《关于深入推进农业供给侧结构性改革加快培育农业农村发展新动能的若干意见》把"壮大新产业新业态，拓展农业产业链价值链"作为文件的第三部分，并提出"大力发展乡村休闲旅游产业、推进农村电商发展、加快发展现代食品产业、培育宜居宜业特色村镇"四项举措。文件要求，利用"旅游+""生态+"等模式，推进农业、林业与旅游、教育、文化、康养等产业深度融合。推进"互联网+"现代农业行动。大力推广"生产基地+中央厨房+餐饮门店""生产基地+加工企业+商超销售"等产销模式。建设一批农业文化旅游"三位一体"、生产生活生态同步改善、一产二产三产深度融合的特色村镇。

2018年中央1号文件《关于实施乡村振兴战略的意见》在"提升农业发展质量，培育乡村发展新动能"部分提出了"构建农村一二三产业融合体系"，文件指出，"构建农村一二三产业融合发展体系。大力开发农业多种功能，延长产业链、提升价值链、完善利益链，通过保底分红、股份合作、利润返还等多种形式，让农民合理分享全产业链增值收益。实施农产品加工业提升行动，鼓励企业兼并重组，淘汰落后产能，支持主产区农产品就地加工转化增值。重点解决农产品销售中的突出问题，加强农产品产后分级、包装、营销，建设现代化农产品冷链仓储物流体系，打造农产品销售公共服务平台，支持供销、邮政及各类企业把服务网点延伸到乡村，健全农产品产销稳定衔接机制，大力建设具有广泛性的促进农村电子商务发展的基础设施，鼓励支持各类市场主体创新发展基于互联网的新型农业产业模式，深入实施电子商务进农村综合示范，加快推进农村流通现代化。实施休闲农业和乡村旅游精品工程，建设一批设施完备、功能多样的休闲观光园区、森林人家、康养基地、乡村民宿、特色小镇。对利用闲置农房发展民宿、养老等项目，研究出台消防、特种行业经营等领域便利市场准入、加强事中事后监管的管理办法。发展乡村共享经济、创意农业、特色文化产业"。

2019年中央1号文件《关于坚持农业农村优先发展做好"三农"工作的若干意见》在"发展壮大乡村产业，拓宽农民增收渠道"部分提出"加快发展乡村特色产业""大力发展现代农产品加工业""发展乡村新型服务业""实施数字乡村战略""促进农村劳动力转移就业""支持乡村创新创业"等措施，提出"因地制宜发展多样性特色农业"，倡导"一村一品""一县一业"。以"粮头食尾""农头工尾"为抓手，支持主产区依托县域形成农产品加工产业集群，尽可能把产业链留在县域，改变农村卖原料、城市搞加工的格局。健全农村一二三产业融合发展利益联结机制，让农民更多分享产业增值收益。支持供销、邮政、农业服务公司、农民合作社等开展农技推广、土地托管、代耕代种、统防统治、烘干收储等农业生产性服务。深入推进"互联网＋农业"，扩大农业物联网示范应用。推进重要农产品全产业链大数据建设，加强国家数字农业农村系统建设。增加农民就地就近就业岗位。完善乡村创新创业支持服务体系。

从中央1号文件中我们可以很清晰地看到从"农村一二三产业融合发展""农村一二三产业融合发展体系"到"乡村产业体系"的理论脉络和具体安排，加强理论武装是加快推进农村一二三产业融合发展的首善之策。

二、认真贯彻农业农村优先发展的乡村振兴战略总方针

推动农村一二三产业融合发展，构建农村一二三产业融合发展体系是"提升农业发展质量，培育乡村发展新动能"的重要举措，是推动乡村产业振兴、实现产业兴旺的具体要求，各级政府认真贯彻农业农村优先发展这个实施乡村振兴战略总方针，对加快构建乡村产业体系，促进农村一二三产业融合发展至关重要。实施乡村振兴战略，坚持农业农村优先发展，是做好"三农"工作必须坚持的长期方针，须实现"四个优先"，即在干部配备上优先考虑，在要素配置上优先满足，在资金投入上优先保障，在公共服务上优先安排，加快补齐农业农村短板。

推进农业农村发展，要在干部配备上优先考虑。党管农村工作，是我们最大的政治优势。坚持农业农村优先发展，必须全面加强党对"三农"工作的集中统一领导，特别是在干部配备上优先考虑"三农"事业需要，树起"优秀干部到农业农村战线去、优秀干部从农业农村战场来"这个风向标，推动各级地方党委、政府把注意力和兴奋点转向农业农村，更自觉地做好"三农"工作。在这一过程中，既要高度重视农业农村干部的培养、配备、使用，培养造就一支懂农业、爱农村、爱农民的"三农"工作队伍，还要强化党的"三农"政策宣传和专业知识等培训，提升指导服务"三农"的本领。需要注意的是，干部优先配备，不能常态化地搞"紧急

调用""去了再说",而应该建立起一整套培养、评价、选拔任用和正向激励机制,通过源头培养、跟踪培养、针对性培养,建立考核评价体系,树立鲜明的用人导向,汇聚起做好"三农"工作的强大力量,为推进农村一二三产业融合发展增加干部力量。

推进农业农村发展,要在要素配置上优先满足。近年来,我们在统筹城乡发展方面取得了积极进展,但城乡要素合理流动的体制机制还没有完全建立起来,渠道还没有完全打通,要素不平等交换问题还比较突出。破解这一难题,必须强化制度性供给,推动更多的资源要素配置到农村,为乡村发展强筋健骨。在城乡要素配置中,要改变以往单向的流动趋势,围绕"钱、地、人"等要素供给,抓住关键环节,坚决破除妨碍城乡要素自由流动、平等交换的体制机制壁垒,推动各类人才返乡下乡,鼓励各类资本投向农村,把普惠金融的重点放到乡村,有序有效释放土地红利,让土地资源活起来,不断激发乡村发展的内生动力。

推进农业农村发展,要在资金投入上优先保障。近年来,各级财政不断加大对农业农村的支持,带动乡村快速发展,但与农民群众对美好生活的向往相比,还有不足。今后要优先保障"三农"资金投入,坚持把农业农村作为财政优先保障领域和金融优先服务领域,公共财政更大力度地向"三农"倾斜,县域新增贷款主要用于支持乡村振兴;地方政府债券资金要安排一定比例用于支持农村人居环境整治、村庄基础设施建设等重点领域,确保财政投入与乡村振兴目标任务相适应。

推进农业农村发展,要在公共服务上优先安排。眼下,我国城乡公共服务差距仍然较大,农村公共服务体系明显落后于城市,农村公共服务资金供给不足,以工促农、以城带乡的长效机制和城乡公共产品均等供给机制还未建立起来,难以满足新时代农民对美好生活的新需求。坚持农业农村优先发展,就必须优先安排农村公共服务,补齐短板,推进城乡基本公共服务标准统一、制度并轨,实现从形式上的普惠向实质上的公平转变,促进城乡融合发展与乡村全面振兴。

三、坚决打赢三大攻坚战,破解乡村产业发展瓶颈

党的十九大提出"坚决打好防范化解重大风险、精准脱贫、污染防治的攻坚战"。三大攻坚战是我们党决胜全面建成小康社会,开启全面建设

社会主义现代化国家新征程的重要部署，是突出抓重点、补短板、强弱项，使全面建成小康社会得到人民认可、经得起历史检验的有力措施和具体安排，对推进农业农村现代化具有重要的里程碑意义。从加快推进农村一二三产业融合发展角度看，是一次夯实产业发展基础、优化产业发展环境、构建可持续的乡村产业体系的绝佳良机，各级农村基层干部要提升对打好打赢三大攻坚战的认识，以此为契机，乘势而上，顺势而为，切实破除乡村产业发展瓶颈。

党的十八大以来，习近平总书记就防范化解重大风险发表了一系列重要讲话，做出了一系列重要指示，对各级党委、政府和领导干部提出了明确要求，为做好防风险工作指明了前进方向，提供了根本遵循。2019年年初，防范化解重大风险作为省部级主要领导干部专题研讨班的主题，充分体现了以习近平同志为核心的党中央一以贯之的忧患意识、始终坚持底线思维的原则理念。"居安思危，思则有备，有备无患。"打赢防范化解重大风险攻坚战要突出抓住落实环节，把各项工作方案和应对预案落到实处、落实到人，全力以赴，把防风险工作抓实抓细抓到位，切实维护好改革发展稳定大局。要坚决贯彻总体国家安全观，扎实落实党中央关于维护政治安全的各项要求，坚决消除一切可能影响政治安全的风险隐患；做好重点领域、重要阵地管理和对青年的思想政治工作，坚决守好意识形态安全"南大门"；稳中求进、突出主线、守住底线、把握好度，在推动高质量发展中防范化解好金融、地方债务、房地产市场、就业等领域风险；做好矛盾纠纷排查化解，深入推进扫黑除恶专项斗争，严厉打击各类违法犯罪行为，坚决防范安全生产、食品药品安全等领域重特大事故发生，全力做好防灾减灾工作。防范化解重大风险，是各级党委、政府和领导干部的政治职责，必须强化风险意识，提高风险化解能力，完善风险防控机制。正如习近平总书记强调指出的，防范化解重大风险，需要有充沛顽强的斗争精神，领导干部要敢于担当、敢于斗争，保持斗争精神，增强斗争本领；要加强斗争历练，以"踏平坎坷成大道，斗罢艰险又出发"的顽强意志，应对好每一场重大风险挑战。农村各级基层组织要增强忧患意识，打赢打好防范化解重大风险攻坚战，解决以前想解决而未解决的问题，特别是开展好农村扫黑除恶专项斗争，对群众反映强烈的突出问题依法整治，铲除黑恶势力，深挖黑恶势力后面的"保护伞"，为农村经济发展、产业发展营造良好的环境。

习近平同志对扶贫工作做出一系列重要论述，创造性地提出精准扶贫、精准脱贫基本方略，推动了扶贫减贫理论创新和实践创新。2019年中央1号文件《关于坚持农业农村优先发展做好"三农"工作的若干意见》第一项"硬任务"就是"聚力精准施策，决战决胜脱贫攻坚"。当前，脱贫攻坚已进入决战决胜期。要围绕现阶段的重点任务和主攻方向，研究新情况、解决新问题，把精准扶贫、精准脱贫基本方略切实落到实处。一是深刻认识发展产业是实现脱贫的根本之策，牢牢抓住产业扶贫，精确选准特色项目，避免盲目追求短期效益，着力提升产品质量，夯实产业扶贫基础，形成由产业推动的长效而高质量的扶贫发展态势。二是积极探索消费扶贫的新模式，精准解决制约消费扶贫的"卡脖子"难题，通过市场机制推动贫困地区产品和服务进入全国市场，形成依靠市场促进贫困人口稳定脱贫的良好局面。三是更好发挥政府作用，不断创新扶贫体制机制。要以"三权"分置推动"三变"改革（资源变资产、资金变股金、农民变股东）为突破口，深入推进农村集体产权制度改革，激活农村各类要素，赋予农民更多财产权。四是主攻深度贫困地区，精准施策、精准推进，着力解决突出问题。特别要瞄准"看不见的贫困"，摆脱"意识贫困""思路贫困"，发扬"弱鸟先飞"意识，提倡"滴水穿石"精神。通过贫困地区职业教育和技能培训，加强开发式扶贫与保障性扶贫统筹衔接。五是从影响农村发展的基础性和战略性问题入手，统筹实施脱贫攻坚与乡村振兴战略，在产业、人才、文化、生态、组织等方面持续用力，久久为功，防止贫困人口在脱贫后返贫，以乡村振兴巩固和扩大脱贫成果。所以，加快推进农村一二三产业融合发展是扶贫攻坚的有效之策；反过来，打好脱贫攻坚战又能构建农村一二三产业融合发展体系。

《中共中央国务院关于全面加强生态环境保护坚决打好污染防治攻坚战的意见》（以下简称《意见》），对全面加强生态环境保护、坚决打好污染防治攻坚战做出部署安排。《意见》针对重点领域，抓住薄弱环节，明确要求打好三大保卫战（蓝天、碧水、净土保卫战）、七大标志性重大战役（打赢蓝天保卫战，打好柴油货车污染治理、水源地保护、黑臭水体治理、长江保护修复、渤海综合治理、农业农村污染治理攻坚战）。农业农村污染治理攻坚战赫然列入七大标志性重大战役之中。生态环境部、农业农村部《关于印发农业农村污染治理攻坚战行动计划的通知》（环土壤〔2018〕143号）指出，治理农业农村污染，是实施乡村振兴战略的重要任务，事关全面建成小康社会，事关农村生态文明建设。该通知要求"严守生态保护红线。明确和落实生态保护红线管控要求，以县为单位，针对农业资源与生态环境突出问题，建立农业产业准入负面清单，因地制宜制定禁止和限制发展产业目录，明确种植业、养殖业发展方向和开发强度，强化准入管理和底线约束。生态保护红线内禁止城镇化和工业化活动，生态保护红线内现存的耕地不得擅自扩大规模。在长江干流、主要支流及重要湖泊、重要河口、重要海湾的敏感区域内，严禁以任何形式围垦河湖海洋、违法占用河湖水域和海域，严格管控沿河环湖沿海农业面源污染"。打好打赢农业农村污染治理攻坚战，奠定了农村一二三产业融合发展的生态基础。

四、深入实施"一试点""一区""一园""一行动"，推动配套扶持政策落到实处

上接天线，下接地线。通过积极申报创建各类农村产业融合发展项目，积极承接国家、省、市、县在推进农村一二三产业融合发展中的财税、金融、保险、投资、科技、人才和用地用电等配套扶持优惠政策措施，是加快推进农村一二三产业融合步伐的应有之举。从当前来看，主要是按照《关于推进农村一二三产业融合发展的指导意见》和《全国农产品加工业与农村一二三产业融合发展规划（2016—2020）》做好试点示范，创建示范区、示范园、先导区，实施好推进行动，各地要统一并深化认识，将其作为推进工作的重要抓手、培育农村新产业新业态新模式的重要举措和深入推进农业供给侧结构性改革的必然要求，下大功夫培育打造一批融合发展先导区、示范园、示范区，着力促进农民就业创业，拓宽增收渠道，构建现代农业生产体系、产业体系和经营体系，推动农村产业兴旺，助推美丽乡村和美丽中国建设，为实施乡村振兴战略，实现农业农村现代化提供强有力的支撑。

2016年国家发展改革委、工业与信息化部、财政部、国土资源部、农业部、商务部、国家旅游局七部委联合印发《关于印发农村产业融合发展试点示范方案的通知》，拟在全国范围内组织实施农村产业融合发展"百

县千乡万村"试点示范工程。试点示范采取分级负责的方式实施,中央层面重点抓好"百县"试点示范工程,乡级、村级试点示范参照县级方式,分别由省级、县级有关部门负责。试点示范工程将围绕优化县域空间发展布局,推进产城融合发展,探索多种产业融合形式,构建现代农业产业体系,培育多元化产业融合主体,激发产业融合活力,健全产业链利益联结机制,让农民更多分享产业增值收益,创新产业融合投融资机制,拓宽资金渠道,加强基础设施建设,完善产业融合服务等主要任务,目的是积极探索和总结成功的做法,形成可复制、可推广的经验,推进农村产业融合加快发展。目前确定了137个县(市、区、旗)试点单位。

2017年8月,国家发改委、农业部、工信部、财政部、国土资源部、商务部、国家旅游局发布《国家农村产业融合发展示范园创建工作方案》(发改农经〔2017〕1451号),首批确定了152家创建单位。2019年3月第二批示范园创建开始申报。国家农村产业融合发展示范园围绕农业内部融合、产业链延伸、功能拓展、新技术渗透、产城融合、多业态复合等六种类型,有针对性地分类创建农村产业融合发展示范园,原则上由县级政府申报创建,对隶属于地市级政府的项目应由地市级政府申报创建,每个县(市、区、旗、农场)或地市政府只能申报创建1个国家农村产业融合发展示范园。申报创建国家农村产业融合发展示范园应符合以下基本条件:申报县(市、区、旗、农场)或地市高度重视农村产业融合发展工作,已成立由主要领导挂帅的领导小组,新产业新业态发展具备一定基础,且建设示范园的意愿积极;示范园发展思路清晰、功能定位明确,规划布局合理、建设水平领先,产业特色鲜明、融合模式新颖,配套设施完善、组织管理高效,利益联结紧密、示范作用显著。

2017年12月,农业部办公厅印发《关于支持创建农村一二三产业融合发展先导区的意见》(农办加〔2017〕20号),2018年10月22日公示了农村一二三产业融合发展先导区创建名单,共155家。农村一二三产业融合发展先导区是指农村一二三产业融合发展中,部分县乡等行政区或某一产业集聚区,坚持产前产中产后有机衔接和一二三产业融合发展,已经形成了相对成型、成熟的融合发展模式和全产业链条,产业价值链增值和区域品牌溢价效果已初步显现,市场竞争已经由产品竞争上升到产业链竞争的新高度,并且其做法和经验可复制、可推广,能够在全国发挥标杆引领和典型示范作用的区域。培育打造一批融合发展先导区,有利于促进资源要素的集中集聚,增强融合发展的协同优势,加快提升产业整体发展水平;有利于总结推广融合发展新经验新模式,增强融合发展的辐射带动效果,加快推动我国农村一二三产业融合发展。

2018年6月,农业农村部印发《关于实施农村一二三产业融合发展推进行动的通知》(农加发〔2018〕5号)。该通知主要是针对有些地方认识还不足,政策落实不到位;有些地方融合发展水平不高,产加销环节衔接不紧密,产业链延伸、价值链提升不充分;有些地方的企业和农民利益联结机制还不完善,农民分享全产业链增值收益还不够的现象,进一步明确推进行动的目标任务,到2020年,农村产业融合主体规模不断壮大,产业链不断延长,价值链明显提升,供应链加快重组,企业和农民的利益联结机制更加完善,融合模式更加多样,建成一批农村产业融合发展先导区和示范园,融合发展体系初步形成,为实施乡村振兴战略提供有力支撑。

因此,要加快推进农村一二三产业融合发展,构建农村一二三产业融合发展体系,必须进一步提高认识,充分利用政策上的扶持优势,认真扎实做好探索、总结、示范工作。

五、扎实落实"五级书记抓乡村振兴",推动构建乡村产业体系

习近平总书记强调,要把实施乡村振兴战略摆在优先位置,坚持五级书记抓乡村振兴,让乡村振兴成为全党全社会的共同行动。要落实好省负总责,市县乡抓落实的工作机制,制定落实五级书记抓乡村振兴的实施细则。市委书记履行好主体责任,牵头制定工作措施;县委书记当好"一线总指挥",及时研究解决"三农"重大问题;乡镇党委书记发挥好关键作用,集中精力抓重点工作、重点任务落实;村党组织书记立足本村实际,积极主动开展工作,推动各项措施落地。在推动乡村产业振兴方面,要推进农业供给侧结构性改革,调整优化农业结构,加快构建现代农业产业体系、生产体系、经营体系,推进农业由增产导向转向提质导向,提高农业质量、效益。紧紧围绕农村一二三产业融合发展,构建乡村产业体系,促进农民增收致富,推动乡村生活富裕。乡村振兴"书记抓""抓书记",主要从三个方面来落实。

一要从严管党治党，层层压实乡村振兴工作责任。明确各级党组织书记是乡村振兴工作第一责任人，建立健全"书记抓""抓书记"的领导体制，压紧压实工作责任，充分发挥党组织牵头抓总、统揽全局的领导核心作用。同时，要建立健全各级各部门各单位共同参与、分工协作、各有其责的齐抓共管工作机制，责任明确、督促有力、问责严格的督促检查机制，导向正确、考核科学、激励有效的绩效考核机制。

二要贯彻组织路线，不断强化乡村振兴组织保障。要以习近平总书记新时代党的组织路线为指导，着力强化基层组织建设。要加强组织体系建设，确保乡村振兴战略涉及的各个地方、各个单位、各个领域、各个行业都有党的坚强领导；要加强作风效能建设，锻造一支能打硬仗、敢于担当、作风优良、群众拥护的党员干部队伍；要加强农村基层组织建设，筑牢组织党员、动员群众、攻坚克难的战斗堡垒。

三要全面发动群众，形成齐抓乡村振兴巨大合力。要以民为本，切实加强新时代党的宣传工作，深入宣传党的主张，贯彻党的决定，特别是要深入践行群众路线，用习近平新时代中国特色社会主义思想去统一老百姓的思想，用新时代中国特色社会主义的伟大成就去增强老百姓的信心，用"两个百年"奋斗目标和伟大中国梦去鼓舞老百姓的斗志，用党员干部的以身作则、带头表率去赢得老百姓的信赖，凝聚起振兴乡村的最大工作合力。

促进农村一二三产业融合发展，是以习近平同志为核心的党中央针对新时代农村改革发展面临的新问题做出的重大决策，是实施乡村振兴战略、加快推进农业农村现代化、促进城乡融合发展的重要举措，是推动农业增效、农村繁荣、农民增收的重要途径。我们要以习近平新时代中国特色社会主义思想为指导，坚持以人民为中心的发展思想，把人民对美好生活的向往作为奋斗目标，为实现社会主义现代化和中华民族伟大复兴贡献智慧和力量。

参考文献

曹斌. 乡村振兴的日本实践：背景、措施与启示［J］. 中国农村经济，2018（8）：117－129.

陈俊红，陈慈，陈玛琳. 关于农村一二三产融合发展的几点思考［J］. 农业经济，2017（1）：3－5.

陈璐，李玉琴，王颜齐. 新型农业经营主体推动农村三产融合发展的增收效应分析［J］. 学习与探索，2019（3）：116－123.

陈智伟. 推进农村一二三产业融合发展的浙江实践［J］. 中国经贸导刊，2016（7）：69－70.

崔红志，刘亚辉. 我国小农户与现代农业发展有机衔接的相关政策、存在问题及对策［J］. 中国社会科学院研究生院学报，2018（5）：34－41.

戴春. 农村一二三产业融合的动力机制、融合模式与实现路径研究——以安徽省合肥市为例［J］. 赤峰学院学报（自然科学版），2016，32（6）：40－43.

邓宏图，李康，柳昕. 农业产业化中的"位势租"：形成机制与利润分配［J］. 经济学动态，2018（10）：37－49.

窦祥铭，陈晨，彭莉. 推进农村一二三产业融合发展的典型模式探讨——以安徽省宿州市现代农业产业化联合体为例［J］. 陕西行政学院学报，2018，32（2）：106－110.

费瑞波，郑晓奋. 中部地区一二三产业融合研究：现状评判和路径选择［J］. 武汉商学院学报，2018，32（1）：37－41.

付伟. 城乡融合发展进程中的乡村产业及其社会基础——以浙江省L市偏远乡村来料加工为例［J］. 中国社会科学，2018（6）：71－90.

葛雷. 加快温州农村一二三产融合发展［J］. 浙江经济，2016（20）：52－53.

耿新，许强. 关于推进农村一二三产业融合发展的思考［J］. 农业部管理干部学院学报，2018（2）：19－23.

龚晶. 促进农民持续增收　推动农村一二三产业融合发展［J］. 蔬菜，2016（3）：1－5.

桂华. 面对社会重组的乡村治理现代化 [J]. 政治学研究, 2018 (5): 2-5.

郭沛, 肖亦天, 张涵. 中国农业农村改革四十年: 回顾发展与展望未来——第二届农业经济理论前沿论坛综述 [J]. 经济研究, 2018 (6): 199-203.

国庆, 吴天强. 河南农村一二三产业融合发展中存在的问题及对策 [J]. 管理观察, 2017 (33): 90-92.

国家发展改革委宏观院和农经司课题组. 推进我国农村一二三产业融合发展问题研究 [J]. 经济研究参考, 2016 (4): 3-28.

黄花. 我国农村一二三产业融合发展的理论探讨 [J]. 中国石油大学学报 (社会科学版), 2019, 35 (2): 22-27.

黄祖辉. 准确把握中国乡村振兴战略 [J]. 中国农村经济, 2018 (4): 2-12.

郝华勇. 以特色小镇引领农村一二三产业融合发展研究 [J]. 农业经济, 2018 (2): 3-5.

何建木. 浦东新区农村一、二、三产业融合发展研究 [J]. 上海农村经济, 2017 (1): 11-14.

姜长云. 推进农村产业融合的主要组织形式及其带动农民增收的效果 [J]. 经济研究参考, 2017 (16): 3-11.

姜长云. 推进农村产业融合的主要模式及其对农民增收的影响 [J]. 农业经济与管理, 2017 (4): 5-10.

姜长云. 推进农村一二三产业融合发展的路径和着力点 [J]. 中州学刊, 2016 (5): 43-49.

姜长云. 完善农村一二三产业融合发展的利益联结机制要拓宽视野 [J]. 中国发展观察, 2016 (2): 42-43+45.

姜长云. 创新引领农村一二三产业融合发展 [J]. 中国农村科技, 2015 (11): 15.

姜晶, 崔雁冰. 推进农村一二三产业融合发展的思考 [J]. 宏观经济管理, 2018 (7): 39-45.

金伟栋. 苏州新型农业经营主体培育对策研究 [J]. 江南论坛, 2015 (3): 4-6.

金伟栋. 城乡一体化背景下农业现代化路径研究 [J]. 农业现代化研究, 2014, 35, (6): 679-684.

金伟栋. 苏州农业现代化发展的特征、经验与政策选择 [J]. 经济研究导刊, 2013 (28): 42-45+67.

金伟栋. 中国经济发达地区农业的功能价值及其发展对策研究——以江苏苏州为例 [J]. 农学学报, 2011, 1 (5): 57-65.

金伟栋, 徐汝华. 苏州发展信息农业的理性思考 [J]. 江南论坛, 2005 (12):

23-24.

金宇,郭芳芳.山西省农村一二三产业融合发展现状调查研究[J].农业技术与装备,2018(5):27-28.

李爱军,王成文.安徽省农村一二三产业融合度测算及影响因素分析[J].宿州学院学报,2018,33(7):1-7.

李国祥.农村一二三产业融合发展是破解"三农"难题的有效途径[J].中国合作经济,2016(1):32-36.

李俊超.融合发展农村一二三产业 加快推进江苏农业产业化[J].江苏农村经济,2016(5):4-7.

李明贤,刘宸璠.农村一二三产业融合利益联结机制带动农民增收研究——以农民专业合作社带动型产业融合为例[J].湖南社会科学,2019(3):106-113.

李明贤,唐文婷.地域特点、资源整合与农村一二三产业深度融合——来自湖南省涟源市的经验[J].农业现代化研究,2017,38(6):963-970.

李乾,芦千文,王玉斌.农村一二三产业融合发展与农民增收的互动机制研究[J].经济体制改革,2018(4):96-101.

李乾.国外支持农村一二三产业融合发展的政策启示[J].当代经济管理,2017,39(6):93-97.

李学坤,赵晓园.城乡一体化背景下农村一二三产相融合的现代农业体系构建[J].农业经济,2018(11):21-22.

李玉磊,李华,肖红波.国外农村一二三产业融合发展研究[J].世界农业,2016(6):20-24.

李云新,戴紫芸,丁士军.农村一二三产业融合的农户增收效应研究——基于对345个农户调查的PSM分析[J].华中农业大学学报(社会科学版),2017(4):37-44+146-147.

李治,安岩,侯丽薇.农村一二三产业融合发展的研究综述与展望[J].中国农学通报,2018,34(16):157-164.

李治,王东阳.交易成本视角下农村一二三产业融合发展问题研究[J].中州学刊,2017(9):54-59.

梁立华.农村地区第一、二、三产业融合的动力机制、发展模式及实施策略[J].改革与战略,2016,32(8):74-77.

刘贝,黄振国,刘军,刘静波.现代农业园区一二三产业融合发展思路——以韶山市银田为例[J].湖南农业科学,2018(6):98-101.

刘洪产,于孝保,朱云,王子第,王永惠,张景岩.关于农村一二三产业融合发展的思考[J].农村经济与科技,2018,29(11):278-279.

刘鹏凌，万莹莹，吴文俊，毕桂林. 农村一二三产业融合发展评价体系及其应用［J］. 山西农业大学学报（社会科学版），2019（4）：7-13.

刘清，程勤阳. 关于农村一二三产业融合发展的认识思考［J］. 农民科技培训，2017（3）：43-46.

吕岩威，刘洋. 农村一二三产业融合发展：实践模式、优劣比较与政策建议［J］. 农村经济，2017（12）：16-21.

吕岩威，刘洋. 推动农村一二三产业融合发展的路径探究［J］. 当代经济管理，2017，39（10）：38-43.

芦千文. 现代农业产业化联合体：组织创新逻辑与融合机制设计［J］. 当代经济管理，2017，39（7）：38-44.

芦千文. 农村一二三产业融合发展的运行机理和理论阐述：例证皖省现代农业产业联合体［J］. 山西农业大学学报（社会科学版），2017，16（4）：24-29.

芦千文，姜长云. 关于推进农村一二三产业融合发展的分析与思考——基于对湖北省宜昌市的调查［J］. 江淮论坛，2016（1）：12-16+58.

芦千文. 农村一二三产业融合发展研究评述［J］. 农业经济与管理，2016（4）：27-34.

罗必良. "三农"问题的症结及其化解逻辑［J］. 经济理论和经济管理，2007，4：57-62.

匡远配，杨洋. 农业产业化带动湖南一二三产业融合［J］. 湖南社会科学，2017（5）：108-113.

马晓河. 推进农村一二三产业融合发展的几点思考［J］. 农村经营管理，2016（3）：28-29.

孟焕民，陶若伦，张济康，倪春鑫，金伟栋. 苏州"特色小镇"建设思考［J］. 上海农村经济，2016（11）：40-43.

孟焕民，陶若伦，张济康，倪春鑫，金伟栋. 现代农业迈上新台阶的全新路径——基于江苏苏州现代农业园区视阈的新型农业经营体系研究［J］. 中国合作经济，2015（11）：44-48.

孟露露. 一二三产业融合视角下发展现代农业［J］. 农业经济，2017（5）：3-5.

倪洪兴. 开放条件下我国农业产业安全问题［J］. 农业经济问题，2010（8）：8-12.

欧阳胜. 贫困地区农村一二三产业融合发展模式研究——基于武陵山片区的案例分析［J］. 贵州社会科学，2017（10）：156-161.

欧阳志云，王如松，赵景柱. 生态系统服务功能及其生态经济价值评价［J］. 应用生态学报，1999，10（5）：635-640.

彭海红. 中国农村改革40年的基本经验 [J]. 中国农村经济, 2018 (10): 107-118.

钱炬炬, 雷晓峰, 李宏亮, 皮向红, 刘小燕. 益阳市南县"稻虾生态种养"一二三产业融合发展探析 [J]. 天津农业科学, 2018, 24 (3): 43-46.

邱灵. 推进农村一二三产业融合发展: 日本做法及其启示 [J]. 全球化, 2016 (10): 99-108+133.

屈冬玉. 深入推进"互联网+农业" 促进农村一二三产业融合发展 [J]. 农民致富之友, 2018 (17): 1.

宋洪远, 赵海. 我国同步推进工业化、城镇化和农业现代化面临的挑战与选择 [J]. 经济社会体制比较, 2012 (2): 135-143.

苏毅清, 游玉婷, 王志刚. 农村一二三产业融合发展: 理论探讨、现状分析与对策建议 [J]. 中国软科学, 2016 (8): 17-28.

舒绍茂. 南京市推进农村一二三产业融合发展调查 [J]. 江苏农村经济, 2016 (5): 17-18.

孙春明. 泰兴市农村一二三产融合发展的探讨 [J]. 江苏农村经济, 2016 (9): 37-39.

孙学立. 农村一二三产业融合组织模式及其路径创新 [J]. 沈阳师范大学学报 (社会科学版), 2018, 42 (1): 57-63.

汤洪俊, 朱宗友. 农村一二三产业融合发展的若干思考 [J]. 宏观经济管理, 2017 (8): 48-52.

王东荣, 顾吾浩, 吕祥. 上海推进农村一二三产业融合发展 [J]. 科学发展, 2017 (7): 53-65.

王东荣, 顾吾浩, 吕祥. 深入推进农业供给侧结构性改革 促进上海农村一、二、三产业融合发展 [J]. 上海农村经济, 2017 (6): 4-10.

王桂朵. 新形势下河南省农村一二三产融合创新发展探讨 [J]. 农业经济, 2018 (2): 6-8.

王劲屹, 梁诗婷, 吴文意. 我国农村一二三产业融合发展模式研究 [J]. 江苏商论, 2018 (8): 92-94+103.

王乐君, 寇广增. 促进农村一二三产业融合发展的若干思考 [J]. 农业经济问题, 2017, 38 (6): 82-88+3.

王玲. 江苏省农村产业融合水平测度与区域差异分析 [J]. 农业经济, 2017 (6): 21-22.

王留鑫. 农村一二三产业融合机制与路径分析 [J]. 陕西行政学院学报, 2018, 32 (3): 96-100.

王萍. 健全产业链 促进农村一二三产业融合发展 [J]. 江苏农村经济, 2016 (7): 33-34.

王玮, 王树军. 山东省林业一二三产业融合发展研究 [J]. 安徽农业科学, 2017, 45 (20): 212-213+216.

王兴国. 推进农村一二三产业融合发展的思路与政策研究 [J]. 东岳论丛, 2016, 37 (2): 30-37.

王志刚, 于滨铜. 农业产业化联合体概念内涵、组织边界与增效机制: 安徽案例举证 [J]. 中国农村经济, 2019, 2: 60-80.

汪思冰. 金融支持农村产业融合发展问题研究——以苏州为例 [J]. 商业经济研究, 2017 (23): 174-175+192.

魏益民. 农村一二三产业融合发展理论与模式探讨 [J]. 粮油食品科技, 2019, 27 (2): 79-82.

吴康军. 利用"三块地"促进农村一、二、三产业融合发展的思考 [J]. 上海农村经济, 2017 (11): 24-26.

解荣超, 殷明, 石言弟. 打造产业园区 加快融合发展——洪泽农村一二三产业融合发展的调查 [J]. 江苏农村经济, 2017 (7): 36-38.

熊爱华, 张涵. 农村一二三产业融合: 发展模式、条件分析及政策建议 [J]. 理论学刊, 2019 (1): 72-79.

徐火军. 农村一二三产业融合发展的问题与对策研究 [J]. 沈阳干部学刊, 2018, 20 (5): 41-43.

徐建军, 何春华. 把脉农村一二三产业融合发展 [J]. 江苏农村经济, 2018 (8): 41.

徐亦镇, 魏雅绮. 台州农村一二三产业融合发展实践 [J]. 浙江经济, 2017 (20): 52-53.

闫坤. 乡村振兴战略的时代意义与实践路径 [J]. 中国社会科学, 2018 (9): 49-59.

杨锦涛, 陈珮瑶, 熊杰. 推动农村一二三产业融合对农村经济的影响——以经营主体与农户利益联结 [J]. 中国商论, 2017 (27): 162-163.

杨张兵. 互联网金融背景下的一二三产业融合发展探索 [J]. 农村工作通讯, 2016 (16): 47-50.

杨中柱. 推动科技创新 促进农业一二三产业融合发展——2017年全国农业类博士后学术论坛观点综述 [J]. 农业部管理干部学院学报, 2018 (1): 4-7.

叶敬忠, 豆书龙, 张明皓. 小农户和现代农业发展: 如何有机衔接? [J]. 中国农村经济, 2018 (11): 64-79.

叶云,汪发元,裴潇. 信息技术产业与农村一二三产业融合:动力、演进与水平 [J]. 农业经济与管理, 2018 (5): 20-29.

尹成杰. "三产融合" 打造农业产业化升级版 [J]. 农经, 2016 (7): 20-22.

尹飞,毛任钊,傅伯杰,刘国华. 农田生态系统服务功能及其形成机制 [J]. 应用生态学报, 2006, 17 (5): 929-934.

于法稳. 新时代农业绿色发展动因、核心及对策研究 [J]. 中国农村经济, 2018 (5): 19-34.

余欣荣. 大力促进农村一二三产业融合发展 [J]. 山东干部函授大学学报 (理论学习), 2018 (6): 44.

张会影,杨玲,赵辉,陈曦. 绿色食品一二三产业融合助力乡村振兴的实践探索 [J]. 安徽农业科学, 2019, 47 (8): 259-261.

张宏军. 西方外部性理论研究述评 [J]. 经济问题, 2007 (2): 14-16.

张红宇. 金融支持农村一二三产业融合发展问题研究 [J]. 新金融评论, 2015 (6): 148-160.

张天佐. 四个方面促进农村一二三产业融合发展 [J]. 江苏农村经济, 2016 (3): 67.

张首魁. 一二三产业融合发展推动农业供给侧结构性改革路径探讨 [J]. 理论导刊, 2016 (5): 68-71.

张永强,蒲晨曦,张晓飞,周宁. 供给侧改革背景下推进中国农村一二三产业融合发展——基于日本 "六次产业化" 发展经验 [J]. 世界农业, 2017 (5): 44-50.

张勇. 提高认识 找准定位 深入推进农村一二三产业融合发展 [J]. 宏观经济管理, 2017 (2): 4-8.

张志强,徐中民,程国栋. 生态系统服务及自然资本价值评估 [J]. 生态学报, 2001, 21 (11): 1918-1926.

张伟,金伟栋. 苏州农业二次现代化路径与政策选择 [J]. 江南论坛, 2014 (1): 14-15.

赵海. 论农村一、二、三产业融合发展 [J]. 中国乡村发现, 2015 (4): 107-114.

赵洪生. 常熟农村一、二、三产业融合发展的调查与思考 [J]. 上海农村经济, 2017 (2): 41-43.

赵霞,姜利娜. 荷兰发展现代化农业对促进中国农村一二三产业融合的启示 [J]. 世界农业, 2016 (11): 21-24.

赵舰. 推进农村一、二、三产业融合发展的研究 [J]. 中国农业信息, 2017 (15): 36-37.

郑宝华. 国内农业产业安全问题研究综述 [J]. 农业经济问题, 2008 (1): 22-25.

郑风田, 乔慧. 农村一二三产业融合发展的机遇、挑战与方向 [J]. 中国合作经济, 2016 (1): 27-31.

郑媛榕. 农村一二三产业融合的识别问题及政策应用研究 [J]. 中共福建省委党校学报, 2017 (9): 101-105.

邹伟清, 廖裕, 刘进法, 胡军华, 林平水, 张小生. 关于"互联网+农业"推进农村一二三产业融合的思考 [J]. 农业科技通讯, 2018 (11): 10+55.

周年兴, 俞孔坚. 农田与城市的自然融合 [J]. 规划师, 2003, 19 (3): 83-85.

周应恒, 刘余. 乡村治理有效的实现路径: 农村改革试验区的经验探索 [J]. 财经智库, 2018 (4): 118-130.

朱文博, 陈永福, 司伟. 基于农业及其关联产业演变规律的乡村振兴与农村一二三产业融合发展路径探讨 [J]. 经济问题探索, 2018 (8): 171-181.

朱信凯, 徐星美. 一二三产业融合发展的问题与对策研究 [J]. 华中农业大学学报 (社会科学版), 2017 (4): 9-12+145.

宗锦耀. 推进农村一二三产业融合发展 着力打造农业农村经济发展升级版 [J]. 农村工作通讯, 2017 (5): 40-41.

詹卉. 农村一二三产业融合发展研究 [J]. 当代农村财经, 2016 (7): 2-8.

宗锦耀. 以农产品加工业为引领 推进农村一二三产业融合发展 [J]. 中国农民合作社, 2015 (6): 17-20, 36.

中国21世纪议程管理中心可持续发展战略研究组. 生态补偿: 国际经验与中国实践 [M]. 北京: 社会科学文献出版社, 2007.

苏州市统计局, 国家统计局苏州调查队. 2018年苏州统计年鉴 [M]. 北京: 中国统计出版社, 2018.

孟焕民. 农业现代化的苏州故事 [M]. 苏州: 苏州大学出版社, 2018.

金伟栋. 理念引领、制度变迁与现代农业发展: 农业现代化的苏州路径 [M]. 苏州: 苏州大学出版社, 2018.

姬亚岚. 多功能农业与中国农业政策: 重续人类与自然的古老契约 [M]. 北京: 中国农业出版社, 2012.

蒋和平, 辛岭, 龙飞, 等. 中国特色农业现代化研究 [M]. 北京: 经济科学出版社, 2011.

罗必良. 现代农业发展理论: 逻辑线索与创新路径 [M]. 北京: 中国农业出版社, 2009.

速水佑次郎, 弗农·拉坦. 农业发展: 国际前景 [M]. 吴伟东, 等, 译. 北京: 商务印书馆, 2014.

速水佑次郎，神门善久. 发展经济学：从贫困到富裕（第三版）［M］. 李周，译. 北京：社会科学文献出版社，2009.

西奥多·W. 舒尔茨. 改造传统农业［M］. 梁小民，译. 北京：商务印书馆，2006.